ビジネスの名著を読む

リーダーシップ編

20 Great Books of the Leadership

高野研一◉著
日本経済新聞社◉編

日本経済新聞出版

まえがき

コルトレーンのジャズ、志ん朝の落語、ダ・ビンチの絵画などのように、何度鑑賞しても飽きの来ない名演・名作があります。いや、飽きないどころか、鑑賞する度に新たな発見が生まれてくるのです。カリスマ経営者が書いた著書にも、そうした奥の深さがあります。

第三者が書いたカリスマ経営者に関する本は多々ありますが、カリスマ自身が書いた本はそれほど多くはありません。しかし、そこには経験した人だけが書くことのできる卓越した経営に関する知見が書き綴られているのです。

本書では、こうしたカリスマ経営者の貴重な名著を紹介しています。ソニーの井深大氏やホンダの本田宗一郎氏、パナソニックの松下幸之助氏など、すでに神格化されている経営者、京セラの稲盛和夫氏、コマツの坂根正弘氏のように第一線で活躍していた経営者、ファーストリテイリングの柳井正氏のような現役の経営者まで、幅広く取り上げています。

また、日本企業の経営者だけでなく、ヒューレット・パッカードのデービッド・パッカード氏や、ウォルマートのサム・ウォルトン氏、ヴァージングループのリチャード・ブランソン氏など、海外のカリスマ経営者で、その著書が邦訳されている人も紹介しています。

優れた経営者には、ひとつのことを様々な角度から見ることができるという共通の特長があります。そこから、卓越したモノの見方が生まれてきています。カリスマ経営者の著書というと、何か成功の秘訣でも書かれているのではないかと期待する人もいるかもしれませんが、そうではありません。カリスマをカリスマたらしめているのは、秘訣やノウハウなどではなく、自由自在なモノの見方であるといっていいでしょう。「もし井深さんが今いたら、何をやるだろうか」。こんなことを考えてみたくなるところに、カリスマたるゆえんがあるのです。

本書の中では、こうしたカリスマ経営者ならではのモノの見方や、そのカリスマ性が発揮された経営判断の場面を題材として取り上げ、エクササイズに仕立てています。それに取り組みながら、優れた経営者の自由自在なモノの見方を鑑賞していただければ幸いです。また、本書を読むだけでなく、ぜひ原典にもあたって、その奥深さを直接体感してください。

高野 研一

※本書は、日経文庫『リーダーシップの名著を読む』（日本経済新聞社 編）および『カリスマ経営者の名著を読む』（高野研一 著）の内容を再構成したものです。

『ビジネスの名著を読む　リーダーシップ編』目次

『第2版　リーダーシップ論』ジョン・コッター著

変革を担うのがリーダーの使命　永田稔（ヒトラボジェイピー　代表取締役社長）

#『人を動かす』デール・カーネギー著

誤りを指摘しても人は変われない　森下幸典（PwC Japan 執行役常務）

『自助論』サミュエル・スマイルズ著

「道なくば道を造る」意志と活力　奥野慎太郎（ベイン・アンド・カンパニー・ジャパン　日本法人会長）

『7つの習慣』 スティーブン・コヴィー著

人格の成長を土台に相互依存関係を築く

奥野慎太郎（ベイン・アンド・カンパニー・ジャパン　日本法人会長）

『EQ こころの知能指数』ダニエル・ゴールマン著

自制心と共感力で能力を発揮　永田稔（ヒトラボジェイピー 代表取締役社長）

『リーダーシップ アメリカ海軍士官候補生読本』

アメリカ海軍協会著

米国式リーダーシップの源流

高野研一（コーン・フェリー・ジャパン前会長）

『組織文化とリーダーシップ』エドガー・シャイン著

変革はまず組織文化から　永田稔（ヒトラボジェイピー　代表取締役社長）

『エクセレント・カンパニー』トム・ピーターズ、ロバート・ウォータマン著

優れたリーダーの影響力は価値観にまで及ぶ　高野研一（コーン・フェリー・ジャパン前会長）

『なぜ、わかっていても実行できないのか』ジェフリー・フェファー、ロバート・サットン著

成果ではなく行動したことを評価　森下幸典（ＰｗＣ Ｊａｐａｎ 執行役常務）

『チーズはどこへ消えた?』スペンサー・ジョンソン著

変化を受け入れ、いち早く動く　森健太郎（ボストンコンサルティンググループ　シニア・アドバイザー）

『マネー・ボール』マイケル・ルイス著

チーム編成のイノベーション　森健太郎（ボストンコンサルティンググループ　シニア・アドバイザー）

『井深大 自由闊達にして愉快なる』井深大著

高野研一（コーン・フェリー・ジャパン前会長）

『ざっくばらん』本田宗一郎著

高野研一（コーン・フェリー・ジャパン前会長）

『アメーバ経営』稲盛和夫著

高野研一（コーン・フェリー・ジャパン前会長）

『道をひらく』松下幸之助著

高野研一（コーン・フェリー・ジャパン前会長）

『経営者になるためのノート』柳井正著

高野研一（コーン・フェリー・ジャパン前会長）

『ダントツ経営』坂根正弘著

高野研一（コーン・フェリー・ジャパン前会長）

『HPウェイ』デービッド・パッカード著

高野研一（コーン・フェリー・ジャパン前会長）

『私のウォルマート商法』サム・ウォルトン著

高野研一（コーン・フェリー・ジャパン前会長）

『ヴァージン』リチャード・ブランソン著

高野研一（コーン・フェリー・ジャパン前会長）

『第2版 リーダーシップ論』

ジョン・コッター著

変革を担うのがリーダーの使命

永田稔

（ヒトラボジェイピー 代表取締役社長）

第2版 リーダーシップ論 ―― 人と組織を動かす能力／
John P. Kotter on What Leaders Really Do（1999年刊）に論文などを追加収録
ジョン・P・コッター（John P. Kotter）著
邦訳:ダイヤモンド社発行（改訂新訳版）、2012年
DIAMONDハーバード・ビジネス・レビュー編集部／黒田由貴子／有賀裕子 訳

1　リーダーとは「変革」をなし遂げる人

昨今、日本の経済界のみならず、政治、社会全体で「リーダー人材」や「リーダーシップの発揮」が求められています。しかし、「リーダー」や「リーダーシップ」はどんな人やどんな行動を指すのか、人によって意見が異なっています。

現在、ハーバードビジネススクールの名誉教授であるジョン・コッター教授は30年間にわたるリーダー研究を基にリーダーシップの本質を著書『リーダーシップ論』で明らかにしています。現在の組織の大半では「あるべきリーダーシップ」が欠けていると指摘しているのです。

その問題意識の根源には、組織のマネジャーとリーダーが混同されがちということがあります。

マネジャーとリーダーは異なるものの、組織内では補完し合う関係であるとも述べています。現在の大組織を動かしてゆく上で、この両者はともに必要ということです。

それでは、マネジャーとリーダーがどう違うのかを見てみましょう。

マネジメントやマネジャーは、20世紀の企業が大組織になる過程で生まれてきたものです。

組織が大きくなるにつれ、組織内の分業が進む一方、各機能の調整や統制をしないと大企業は秩序を失い、存続自体が危うくなります。そのような状態を避けるため、調整や統制の役割を担うのがマネジメントであり、マネジャーの役割なのです。

マネジャーの仕事とは、計画作りと予算化であり、担当部門の目標を決め、その実現と進捗管理、他部門との調整、その過程で生じる問題解決が主な仕事となります。

リーダーとは変革を行う人のことです。

リーダーは組織が進むべき方向やビジョンを示し、メンバーに方向を理解させ、各自の心をまとめて変革をなし遂げます。進むべき方向を示すことやメンバーを動機づけること、人々を鼓舞することが仕事の中心となります。

マネジャーとリーダーの仕事、マネジメントとリーダーシップは明確に異なります。これらを組織の中で明確に使い分けることが必要です。

ケーススタディ

リーダー不在で「指示待ち族」が増殖

A社の新社長に就任したX氏は、社長就任後、自社の幹部社員の行動に大きな悩みを抱えていました。

A社はカリスマ性を備えた創業者が20年近く創業から最近まで引っ張ってきた会社であり、X氏は昨年、創業者の引退に伴い社長職を引き継ぎました。

X氏は数年前に海外事業の立ち上げに伴いA社に中途入社し、入社後も海外事業の立ち上げを主に行ってきたため、国内の本社や創業者との関わりは比較的薄いまま社長のポストについたのです。

社長のポストについてからX氏が驚いたことは、幹部社員、それも主要な事業の責任者までもが、事業の方向性について自分の意見を述べずX氏の指示を待っていることでした。

X氏は当初、新社長である自分に対し遠慮しているのかと思っていたのですが、しばらくたってもその行動が変わらず、いつまでたっても自分で事業の方向性も決めないことに苛立ってきました。

そこで、X氏と同時期に他社から転職をしてきた人事部長に相談をしました。

X氏「社長になって改めて気づいたんだが、この会社の社員はあまりにも指示待ち族が多くないか？」

人事部長「そうお感じになられますか。しかし、幹部の方々は皆、優秀ですよね」

X氏「そうなんだ。私から見ると指示待ち族なんだが、一旦指示を与えるとその実行力はすごいものを持っている。社内の調整や顧客とのやりとりもとても上手い。きちんとした実行計画や戦術立案もたいしたものだ。安心して仕事を任せられる人たちなのだが、そのような優秀な人たちがなぜ事業の方針をつくることに至っては、何も意見を出さず私の指示を待っているのかが不思議なんだ。能力面には問題がないと思う。人事部長はなぜだと思う？」

人事部長「私も社長とほぼ同時期に入社をしたので、まだ確証をもって言い切ることはできませんが、この会社はリーダーが育成されてこなかった会社なのかもしれませんね」

「リーダー」と「マネジャー」は全く異なる

X氏「リーダーが育成されてこなかった？　でも彼ら幹部は皆、部門のリーダーだろう」

人事部長「そうですね。皆、タイトルを見ると事業リーダーという呼称が与えられていて、外形的にはリーダーです。しかし、中身が真のリーダーではないということではないでしょうか？」

X氏「中身が真のリーダーでないというのはどういうことだ？」

人事部長「最近、ハーバードビジネススクールのコッター教授が書いた『リーダーシップ論』という本を読みました。そこには、〝リーダーとマネジャーは異なる〟と書かれていました」

X氏「リーダーとマネジャーは異なるとはどういうことだ？　どう違うというのだ」

人事部長「マネジャーは計画を立て、組織を統制する人です。一方、リーダーはビジョンを示し変革を率いる人だとコッター教授は述べています」

X氏「なるほど。私が求めているのは後者の人材だ。我が社は今、変革期にある。各事業部門がビジョンを示し変革をしていかなければならないと思っている。しかし、なぜ我が社には、コッター教授の言うマネジャー人材しかいないのだろうか？」

人事部長は答えました。「おそらく、この会社の中における組織や人事に関わるすべてのことが、リーダーを見つけ育成するようになっていなかったということではないかと考えています」

X氏「どういうことだ？」

人事部長「ひとつ大きな点として、この会社では創業者のリーダーシップが強すぎて、他の人が皆フォロワーにしかなれなかったということが挙げられると思います。会社全体のみならず、個別の事業においてもビジョンや方向性を示すのは常に創業者であり、現在の幹部の人たちはそのビジョンの実行者の役割をずっと担ってきて、その役割に慣れすぎてしまったのではないでしょうか？　また、人事部長として気になるのは、評価や昇格の基準です。コッター教授がリーダーの要件として挙げているビジョンを示すことや組織の中で縦横無尽に影響力を発揮することは、人事評価の項目の中にはひとつも見当たりません。評価項目としてあるのは、

『計画能力』や『実行力』『調整力』などです。大半の人事評価の項目が、コッター教授の言うマネジャー人材の行動にあてはまるものばかりなのです」

X氏「なるほど。そのような評価基準で選ばれた人が今のこの会社のリーダーと呼ばれている人たちなのだな」

人事部長「そうだと思います。しかし、私はそれも致し方なかったのかなとも思います。コッター教授はこうも言っています。『リーダーとマネジャーは補完関係にあり、どちらも組織に必要なものだ』と」

X氏「なるほど。創業者が偉大なリーダーであり、会社を大きく育ててゆく中で組織をきちんと回してきたのが彼らということだな」

【リーダー人材とマネジャー人材――適性を見極めよ】

人事部長「その通りだと思います。彼らは会社を大きくする中で、前社長との役割分担の中で求められてきた役割を忠実に果たしてきたのだと思います。そして評価制度や昇格制度もそのような人を評価するように作られ運営されてきました」

人事部長は続けました。「彼らも戸惑っているのだと思います。自分たちとしては一所懸命に新社長に尽くそうと思っているのに、新社長からは評価はされない。この状態が長く続くとモラールに悪影響がでると思います」

X社長は考え込みました。

「そうか、お互いに期待していることに大きなズレが生じているのだな。私の経営スタイルと創業者のスタイルは異なる。彼らは創業者のスタイルを期待しているから問題が起きているのだな」

「そうだと思います。そういう意味ではお互いの歩み寄りが必要だと思います。社長も彼らの価値観、スタイルを理解し、しばらくは彼らに合わせることも必要だと思います」

人事部長は続けました。

「そして徐々に新社長として、我が社の幹部に期待するリーダーシップを様々な形で伝えていってはいかがでしょうか？」

X社長は答えました。「そうだな、人事評価制度も変える必要があるし、そもそも彼らが考えているリーダー像を書き換えてゆかなければならないな」

人事部長「そうです。ただ注意しなければならないのは、組織の中でのバランスや個々人の適性だと思います。先ほど申し上げたように、リーダーもマネジャーも双方が組織の中に必要なのです。そして、個人には適性があり、マネジャーに向いている人、リーダーに向いている人が存在します。適性を見極めて適した役割を担ってもらうことが必要ではないでしょうか？」

X社長「その通りだと思う。リーダーもマネジャーもいいバランスで生み出す人事改革が必要だ。君が真の意味のリーダーとなって、この改革を推進してくれることも期待しているよ」

2 リーダーの取るべき行動とは——方向性を決め、人心をまとめる

前節では、マネジャーとリーダーの違いについて、リーダーとは変革を主導する人であり、そのような役割が求められると述べました。本節では、具体的にリーダーが取るべき行動とは何かを詳しく見ていきたいと思います。

まず、リーダーは環境変化に対して、自らの組織がどのように変わるべきかの「方向性の設定」を行う必要があります。これを具体化したものがビジョンとなり、戦略となります。

コッター教授は「ビジョンも戦略もあっと言わせるような斬新なものである必要はない」と指摘。真に有効なビジョンとは、「顧客や社員、株主などの関係者の利益に資するものなのかどうか、地に足がついたものであるかが重要なのだ」と述べています。

方向性を設定した後、リーダーは「人心の統合」をする作業があります。現在の大組織は多様

な人々で構成されており、彼らを1つに方向付ける必要があるためです。

方向付けするにはコミュニケーションが重要で、リーダーは多くの人々と会話をすることが不可欠だと強調しています。メンバーの理解を深めるにはリーダーの「信用」も大事で、日々の実績や評判の積み重ねが左右することもあります。

ビジョンを実現するため、個々のメンバーが持つエネルギーを爆発させなければなりません。リーダーはそのエネルギーを与える役割を担います。強制的に正しい方向に向かわせるのではなく、達成感や自尊心、理想への参画意識など人間が持つ基本的欲求を刺激し、メンバーを進んで変革に参画させるのです。

こうしてリーダーはメンバーが「リーダーシップ」を発揮するように導き、組織内に次々とリーダーが出てくる状況をつくり出すことが最大の役割となるのです。

このようにリーダーとマネジャーの行動は全く異なります。リーダーにはメンバーを自律的に動かすための深い人間洞察が必要となるのです。

ケーススタディ

リーダーシップは「開発」できるか

A社の人事部長であるY氏はX社長と討議の末、リーダーシップを開発するプログラムの立ち上げに取り掛かることにしました。

コッター教授によると、リーダーシップには「ビジョンの提示」と「人心の統合」、そして「動機づけ」が必要ということです。

そこで、各項目についてプログラムを作ることにしました。まず、ビジョンの提示力を高めるプログラムに取り組みはじめましたが、ビジョンという言葉は、よく使われる言葉の割には、いざそれを定義しようとすると難しいことが分かりました。

Y氏は旧知のコンサルタントに連絡をとり相談をしました。

Y氏「今回、リーダーシップ開発プログラムを作ろうと思うのだが、まずビジョンの提示力を高めるというところでつまずいてしまっているんだ。そもそもビジョンとはどういうものか説明してくれないか?」

コンサルタントのZ氏は答えました。

「確かにビジョナリーとかビジョンという言葉は、よく使われる割には日本語では分かり難い概念だね。あえて言うとすれば、『将来を見通す力、将来に対する洞察力』というところかな」

Y氏「なるほど。確かに将来というのはキーワードだね。ビジョナリーと呼ばれるリーダーは皆、魅力的な将来像を示しているよね。でも、他の人が見えないような将来を見通す力というのは開発できるものなのだろうか? 生まれつきの才能のような気もするのだけど」

Z氏「確かにそういう側面もあるね。ビジョナリーと呼ばれる人には創造性豊かな人が多いし、そのような人を見ていると確かに生まれつきの創造性を感じる面も多い。しかし、ビジョン提示力は創造性だけではないんだ。むしろ、リーダーに必要なビジョンは、コッター教授も言っているように、将来を見渡し色々なステークホルダーが満足する事業の方向性を示すことが重要なんだ」

Y氏「そのためには何が必要なんだろう」

Z氏「何人かの経営者にインタビューをして彼らがどのようにしてビジョンを作るかを聞いたことがある。そこで分かったことは、世の中がどのように変化をしていくかの大局観を持っている点と、その大局観を支える質の高い情報を持っているという点なんだ」

【近視眼的になるな――月から地球を見て戦略を立てる】

Y氏「もう少し詳しく教えてくれ」

Z氏「ある経営者は『自分は月から地球全体の市場を見て戦略を立てる』と言っていた。これはどういうことかというと、自国の市場や現在の顧客や競合だけを見ていては近視眼的になってしまうということなんだ。『月から地球全体を見るイメージを持つと、今後世界でどの地域で新しい市場が生まれ、どこでどのような競争が生まれてくるかが想像できるようになる』と言っていた。その将来の動きをもって、自社が今後どのような方向に進むべきかを決めると話していた。また、そのためには質のよい情報が必要とも言っていた」

Z氏は続けました。

「質のよい情報を集めるためには、ネットワークやアンテナの感度が重要だと言っていたよ。例えば、関連業界のトップとも頻繁に情報交換をすることで、どのような技術がどこで生まれているのか、それは将来どのような影響を持つのかについて議論をするそうだ。また、投資銀行などの金融業界とのネットワークも重要らしい。やはり金融業界には様々な業界の最新動向が集まるので、そこから情報を得るとどのプレーヤーがどのような動きをしているのかのヒントが手に入ると言っていた。そのような質の高い情報を持ちながら、地球全体を俯瞰すると、将来の戦略や自社の進むべき方向が見えてくると言っていた」

Y氏「なるほど。その思考方法はトレーニングができそうだね。情報についてはネットワークや人脈も必要なので一朝一夕にはいかないが、そのような情報を使って業界がどのように変化をしていくのか、世界の顧客動向はどのように変化していくのかは、常日頃の思考のトレーニングがものをいいそうだ」

Z氏「その通りだと思う。ビジョンを持ったリーダーというのは、常に業界がどのように変化をするかを考え、その一方で最新の情報に接し、自社の方向を考えているのだと思う。それを言語化したものがビジョンと呼ばれるのだろう」

Y氏「ビジョンについてはだいぶトレーニングのイメージができた。コッター教授は、リーダーシップにはビジョンの設定の後に『人心の統合』が必要だとも言っている。この点についてはどのようなトレーニングが可能だろうか？」

Z氏「確かに経営者はビジョンを示した後も大変な作業が待っているね。先ほどの例に挙げた経営者の中でも苦労をしている人は多いよ。ビジョンを設定した後は、それを組織の中に浸透させ、社員の活動をビジョンの方向に向けていく必要がある。これは頭で考えるよりはるかに難しい」

【人は心から納得しないと動かない】

Y氏「なぜ難しいんだ？　きちんと話せば分かりそうだが？」

Z氏「人は頭で分かっても、心から納得しないと動かないんだ。私の知っている経営者でも『グローバル化を目指す』と宣言した経営者がいたが、当初は社内の人は全くついてこなかった。コッター教授もこの難しさを意識して『人心』という言葉を使っているのだろうね。心を動かさなければ人は動かないよ」
Z氏は続けました。
「コミュニケーション能力のトレーニングは有効だと思う。ただし、コミュニケーションを広義に捉えて、単にプレゼンテーションのスキルなどテクニカルなものにならない工夫が大事じゃないかな」
Y氏「その通りだね。リーダーの普段の振る舞いや仕事の優先順位のつけ方でも部下は、何を目指してリーダーは仕事をしているかが分かるからね。プレゼンテーションで伝えられる内容よりも、日常の姿や言動からの方がリーダーの思いが伝わってくる」
Z氏「コミュニケーションというのがそのような広い概念であるということを知っておくことがリーダー候補には必要だ」
Y氏「最後に動機づけについてはどうだい？　トレーニングできるものだろうか」
Z氏「動機づけについても同様で、リーダーという人は学ばなくても動機づけ理論を実践している場合が多い。人間への関心や感度が高いためだろう。普通の人がリーダーになるには、人が何に対し動機づけられるのか、どうしたら人はやる気をだすのかを体系的に学ぶのが早いと思う。動機づけ理論の概略を知っているだけでも部下のマネジメントには有効に働くと思うよ」

Y氏「ありがとう。ぜひトレーニングプログラムの中に、動機づけ理論の内容も入れてみるよ」

このようにして、A社でのリーダーシップ開発プログラムの内容は徐々に固まっていきました。

3 企業を変革する8つのポイント——成功確率を高めるために

企業の変革に際し、リーダーはどのように行動すべきでしょうか？

コッター教授は多くの企業変革を観察し、成功したケースから変革に必要なプロセスとリーダーの役割を抽出しました。企業が変革するには8つの段階を踏む必要があると示しています。①危機意識の浸透、②強力な推進チームの結成、③ビジョンの策定、④ビジョンの伝達、⑤社員のビジョン実現への支援、⑥短期的な成果を上げるための計画と実行、⑦改善した結果の定着、⑧新しいアプローチを組織内に根付かせること、となります。

①ではリーダーは社内に危機意識を醸成し、組織内に変革の必要性を理解・浸透させる役割を担います。危機意識の醸成が十分でないと社員は従来の職場環境や仕事に安住し、場合によっては抵抗勢力となってしまいます。危機意識を共有し、変革を推進する仲間を各関係部門につ

くることが求められます。

③のビジョンの策定では、リーダーは分かりやすい一貫性のあるビジョンを示す必要があります。分かりやすくないと、社内の変革プログラムが混乱をしたり、矛盾を起こしたりすることにつながります。

④のビジョンの伝達でも、リーダーは多くの人にビジョンを理解してもらうため、言葉と行動でコミュニケーションを取る必要があります。周囲はリーダーの言行一致度合いを見ており、行動で説得力のあるメッセージを示す必要があるのです。

変革を組織内に広めていく上で重要なのは、変革に参画しようと意識を変え始めた社員への支援です。そのような社員を支援し成功に導くことで、社員の間に信頼感が深まり、この方向に進んで大丈夫だとの自信につながるのです。

成功を一過性のものにせず、組織内に根付かせることも大事です。新たなアプローチを定着させることで成功確率が高まるのです。リーダーは各プロセスを主導しなければなりません。

ケーススタディ

変革の困難さに直面したリーダーはどうする?

A社のリーダーシッププログラム開発にあたり、人事部長のYさんは現在のリーダーのアセスメントを行い、育成課題を把握する活動を始めました。

アセスメントの対象として、数年前に一流の戦略コンサルティング会社からヘッドハンティングしたT事業部長を選びアセスメントを行いました。

Tさんは戦略コンサルティング会社で若くしてパートナーになった切れ者という評判で、A社の業界にも精通し、鳴り物入りで入社をしました。

T氏の担当する事業は、技術変化の影響を受け、競争環境やビジネスモデル自体の大きな変革を迫られている事業でした。T氏は入社早々、今までの経験を生かし社内外の調査を進め、担当事業の新戦略と変革シナリオを作成しました。

この新戦略はトップ陣からも大きな評価を受け、社内から大きな期待を集めました。

しかし、新戦略は思うように実現されず現在に至っていたのです。

経営トップも素晴らしい計画を作ったにもかかわらず、なかなか実現されないことに次第に苛立ちを覚え、人事部長になぜT氏が変革を実現できないのかを調査するように命じていたのです。

人事部長のYさんはT氏に時間をもらい、行動探索インタビューを行いました。行動探索インタビューとは、T氏が具体的にどのような手順で新戦略に基づく変革を実現しようとしたのかを時系列で思い出してもらい、その過程を具体的な行動レベルで確認するインタビュー手法です。この手法により、実際にT氏がどのような行動で変革を実現しようとしたのかを把握したのです。

そこで分かったT氏の変革行動と、コッター教授の「企業変革の8段階」や「変革の際の落とし穴」と比較することにより、T氏の新戦略実現行動が適当であったのかどうかが分かると考えたのです。

コッター教授は、企業変革を実現するには8つの段階が必要だと述べています。

それは、①危機意識の浸透、②強力な推進チームの結成、③ビジョンの策定、④ビジョンの伝達、⑤社員のビジョン実現への支援、⑥短期的な成果をあげるための計画と実行、⑦改善した結果の定着、⑧新しいアプローチを組織内に根付かせること、の8つの段階です。

この段階ごとにT氏の行動と周囲の反応を確認してみました。

その結果、問題として考えられるのは、①の危機意識の浸透と④のビジョンの伝達の部分でした。

T氏は新戦略の説明会は各階層に行っており、社員の間で新戦略の存在は認知されていました。Y人事部長が社員に確認したところ、「今までも何度も新戦略というものがでてきた。しかし、特に実施を強制もされなかったし、それが原因でクビになった人もいない。もっというと、なぜ今までのやり方を変えなければならないのかが分からない」という声が多く上がりました。また、他の社員からは「T氏の論理的な説明は非常に分かりやすい。しかし、動こうというまで気持ちに火がつかない」という声も聞かれました。

Y人事部長が「事業低迷の原因」を尋ねると、「景気が悪いから」とか「たまたま競合の新商品の価格攻勢にやられた」など自社以外に原因を求める人が多く、「うちの会社が本気になればすぐに挽回できる」という反応が返ってきました。

Y人事部長は、これは戦略の問題よりも、T氏のコミュニケーションや動機づけの方法と、一方で社員の側に蔓延しているぬるま湯体質こそが問題で、この部分に手を入れないことには新戦略の実現はできないだろうと思いました。

T氏の新戦略の資料には業績低迷の原因が自社にあること、また経営環境の変化に対応をしないと自社の低迷が続くことが示されていたにもかかわらず、この変革の必要性について社員には全く伝わっていなかったのです。

【真のコミュニケーションで人心を統合】

T氏はコンサルタント出身ということもあり、プレゼンテーションは非常に優れているのですが、他の成果をあげているリーダーと比べるとコミュニケーションの方法が限られており、社員からはその機会が不足していると指摘する声もあがっていました。

Y人事部長はこの点についてT氏と話し合いを持ちました。

T氏は当初、「論理的な説明が分からないのは社員の側に責任があるのではないか」「今まで自分のコミュニケーションスタイルで問題があったことはない」と主張していましたが、Y人事部長が「社員の声」として前記の結果を示すと、ショックを受けたようでした。

Y人事部長はそんなT事業部長に対し声をかけました。

「Tさん、あなたが作られたビジョンや新戦略は素晴らしいものだと思います。ただ、コッター教授も優れたリーダーには『人心の統合』力も必要だと言っています。優れたリーダーは、いろいろな方法、例えば常に職場を回って話をすることやインフォーマルな場を使って社員と色々な話をしながら、社員の感情や戦略への反応を観察しているそうですよ」

Y人事部長は続けました。

「当然、うちの社員の側にも大きな問題があります。かつての強い製品、高いシェア、ナンバーワンカンパニーの幻想をいまだに持っており、業界の変化を正面から見ようとしない、競合の強さを認めないという傾向があります。事実を認めない、事実を曲げてしまうという問題があります。ただ、この問題もさらに深く考えてみると、事業部の社員にとって、かつての強い事業部は彼らにとってのアイデンティティでもあったのです。そのため、今の弱くなってしまった事業の現実を受け入れ、認めることが辛いのでしょう。社員のこのような気持ちも理解する必要があると思います」

T事業部長はしばらく考えた上で答えました。

「確かに私がプレゼンテーションで自社の現状分析の話をした際に、何人かの人が目を背けるような反応をしたのが気になっていました。今まで、自分はコンサルタントで実際のコミュニケーションはクライアントの側に任せることが大半でした。さらに言うと、社員のアイデンティティの問題などは考えたこともなかったです。分かりました、そのような状態の社員には、社員のプライドや今までの経緯に配慮したコミュニケーションが必要だということですね。これには相当時間がかかりそうですが、このコミュニケーション自体が変革プロセスということですね」

Y人事部長は答えました。

「さすがTさんですね、その通りだと思います。社員の心に寄りそってメッセージを伝え、変革の動きを支援していくことが必要だと思います。私も手伝いますので、ぜひ一緒に事業の変革を実現しましょう」

4 優れたリーダーはよく話す——変革へ人脈づくり

コッター教授は数多くのリーダーの行動を観察した結果、優れたリーダーの日常は一般に思われているイメージとは異なることを発見しました。

リーダーはビジネスの戦略づくりや組織づくり、部下への指示命令などに大半の時間を割いていると思われがちです。

実は優秀なビジネスリーダーは大半の時間を様々な人に会って話すことに費やしているのです。会話もフォーマルとインフォーマルな話題が混じり合い、第三者が聞くと一貫したテーマや目的を感じさせない場合も見受けられます。会話自体は和やかに時に冗談も交えながら続きます。

なぜ優れたリーダーたちはこのような行動をとるのでしょうか？

コッター教授はその理由はリーダーの「なすべきこと」と密接に関連していると述べています。

リーダーのなすべきこととはすでに述べたように変革をリードし、実現することです。変革実現のためには不透明な環境の中で真に取り組むべき課題を見つけ、組織全体の様々な部門の人々を動かし問題を解決することが必要です。

リーダーの日常はそのために使われます。端的に言うと「課題づくり」と「人脈づくり」に集約されるのです。本質的な課題を見極めるには情報の量と質が必要なのです。リーダーが日常的に人に会い話をするのは、様々な人から情報を集め、色々な立場や角度から取り組むべき課題を見つけるためなのです。

様々な人と会うことで、リーダーは変革や課題解決に必要な人脈、協力関係を築いているのです。この人脈づくりは、社内はもとより社外のサプライヤーや関係企業にも及びます。変革を行う際には、築き上げた人脈を活用し、繰り返し働きかけ組織全体を動かしてゆくのです。

リーダーたる人は普段から組織の中を縦横無尽に動き、情報を集め、人脈を形成し、変革に備えているのです。

ケーススタディ

あるリーダーの「日常」に隠されたヒント

Y人事部長はリーダーシップ開発トレーニングのプログラムを具体化するにあたり、コッター教授の『リーダーシップ論』を何度も読み返しました。

特に目をひいたのは、「リーダーの日常」という項目でした。

リーダーとは常にビジョンや戦略を考え、組織を率いているイメージがありましたが、『リーダーシップ論』に書かれているリーダーの日常は、常に人と会って話をし、その活動は通常みんなに思われているようなリーダーのイメージとは異なるものでした。

その時に、Y人事部長の頭にある人物が浮かびました。

それはS事業を率いるK事業部長でした。

K事業部長は過去いくつかの事業の変革を成功に導いているリーダーで、社内からも一目置かれている人物でした。しかし、その評価は社内でも分かれており、「Kさんは担当する事業や事業部内の人のことを全て把握している素晴らしいリーダーだ」と高く評価する声がある一方、「いや、Kさんはリーダーとしてとらえどころがない。確かに実績は出しているが、常にビジョンや戦略を語っているわけではないし、むしろいつも会社の中をうろうろして色々なとに口を出しているだけだ。単に運がいいか、部下に恵まれているだけではないか」という声もありました。

そこで、Y人事部長は、直接K事業部長に会って、実際の彼の行動やその意図を聞いてみました。

Y人事部長「Kさん、今、リーダーシップ開発プログラムを作っているのですが、社内からぜひKさんの話を聞くように言われています。Kさんがどのように実績を残されてきたのか、いかに変革してきたのか、実際にどのような考えや行動をとってきたのか聞かせていただけますか？」

Kさん「そうですか、でも参考になるかわからないな。私は自分のことを世間でいわれるようなリーダーシップを備えたリーダーとは思っていないから。ただ、私は人の話は熱心に聞くことにしているね」

Y人事部長「そうらしいですね。他の人に聞いても、Kさんは常に誰かと話をして、事業部のことは隅々まで知っていると言っていましたよ」

Kさん「それは大げさだけど、確かに常に人の話を聞き、何が起こっているのかを知っておくようには心がけている」

Yさん「それは何か理由があるのですか？」

Kさん「私の目的は、当然最新の動向や情報を仕入れておくことにもあるのだけど、それ以上に『次に何を取り組むべきかの課題を見つける』ことにあるからなんだ」

Yさん「課題？　それは変革の課題ということですか？」

Kさん「そうだよ。ただね、はじめに私の考える変革というものを理解してほしい。私の考える変革というのはずっと続くプロセスと考えたほうが私の考えや行動が理解してもらえると思う」

Kさんは続けました。「よく変革というと、新しいビジョンや計画を打ち出し、大きな変革行動を起こしていくことを思い浮かべるけど、それは単に変革の1つの局面に過ぎないと思う。現在のように変化が絶え間なく続く環境では、企業も常に変革し続けなければ生き残れない。当然、変革の大小はあるのだけど、常に続くプロセスなんだよ」

【自分の目や耳を使って変革の芽を育てる】

「私が変革を行うときもビジョンや戦略を打ち出し大きく仕掛けることがある。しかし、その後は、大きく目立った行動をとるというよりも、自分の目や耳を使って計画の反響や影響、微修正が必要かどうかを常に観察しているんだ。この観察にはコツがあって、社員が変革の取り組みを楽しんでいるかどうかを見るんだよ」

Y人事部長「楽しんでいるかを見るのですか？」

Kさん「そう。変革というものは本来辛いものなんだ。今までやっていたことを否定され、慣れ親しんできたやり方を変えなければならない。それが変革なんだ」

Yさん「それでも楽しんでゆくものですか？」

Kさん「人間はさっき言ったように慣れる動物だ。でもね、その一方、新しいものに興味を持ち新しい成功を求める部分もある。そして新たな成功を得ることで自信が生まれ、もっとやってやろうという気持ちになるんだ」

Yさん「確かにそういう面はありますね。それでは、Kさんは社員の人たちが楽しんでいるのかどうか、そのような点を見ていると」

Kさん「そう、本当に楽しんでいるかどうかはフォーマルな会議では分からない。現場に行って話をしてみると、その人たちの目の輝きや文句の言い方で楽しんでいるかどうかが分かる」

Yさん「文句を言っているのに楽しんでいるんですか？」

Kさん「そう。文句にも2種類の文句がある。前向きの文句と後ろ向きの文句だ。前向きな文句とは、変革を進めたいのにその支援が得られない場合に出るんだ。それは経営にとってすごくいいサインになる。社員はやる気になっているのに、会社の支援がついていってない状態だね。この場合には、求められている支援をすることで社員が勝手に変革を推進してくれる」

Yさん「すると、後ろ向きの文句は『抵抗の印』ですね」

Kさん「その通り。公には反対してこないけど、できない理由を延々と述べるんだ。これが後ろ向きの文句。この場合には、そもそもの変革の必要性や危機感が醸成されていない場合が多い」

Yさん「その場合はどうするのですか」

Ｋさん「その場合には、時に叱ることもあるが、本来的にはもう一度、必要性や危機意識の醸成が必要だね。変革のプロセスの初期に立ち戻るんだ」

Ｙさん「なるほど。変革の８つのプロセスの状態を見るために社内を歩き回り、社員の様子を確認しているのですね」

Ｋさん「あとは、社員と会うことによって関係をつくっていくんだ。会って話を聞くことで、次の大きな変革に備えてネットワークをつくっている面もある。普段からこのようにネットワークをつくっておくと、私の考えをすぐに理解してくれるし、実行が格段に早いんだ」

Ｙさん「よく分かりました。社員を観察し情報を集めることとネットワークをつくること。これがリーダーにとって普段から必要なのですね。リーダーシップ開発の参考にさせていただきます」

『人を動かす』

デール・カーネギー著

誤りを指摘しても人は変われない

森下幸典

（PwC Japan 執行役常務）

人を動かす／How to Win Friends and Influence People　1937年
デール・カーネギー（Dale Carnegie）著
邦訳：創元社（新装版）、1999年／山口博訳

1　人を動かす3原則——非難せず、率直に評価し、欲求を誘う

本章では、デール・カーネギーが書いた『人を動かす』について解説します。原書は『友をつくり　人を動かす法』という題で、1930年代に初版が発行されました。カーネギーは、米国における成人教育、人間関係研究の先覚者であり、欧米各地で講習会を開くかたわら、ウエスチングハウス、ニューヨーク電話会社などの顧問として社員の教育にあたりました。

カーネギーはまず「人を動かす3原則」について説明します。1つ目の原則は「批判も非難もしない。苦情もいわない」です。カーネギーは「他人のあら探しは、なんの役にも立たない」と断言します。その理由について「相手は、すぐさま防御体制をしいて、なんとか自分を正当化しようとするだろう。それに、自尊心を傷つけられた相手は、結局、反抗心を起こすことになり、まことに危険である」と説明します。他人の欠点を指摘して相手を嫌な気持ちにさせるくらいなら、自分の欠点を改める方が得で危険も少ないと考えます。

2つ目は「率直で、誠実な評価を与える」という原則です。カーネギーは「人を動かすには、相手のほしがっているものを与えるのが、唯一の方法である」と語ります。そして「人は、何

をほしがるのか」という問いに対して「自己の重要感である」とし、「人間の持つ性情のうちでもっとも強いものは、他人に認められることを渇望する気持ちである」という米国の哲学者・心理学者のウィリアム・ジェームズの言葉を引用します。

3つ目は「強い欲求を起こさせる」という原則です。カーネギーは「客というものは自分で買いたいのであって、売りつけられるのはいやなのだ。それにもかかわらず、セールスマンの大多数は、客の立場で考えて売ろうとしない」と指摘します。相手が何を欲しがり、それがどうやったら手に入るかを教え、相手に強い欲求を起こさせることが、人を動かす最善の方法なのです。

ケーススタディ

同情や寛容、好意が相手の行動を変える

人間関係の問題に関連のある書物の研究や各界の名士へのインタビュー結果などから打ち立てられた人を動かす原則を1冊の本にまとめ上げたのが、この『人を動かす』です。

同書は「人を動かす3原則」「人に好かれる6原則」「人を説得する12原則」「人を変える9原則」から構成されています。まずは「人を動かす3原則」を詳しく取り上げましょう。

①批判も非難もしない。苦情も言わない

1つ目の原則は「批判も非難もしない。苦情も言わない」です。他人が自分の思い通りに行動してくれないとき、相手を非難したくなるのは誰しも経験があることですが、カーネギーは「他人のあら探しは、なんの役にも立たない。相手は、すぐさま防御体制をしいて、なんとか自分を正当化するだろう。それに、自尊心を傷つけられた相手は、結局、反抗心を起こすことになり、まことに危険である」と言っています。カーネギーは、人を非難したり苦情を言ったりする代わりに相手を理解するよう努めることが大事であり、相手がなぜそのようなことをするに至ったかを考えることで同情や寛容、好意が生まれてくると言います。

経理部に所属するAさんは、各部署の経費を集計する業務を担当しており、毎月の期日までに経費の申請書をすべての営業部員から回収しなければなりません。しかし、ほとんど毎月、営業部のBさんは期日までに経費の申請書を提出してくれません。

もし、Aさんが「経費の申請書を出してくれなければ自分の業務が完了できず、上司にも怒られてしまう。なぜ期日までに出せないのか」とBさんを責め立てると、Bさんは「自分は売り上げを伸ばして会社の利益に貢献している。営業に回って社外にいることがほとんどだから期日までに出すことは難しいし、経費の申請書を期日内に出したところで会社の利益が増えるわけではない」と反論するでしょう。Bさんは自分を正当化し、反抗心を起こしてしまうのです。

Aさんがカーネギーの原則に従うなら、きっとこのようにBさんに言うでしょう。「Bさんは営業の外回りで忙しく、社内にいることも少ないので経費の申請書を期日通りに出すことが難しいのはとてもよく分かります。社内事務に時間を割くぐらいなら、少しでも顧客を訪問して売り上げを伸ばしたいと考えるのは当然だと思います。ただ、経理としても適切な月次決算を行うためには、正確な経費の発生金額を把握する必要があります。申請書の提出は多少遅れてもいいので、今後は期日までに経費の発生金額をメールなり電話なりで連絡してもらえないでしょうか」

いきなり責め立てられるよりも、自分の立場を理解してもらったBさんの受ける印象はだいぶ違うはずです。その後のBさんの行動もきっと違ってくるのではないでしょうか。

【感謝と称賛が相手の熱意を呼び起こす】

②率直で、誠実な評価を与える

2つ目の原則は「率直で、誠実な評価を与える」です。

人は誰しも「他人から重要だと思われたい」という欲求を持っています。カーネギーはこの点に着目し、人を動かすには、こうした「自己の重要感」を満たしてあげることが必要と考えます。

そのためには他人の真価を認め、真心をこめて感謝し惜しみない称賛を与えることが必要で、これにより人の熱意を呼び起こし、よりいっそう働かせることができるのです。

Cさんは自動車販売ディーラーの営業担当で、各営業担当者に与えられた毎月の販売目標を達成するのに苦労しています。各営業担当者の販売台数はオフィス内の壁紙に張り出されており、その販売成績は一目瞭然です。

今月も販売目標を達成できなかったCさんのもとに上司のDさんが来てこう言いました。「Cさん、今月も販売目標を20％下回っているね。みんなが達成しているのにCさんだけ達成していないのは問題だよ。営業方法に何か問題があるんじゃないの？　来月はしっかりしてよね」

もし上司のDさんがカーネギーの原則に従っていたならどうでしょうか。「Cさん、今月も苦戦していたみたいだったけど、よくがんばって販売目標の80％まで達成できたね。Cさんが熱心に得意先を訪問しているのはよく知っているし、そうした地道な営業活動はきっと今後に生きてくるよ。目標まであと少しだから来月もがんばろうよ」

あなたがCさんだったら、どのように言われた方が来月がんばる気が強くなるでしょうか。あなたがDさんだったら、どのようにCさんに声をかけるべきでしょうか。答えは明らかでしょう。

【相手の利益を考え、強い欲求を起こさせる】

③強い欲求を起こさせる

3つ目の原則は「強い欲求を起こさせる」です。カーネギーは「人間の行為は、何かをほしがることから生まれる」との考えに基づき、「人を動かす唯一の方法は、その人の好むものを問題にし、それを手に入れる方法を教えてやることだ」と言います。

他人を動かすには、他人の立場に身を置き相手の利益を考え、相手の心の中に強い欲求を起こさせるように仕向ける必要があるとカーネギーは言っています。

大手商社のエネルギー部門に所属しているEさんは、学生時代から海外で働きたいという思いを抱いており、海外勤務のチャンスが多い商社に入りました。ただし、海外勤務の希望者は多く、まずは上司の推薦を得なければなりません。

Eさんは上司のFさんに対してこのように言います。「Fさん、私は海外で勤務するのが夢でこの会社に入りました。海外勤務の経験を通じて語学力に磨きをかけるだけでなく、異文化についての理解も深めて、グローバルで通用する人間になりたいんです。なんとか次回の海外勤務の候補者に推薦していただけないでしょうか」。Eさんはとても熱心にFさんに説明しますが、自己の欲求だけを熱く語っていることに気づいていません。

もし、Eさんがカーネギーの原則を知っていたら、どうなったでしょうか。自己のためだけでなく、会社のためという視点が入ったはずです。「Fさん、商社は人材が命です。私は海外勤務を通じてグローバルで通用する人間になって、わが社の一層の発展に貢献したいと考えています。海外での勤務で得た知識や経験、構築したネットワークなどは、今後のわが部、わが社の発展に不可欠です。ぜひ、次回の候補者に推薦していただけないでしょうか」

上司であるFさんの受ける印象はどうでしょうか。自己の欲求ばかりを説明されるよりも、自分の所属する部門や会社のためと説明された方が受け入れやすいのではないでしょうか。

2　人に好かれる6原則——好かれるためには相手に関心を寄せる

カーネギーは『人を動かす』の第2章で、人に好かれるための6つの原則を紹介しています。

人間は元来、自分のことに最も関心があり、他人にはあまり関心を持たないという前提に立ち、「他人に関心を持たれたいと思ったら、相手の関心を引こうとするよりも、まず自分が相手に純粋な関心を寄せることが必要である」とカーネギーは教えます。相手が何に関心を持っているかを適切に捉えていれば、忙しい人でも時間をつくってくれるし、協力もしてもらえると考えます。すなわち、人に好かれるための最初の原則は「誠実な関心を寄せる」ことです。

さらにカーネギーは「自分とつき合って相手に楽しんでもらいたい人は、まず相手とつき合って自分が楽しむ必要がある」とし、それを伝える手段が「笑顔」だと指摘します。笑顔でいれば、相手も楽しい気持ちになります。人に好かれるための第2の原則は「笑顔で接する」ことです。

第3の原則として「名前を覚える」ことの重要性を強調します。名前は、当人にとって、最も快く、大切な響きを持つ言葉だからです。

カーネギーはさらに第4の原則として「聞き手にまわる」ことを定義します。本当に自分の言いたいことを聞いてもらうためには、まず相手の言い分を十分に聞き、相互に信頼感の持てる関係をつくることが大切というわけです。

会話の際には、相手が好きなテーマを選んで話題にすることが距離を縮める近道です。カーネギーは第5の原則として「相手の関心を見抜いて話題にする」ことを挙げています。

最後に第6の原則として「心からほめる」ことの大切さを強調します。人間は誰でも、周囲のものに認められたいという願望を持ち、自分は重要な存在なのだと自覚したいのです。どんな人でも自分より何らかの点で優れており、学ぶべきところを備えていると思って接することが大切です。

ケーススタディ

相手の「自分は重要な存在」という思いを満たす

『人を動かす』の中で、カーネギーは繰り返し、他人に「自己の重要感」を満足させることの重要性を強調しています。「人に好かれる6原則」の項でも、全体を通して、どのようにすれば相手に重要感を抱かせることができるかということを説いています。カーネギーが多くの例を挙げているように、人に好かれるということは単に私的な生活を豊かにするだけではなく、さまざまなビジネスの局面においても、成功に導くカギとなるのです。6つの原則を順に見ていきましょう。

①誠実な関心を寄せる

「友を得るには、相手の関心を引こうとするよりも、相手に純粋な関心を寄せることだ。ところが、世のなかには、他人の関心を引くために、見当ちがいな努力をつづけ、その誤りに気づかない人がたくさんいる」とカーネギーは説いています。むやみに人の関心を引こうといくら努力しても決して成功することはありません。なぜなら「人間は、他人のことには関心を持たない。ひたすら自分のことに関心を持っている」からです。「人に好かれたいのなら、まずは自分が相手に興味を持つことだ」とカーネギーは言っています。

②笑顔を忘れない

笑顔で接していれば、相手も楽しい気持ちになります。ただし、作り笑顔や愛想笑いではかえって逆効果です。「心にもない笑顔。そんなものには、だれもだまされない。そんな機械的なものには、むしろ腹が立つ」とカーネギーは言います。心の底からの「真の微笑」にこそ人をひき付ける力があるのです。

③名前を覚える

「名前は、当人にとって、もっとも快い、もっとも大切なひびきを持つことばであることを忘れない」というのが3つ目の原則です。カーネギーは鉄鋼王と呼ばれたアンドリュー・カーネギー（念のためですが、著者のカーネギーとは別人です）のエピソードを挙げて、名前の重要性を示しています。

ある時、商売敵であるジョージ・プルマンと偶然遭遇したA・カーネギーは、前から考えていたそれぞれの会社の合併案を彼に打ち明けました。最初は懐疑的だったプルマンですが、新会社の名前をプルマン・パレス車両会社にすると聞いた途端、目を輝かせ、この商談はまとまることになりました。

【聞き上手に徹し、関心を見抜き、心からほめよ】

④聞き手にまわる

ビジネス、特にサービス業や接客業において、顧客の話を聞くというのは非常に重要なことです。それにもかかわらず、「肝心の店員は、良き聞き手としてのセンスにかけたものを雇うデパート経営者がいくらもいる。客の話の腰を折り、客の言葉に逆らって怒らせるなど、客を追い出すに等しいことをする店員を平気で雇っている」とカーネギーは分析しています。実際は「顧客は店員に自分の話を注意深く聞いてもらうことによって自己の重要感が満たされることを欲している」のです。

また、「ささいなことにも、やっきになって文句をいう人がいる。なかにはそうとう悪質なのもいるが、そういう悪質な連中でも、しんぼう強くしかも身を入れて話を聞いてくれる人、じっと終わりまで耳をかたむけてくれる人に対しては、たいていおとなしくなるものである」と指摘します。悪質なクレーマーに対しても、まずはじっくりと相手の言い分を聞くことで相手の気分がおさまり、問題が解決するというのはよくあることです。

⑤相手の関心のありかを見抜き、話題にする

「人の心をとらえる近道は、相手がもっとも深い関心を持っている問題を話題にすることだ」。カーネギーはこの方法で成功したさまざまな例を挙げ、これがビジネスにおいても非常に有効な手段になることを証明しています。「相手の関心を見抜き、それを話題にするやり方は、結局、双方の利益になる」とカーネギーは言っています。

⑥心からほめる

人を心からほめることとは、その人の「自己の重要感」を満たす最も直接的な方法です。カーネギーは「人間はだれでも周囲のものに認めてもらいたいと願っている。自分の真価を認めてほしいのだ。小さいながらも、自分の世界では自分が重要な存在だと感じたいのだ。見えすいたお世辞は聞きたくないが、心からの称賛には飢えているのだ」と言い、他人の「自己の重要感」を満たすことの重要性を再び強調しています。

このように、人に好かれるためには、まず心からその人に興味を持ち、その価値を認めることです。そうすることで、相手はもちろん良い気分になりますが、同時に自分も豊かな気持ちになれるとカーネギーは言います。また、心理的な幸福感だけではなく、ビジネスの場では双方に経済的な利益をもたらすことにもつながるのです。

ただし、自分の目的を達成するためだけにうわべだけの笑顔やお世辞を振りまいても望んだ結果が得られないばかりか、かえって逆効果です。「他人を喜ばせたり、ほめたりしたからには、何か報酬をもらわねば気がすまぬというようなけちな考えを持った連中は、当然、失敗するだろう」とカーネギーは言っています。

【自信家と話し好き――2人の新人営業マンのケース】

保険会社の新人営業マン、AさんとBさんの例を見てみましょう。

Aさんはまじめで勉強熱心。自社の商品については同期の社員の中でも誰よりもよく知っていると自負しています。それに対して、Bさんは商品の知識はそこそこですが、人なつっこい性格で、とにかく他人と話すのが好きなタイプです。

営業においてAさんは持ち前の商品知識を武器に自社の商品をとにかくアピールします。相手が話を聞いてくれるまで何度でも訪問し、相手が誰であろうと自社の商品のすばらしさを理解してもらえるまで何度でも難しい商品内容を説明することが自分の使命であると考えています。

一方、Bさんはというと、最初は何気ない世間話から相手の家族構成や趣味、交友関係などを聞き出し、2回目以降は事前にそれらを復習してから商談に臨むことを心がけています。

カーネギーの原則に照らしてみれば、どちらが営業マンとして成功するかはおのずと明らかです。

Aさんのように自分が売る商品のことをきちんと理解しておくことはもちろん大切なことですが、顧客は商品の知識を得たいわけではありません。保険のような難しい商品は説明されても素人がすべてを理解することは困難でしょうし、ましてやまだ購買意欲が十分でない商品のことを延々と聞かされても苦痛でしかありません。顧客からは二度と会いたくないと思われるでしょう。

Bさんのように常に自分や自分の家族のことを気にかけてくれるような人には、誰でも自然と心を許してしまうものです。そして世間話をしているうちに、顧客が自分でも気づいていなかったような保険の必要性を発見することができるかもしれませんし、自分には必要のない場合でも、自分の知人で保険を必要としている人を紹介してくれるかもしれません。

3 人を説得する12原則——理屈より相手の身になる

カーネギーは『人を動かす』の第3章で、人を説得するための12の原則について述べています。そこでは、最初に「議論を避ける」ことが必要だと指摘します。議論で相手を徹底的にやっつけたら、自尊心を傷つけてしまい、憤慨させるだけだとみています。それでは相手の意見は変わらないという考え方です。

同様に、相手の「誤りを指摘しない」ことが重要であるとしています。理屈通りに動く人間はめったにいるものではなく、人は自分の考え方をなかなか変えようとしないものだからです。反対に、自分の間違いに気づいたときには、すみやかに「誤りを認める」ことが必要だと言っています。相手にやっつけられる前に自己批判をしておいた方が、状況は好転します。また、たとえ腹が立ったとしても「おだやかに話す」ことが重要です。やっつけられた人が、気持ちよくこちらの思い通りに動いてくれることはまず期待できないからです。

さらに、議論の際には「〝イエス〟と答えられる問題を選ぶ」ようにし、互いに同一の目的に向かって努力していることを相手に理解させる必要性を強調しています。相手を説得しようとして、自分ばかり話すのは逆効果です。「相手にしゃべらせる」こと、「相手に思いつかせる」ことが重要と説いています。

また、「相手の考え、行動には、それぞれ相当の理由があるはずで、その理由を探し出さなければならない」と指摘します。「人の身になる」ことが必要であり、相手に対して「同情を持つ」ことも求められると言います。どんな相手でも正直で公正な人物として扱い、「人の美しい心情に呼びかける」ことの重要性も説いています。

人の注意を引くためには、単に事実を述べるだけではなく、「演出を考える」ことも必要です。仕事への意欲をかきたてる要件として、「対抗意識を刺激する」ことも見逃せません。

ケーススタディ　もし上司が誤った発言をしたら――効果的な正し方

カーネギーは人を説得するために必要な12の原則を紹介しています。ここではその12の原則を、具体例を交えて見ていきましょう。

①議論を避ける

カーネギーは真の意味で議論に勝つことは不可能と考えます。なぜなら、たとえ議論に勝ったとしても、相手は劣等感を持ち、自尊心を傷つけられ憤慨するからです。「議論に負けても、その人の意見は変わらない」というのがカーネギーの結論です。

例えば、営業方針について同僚と意見の不一致があった場合、議論をしても、お互いが自分の考えの正しさを主張することになり収拾がつかなくなることはよくあります。こうした場合には、相手の考えを称賛したり、慰めやいたわりの心を持って相手の立場で同情的に考えて話をしたりする方が効果的でしょう。

②誤りを指摘しない

誤りを指摘されると、人は自分の知能、判断、誇り、自尊心を傷つけられることになります。人を説得させるために誤りを指摘しても効果がないのは、傷つけられるのが論理ではなく感情だからです。

あなたの上司が誤った発言をした場合に、すぐに誤りを指摘するのではなく、その点についていろいろと上司に尋ねるうちに、上司は自然と自分の誤りに気づくかもしれません。その方が上司も恥をかくことがなく、あなたとの関係が悪くなることもないでしょう。

③誤りを認める

カーネギーは、自身に誤りがある場合、相手に指摘されるよりも前に自分で誤りを認めるべきだと考えます。

もしあなたが仕事で何か失敗をしてしまった場合、上司に対して責任回避のための言い訳をするのではなく、まずは自分の誤りを認めて、その次に問題の所在と解決策を報告した方が、上司の印象もだいぶ変わってくるでしょう。

④おだやかに話す

腹が立ったからといってけんか腰で話をしても、相手は気持ちよくこちらの思い通りに動いてくれることはまずありません。カーネギーは、人を無理に自分の意見に従わせることはできず、やさしい打ち解けた態度で話し合うことで相手の心を変えることができると言います。

部下がミスだらけの企画書を持ってきた場合、大声で叱ってやり直しをさせるより、部下の努力をねぎらって優しい言葉をかけながらやり直しを依頼した方が、部下も気持ちよく企画書を作り直すことができるでしょう。

【商談前の雑談で、ぜひ敷いておきたい「伏線」】

⑤イエスと答えられる問題を選ぶ

人と話をする際には、意見が一致していることを示し、それを絶えず強調しながら話を進めることで、互いに同一の方向に向かって努力していることを理解させることが重要です。

何度も「イエス」と言うことで相手の心理は肯定的な方向へ動き始めます。商談の場においても、具体的な商談に入る前の雑談の時から相手に「イエス」と言わせる話題を振っておき、徐々に商談へ話題を進めていくことで、顧客の心理状態も大きく左右されるのではないでしょうか。

⑥相手にしゃべらせる

カーネギーは、相手を説得しようとして自分がたくさんしゃべるのは得策ではなく、相手に十分しゃべらせるべきだと考えます。人は他人の考えに興味はなく、自己の重要感を満たしたいと考えているからです。

顧客から要望を聞き出したい場合には、たとえビジネスに関係のない話でも我慢して聞くことが大切です。辛抱強く話を聞いて、相手が気持ちよく話し終わったところで本題に移った方が、相手も気持ちよく受け答えしてくれるでしょう。

⑦思いつかせる

人は、他人から押し付けられた意見よりも、自分で思いついた意見をはるかに大切にするとカーネギーは分析しています。したがって人に意見を押し付けるのではなく、暗示を与えて相手に結論を出させるべきだと考えます。

問題を抱えている部下に対するフィードバックでは、「ここが駄目だからこう改善しろ」と言うのは効果的ではないでしょう。部下の抱えている問題点をうまく聞き出し、自分の経験を生かしてヒントを与えながら、本人に今後の改善策を考えさせる方が効果的でしょう。

⑧人の身になる

カーネギーは、人の行動には相当の理由があるはずで、それを理解することで、相手の行動や性格に対する鍵まで握ることができると考えます。

顧客との交渉の場において、自社の要望を主張するだけでうまくいくことはまずありません。まずは相手の要望を聞き出し、背景にある考えや状況を理解して、それに応じた提案をしていく方がよほど効果的でしょう。そのためには入念に顧客についての事前調査を行い、話し合いの場においては、相手の主張を辛抱強く最後まで聞き続けることが必要となるでしょう。

【事実を述べるだけでは不十分――演出の威力】

⑨同情を持つ

カーネギーは、相手の4分の3はみな同情に飢えており、相手との口論や悪感情を消滅させて、相手に善意や好印象を持たせるためには、同情を与えることが必要と言います。

得意先からクレームが入った場合には、「××様がおっしゃるのはもっともです。もし私が××様の立場だったらまったく同じ思いを抱くでしょう」と話を始めて、相手に同情を示すことで、相手の印象は変わってくるのではないでしょうか。

⑩美しい心情に呼びかける

カーネギーは「人は誰でも理想主義的な傾向をもち、自分の行為については、美しく潤色された理由をつけたがる」と言います。したがって、この気持ちに訴えかけるのが有効と言います。

例えば、営業上のトラブルにより、顧客からの支払遅延が生じている場合に、こちらから一方的に支払いを求めるのは得策でないかもしれません。かえって相手も感情的になり支払いがますます遅延してしまうかもしれません。得意先としても支払義務を果たしたいと思っているはずであり、相手の公正な判断に訴えることが必要でしょう。

⑪演出を考える

相手を説得するためには単に事実を述べるだけでは不十分で、事実に動きを与えて興味を演出すべきだとカーネギーは言います。

とあるテーマパークへ営業を行う際に、休日に営業チーム全員でそのテーマパークを訪れ、その時に撮った写真を提案書の中に盛り込んだという話を聞いたことがあります。ただ単にセールスポイントを説明されるだけよりも、こうした演出がなされた提案書の方が、顧客にとって受けが良いのではないでしょうか。

⑫対抗意識を刺激する

カーネギーは、人は優位を占めたいという欲求や重要感を得たいという欲求を持っており、これを刺激することが人を説得する上で重要だと考えます。

会社内に各営業チームの成績を張り出したり、毎月、営業優秀者を表彰したりするのは、こうした各チームやメンバー間の対抗意識を刺激し、より一層営業に力を入れさせるためのうまい方策と言えるでしょう。

4

人を変えるための9原則——やる気にさせる言葉を選ぶ

カーネギーは『人を動かす』を締めくくる第4章で、人を変えるための9原則について説明しています。そこでは、人に何か頼みごとや注意をしたい場合に、相手にそれを快く受け入れてもらい、望んだ成果を出してもらうためのポイントについて解説しています。

相手に注意をしたい場面で、そのまま内容を伝えても、反感を買うことが多いでしょう。カーネギーは「まずほめる」ことが必要だと主張します。それから自分の言いたいことを伝えた方が、相手は受け入れやすくなります。その際、直接的な批判を避け、相手に気づかせることが大切であり、「遠まわしに注意を与える」ことや「まず自分の誤りを話したあと相手に注意する」ことの重要性を強調します。注意される側と同じ目線で話し、相手が受け入れやすい状態をつくるのです。

また、上司が部下に何かやってもらいたい場合には「命令をせず、意見を求める」姿勢が必要だとカーネギーは言います。命令は相手の自尊心を傷つけてしまう恐れがあります。相手の言い分を聞き、「顔をたてる」ことによって、円滑なコミュニケーションが可能になります。

人間には、他人から評価され、認められたいという願望があります。しかし、心のこもらないうわべだけのお世辞には反発を覚えます。「わずかなことでも惜しみなく心からほめる」ことが必要だとカーネギーは教えます。まず、「期待をかける」ことによって、人はそれを裏切らないように努力します。さらに「激励して、能力に自信を持たせる」ことによって、自分の優秀さを示そうと懸命にがんばるのです。

期待した成果を得るためには、頼んだ相手に「喜んで協力させる」状態をつくり出すことが必要です。相手が何を望んでいるかを把握して、その頼みごとによって、相手の欲しい物が手に入ることを理解してもらうように話すことが重要です。

ケーススタディ

頼みごとを快く受け入れてもらい、望んだ成果を出すには

「人を変えるための9原則」では、人に何か頼みごとや注意をしたい場合に、相手にいかにそれを快く受け入れてもらい、望んだ成果を出してもらうかのポイントについて定義しています。具体例を交えながら見ていきましょう。

①まずほめる

たとえ相手の仕事が満足のいくものでなかったとしても、それをいきなり非難してしまうと、

相手の気分を損ね、その後の仕事ぶりにも影響してしまいます。これを回避するためには、まず、相手をほめることからコミュニケーションを始めることが重要です。そうすれば相手は気分よくこちらの要望に耳を傾けてくれるものです。部下などに仕事のやり方を直してほしいときや、注意をしなければならない場合、まず相手の普段の仕事ぶりをほめてから言うことで、相手は快くこちらの主張を受け入れる準備ができるでしょう。

②遠まわしに注意を与える

人から批判されることに特に敏感な人たちには、まずほめることに加えて、もうひと工夫する必要があります。それは、ほめたあとに「しかし」ということばをつかわないことです。ほめたあと「しかし」をはさんで批判的なことを言ってしまうと、最初のほめ言葉も「結局は批判するための前置きにすぎなかった」と思われ、かえって逆効果になってしまいます。カーネギーは「しかし」ということばを「そして」に変え、ほめると同時に遠まわしに注意を与えることが非常に効果的であると言っています。例えば、机の整理ができない部下に対して、「君はいつも仕事が早いね。だが、机まわりがとても汚い。ちゃんと片づけなさい」と言うよりも、「君はいつも仕事が早いね。机まわりをもう少し片づければもっと効率がよくなるんじゃないか」と言う方が効果的でしょう。

③自分のあやまちを話す

人に注意を与えるときには、過去に自分もいろいろな失敗をしてきたことを前置きすることでも相手の不快感を抑えることができます。また、自らの失敗談により、相手に自然と教訓を与えることもできるのです。誤字の多い部下に対しては、「私も昔誤字が多くて、上司によく怒られた。今でもかならず書類は一度印刷して見直してから上司に見せるようにしているよ」と言うだけで、その部下の誤字は減るかもしれません。

【命令せず、問いかけて一緒に考える】

④命令をしない

人に指示を与える際には、一方的に上から命令するのではなく、意見を求め、相手に自主性を持たせることが肝要だとカーネギーは言っています。達成不可能と思われるような売り上げ目標が掲げられた際に、部下に対して「とにかく何がなんでも売り上げを伸ばせ」と叱咤《しった》するよりも、「どうすればこの目標を達成できるだろうか」と問いかけ、一緒に対策を考える方が、目標達成に近づくことができるでしょう。

⑤顔をつぶさない

「たとえ自分が正しく、相手が絶対にまちがっていても、その顔をつぶすことは、相手の自尊心を傷つけるだけに終わる」とカーネギーは言います。相手の心情を察してやることで物事ははるかにうまくいくのです。

A社では、顧客から「A社から送られてきた請求書の内容について、身に覚えがない」というクレームを受けました。請求内容については1カ月前に合意しており、その内容は電子メールにも残っています。このような場合、どのように対処するのが良いでしょうか。

㋑証拠の電子メールを顧客の上司に送り、A社が正しいことを主張する

㋺顧客に電話で1カ月前の電子メールを確認してもらうようにお願いする

スピーディーに結論を出そうとすると、㋑を選択したくなるかもしれません。しかし、先方の担当者は今後も引き続き取引をする大切な相手です。今後も気持ちよく取引をしてもらうためには㋺の方が適切でしょう。

⑥わずかなことでもほめる

『人を動かす』の中で再三繰り返されていますが、人は誰しも「他人から評価され、認められたい願望」を持っていますが、「心のこもらないうわべだけのお世辞には、反発を覚える」ものです。逆に誠意のこもった言葉は、相手に自分でも気づいていなかったような能力に目覚めさせることもあるとカーネギーは言っています。

なかなか新規顧客を獲得できず苦労していた営業部のBさんですが、上司はBさんが費用の

集計については今まで一度も間違えたことがないことに気づいていました。「君は数字に関してはとても正確だね」という上司の言葉をきっかけに、Bさんは経理部への異動を決意し、自分の能力を存分に発揮できるようになりました。

【相手が欲しているものを対価にする】

⑦期待をかける

相手に期待をかけてやることで、相手はその期待にこたえようと努力します。仕事の効率が悪く毎日深夜残業を続けている部下に対しては、効率が悪いことを指摘して叱るよりも、「毎日がんばっているね。来年からはもう1社担当してもらおうか」という方が効果的でしょう。声をかけられた部下は自ら業務効率を見直すようになるはずです。

⑧激励する

相手を罵《ののし》ることとは、その人の向上心の芽を摘み取ってしまうことになる、とカーネギーは言います。逆に、相手を励まし、こちらが相手の能力を信じていることを示すと、相手は「自分の優秀さを示そうと懸命にがんばる」のです。

あるコンビニエンスストアで、顧客から「商品の札が正確でない」とのクレームが来ました。

店長は店員たちに再三注意を促しましたが、改善されません。あるとき店長は、普段から仕事ぶりに問題があった店員を札係の責任者に指名しました。すると、以後札の間違いはなくなり、その店員の働きぶりは以前よりも格段に良くなりました。

⑨喜んで協力させる

いささか単純な方法かもしれませんが、相手に喜んで協力させるためには、相手が何を欲しているかを見抜き、それを協力の対価とすることです。それは金銭的な報酬かもしれませんし、地位や名誉かもしれません。

営業担当者のCさんが大きな仕事を受注しました。そのプロジェクトに参加するスタッフは、毎日のように遅くまでの残業を余儀なくされるでしょうし、休日出勤も必要となるかもしれません。このプロジェクトを成功させるためには、Cさんはスタッフたちにどのように呼びかければよいでしょうか。金銭的な報酬をモチベーションに仕事をしているスタッフに対しては、プロジェクトに参加することで多くの残業手当が支給されることを強調することが効果的でしょう。また、自己の成長を求めているスタッフに対しては、このプロジェクトに参加することによってさまざまなスキルや経験が得られることを強調することが効果的でしょう。重要なのは、それぞれの当事者が何を欲しているかを理解することなのです。

『自助論』

サミュエル・スマイルズ著

「道なくば道を造る」意志と活力

奥野慎太郎

（ベイン・アンド・カンパニー・ジャパン　日本法人会長）

自助論／Self Help;with Illustrations of Character and Conduct

1859年

サミュエル・スマイルズ（Samuel Smiles）著

邦訳：三笠書房、2003年／竹内均訳

1　真の成長の礎——途切れぬ努力と快活さ

『自助論』は英国の作家、サミュエル・スマイルズが１８５０年代後半に著しました。日本では明治維新直後に発行され、明治時代だけで１００万部以上売れたとされています。様々な分野で活躍した人々の事例や言葉を引用しながら、自助の精神の重要性を訴えます。「天は自ら助くる者を助く」という序文はあまりにも有名です。

人生は自分の手でしか開けない、自助の精神こそが人間が真の成長を遂げるための礎になると、同書は説きます。シェークスピア、コペルニクスなど、過去の偉人はみな途切れることなく努力しています。こうした努力を促すという意味では、貧しさや困難も、人間の成長には恵みとなります。大数学者のラグランジュも「私が裕福だったら、おそらく数学者などにはならなかったはずだ」と述懐しています。

天才とは奮励努力しようとする意欲であり、忍耐そのものです。万有引力の法則など、多くの発見を成し遂げた理由を聞かれたニュートンは「いつもその問題を考え続けていたから」と答えました。スチーブンソンは蒸気機関車製造の第一人者となるまでに15年余り、ワットは蒸気機関の改良研究に30年を要しています。

根気強く待つ間も、快活さを失ってはなりません。快活さは、どんな逆境にあっても希望を失わず「逆境を逆境としない」生き方をもたらしてくれます。一度希望を失えば、何をもってしてもそれに代えることはできません。どのような仕事でもそれを好きになるように心がけ、自分自身を慣らしていくことが必要です。

逆に、外部からの援助は努力や忍耐を阻害し、人間を弱くします。自助の精神がなければ、法律や政治も、人間や国家の成長をもたらすことはできないのです。人や社会の本質を捉えているからこそ、『自助論』は現在の私たちに自己研鑽《けんさん》を促す1冊として読み継がれているのです。

ケーススタディ

「天は自ら助くる者を助く」

【リーダー企業の経営者が経験的に認識する「原則」】

「天は自ら助くる者を助く」

これはビジネスの世界においても多くの場面で私たちが直面する原則です。

例えば、自社の業績不振の原因を、外部環境の変化やそれに伴う業界全体の不振に求める議論を聞くことは珍しくありません。しかし、ほとんどの業界において、リーダーとしての地位を確立した企業は高い収益と持続的な成長を実現しています。多くの経営者も、このことを経験的に認識しています。

ベイン・アンド・カンパニーが全世界の約400人の経営者を対象に実施した調査によると、「自社の成長を妨げる社内外の主要因」として指摘されたものの多くは「重要課題へのフォーカスの不足」「企業文化」「組織の複雑性」などの内部要因であり、「市場における成長機会の不足」などの外部要因を指摘する声は全体の15％に過ぎませんでした。

結果として表れる業績の違いは、そうした成長を妨げる内部要因を直視し、根気強く社内を説得・変革し、競争力を磨き続けられるかどうかにかかっています。

言い換えれば、成功のためには「どこで戦うか」より「どう勝つか」がより重要である、ということもできるでしょう。企業全体にせよ、1つの部署やプロジェクトにせよ、常に快活さを失わず、「どう勝つか」を忍耐強く考え続けていれば、そこから成功のための「ひらめき」が得られたり、勝つための新しい道筋が見えてきたりするのです。

明治維新後の日本が、資源も資金も技術も不足している中で、驚くべきスピードで近代化を成し遂げ、世界の強国の仲間入りを果たしたのも、こうした自助の精神のたまものに他ならないでしょう。明治時代にはこの『自助論』が学校の教科書としても使われていたという事実からも、かつての日本において自助の精神がいかに重視されていたかがうかがえます。

【補助金・規制・政策支援……自助原則の否定は〝強い企業〟まで蝕む】

過度な補助金や保護主義的な規制が産業競争力の健全な発展を阻害するのも、この原則の発現例と言えるでしょう。

例えば再生エネルギーのように、先行者の不利益が発生する業界では、産業育成のために補助金や価格統制、関税が導入されることも少なくありません。しかし、それが過度に続くと健全な企業努力が阻害され、社会全体としても高コスト・非効率な状態が続くことになります。手厚い規制で守られたかつての日本の金融機関が国際的な競争力を獲得できなかったこと、逆に早くから海外市場で競争にさらされた自動車産業が競争力を高めることができたことも、こうした原則の表れと言えるでしょう。

またこうした意味では、債務超過や過度の業績不振に陥った企業に対して政府が支援に乗り出すことも、本来好ましいことではありません。

もちろん、企業倒産の社会的コストは莫大なものですし、それを回避するための対策を講じることは、政治的にも重要な課題でしょう。しかし多くの場合、それらが産業全体としての需給調整を遅らせ、たゆまぬ努力で勝ち残ってきた企業のさらなる競争力強化を阻害することも、厳然たる事実です。

市場の調整能力にすべてを任せることは、現代社会においては必ずしも受け入れられやすいオプションではないかもしれませんが、自助の原則との矛盾には必ず相応の代償が伴うということも、留意されなければならない側面です。

少なくとも、ビジネスに携わる私たち自身は、この自助の精神を敬い、実践していかなければなりません。仕事で成功できないことを上司や同僚のせいにしたり、顧客のせいにしたりしても、何も始まりません。

【業績不振企業に共通する悪しき組織文化】

実際、業績に問題を抱えた企業に対して、コンサルタントとして何が業績不振の原因でどこに改善の余地があるのかをインタビューすると、営業部門は製品の問題を指摘し、開発部門は営業力の不足を指摘し、現場は経営幹部が問題だと言い、経営幹部は現場の実行力の不足を指摘する、というようなことが少なくありません。

こうした企業の再生には、それぞれが指摘する課題（その多くは事実であることが多いものです）

の解決に加えて、社内のコミュニケーションや協力関係の改善、他者に責任を求める文化の変革が極めて重要になります。

日本航空の経営再建を託された稲盛和夫氏が、現場を訪れて対話し、社内研修を通じてリーダーシップのあり方や社内文化の改革に取り組まれたのも、これに通じる事例ではないでしょうか。

国家であれ、企業であれ、個々のビジネスパーソンであれ、自助の精神の重要性は変わりません。一人ひとりが希望と活力を忘れず、目の前の仕事で精いっぱい努力し続けることが、「逆境を逆境としない」生き方につながり、成功をもたらしてくれるのです。

2　好機を手にできる人――活路を開く意志と目的

大きな成功をもたらす好機・幸運は、常に手の届くところで私たちを待っています。問題はそれが見えるかどうか、それを機敏に捉えて実行に踏み出すかどうかです。そのために必要なものは「常識や集中力、勤勉、忍耐力のような平凡な資質」であるとスマイルズは指摘します。

例えば、ニュートンは重力の問題に長年専心してきたからこそ、目の前にリンゴが落ちるのを見てひらめき、万有引力の法則を理解しました。大航海でなかなか陸地が見つからず、船内が険悪化する中、コロンブスは船尾に漂う海草から陸地が近いことを発見し、船員の心を静めました。

これらの事例を踏まえて、『自助論』は「賢者の目は頭の中にあり」と言います。思慮の浅い人間には何も見えなくても、聡明《そうめい》な洞察力を持つ人、独力で活路を開こうと努力を続ける人は、目の前の事物に深く立ち入り、その奥に横たわる真理にまで到達し、好機を手にできると言うのです。

向上意欲の前には限界はありません。無心の自己修養と克己心が、人間をどこまでも前進させます。万人に平等な機会が与えられている学校教育などより、苦行と呼べるほど自ら一心不乱に打ち込んだ自己修養の方がはるかに才能を高める役に立ちます。成功に必要なのは「道なくば道を造る」という意志と活力、そして意志に与えられた正しい目的・方向性であると同書は結論づけています。

意志は善悪を問わず突き進むため、そこに正しい方向性を与えることが必要です。「不可能という言葉は、愚者の辞書に見ゆるのみ」と言ったナポレオンは、強い意志と活力の塊でしたが、善と結びつかない権力であったがゆえに、自らを破滅させました。対照的に、探検家でアフリカの奴隷解放にも尽力したリビングストンの意志、活力、功績は、今も世界の人々から称賛されています。

ケーススタディ

「道なくば道を造る」

【「一意専心」で圧倒的支持を獲得した日本企業】

目の前の事物に深く立ち入り、その奥に横たわる真理にまで到達し、好機を手にする――。

こうした事例は、企業経営においても見ることができます。

例えば、スポーツ用品メーカーのアシックスは、より機能に優れたシューズの開発と提案のために、人間の足の研究を続けていることで知られています。同社の直営店を訪れると、経験を積んだスタッフが足のサイズや走り方を計測して、顧客によりフィットしたシューズを提案してくれます。

それ自体が顧客を深く理解し、顧客に合った製品の価値を深く伝えることにつながりますが、これは日本人の足のデータを蓄積する過程でもあります。そうして計測された膨大な足のデータは長年にわたって蓄積され、同社が協賛するマラソンイベントなどで収集されるアンケート調査結果とともに、新製品や新技術の研究開発に生かされています。

神戸市にあるスポーツ工学研究所では、シューズの構造設計や材料などの研究と並んで、そうしたデータ収集に象徴される人体の特性やその経年変化に関する研究も行われています。

一例を挙げると、同社では日本人の筋力低下の原因の1つが、幼児期の運動量や歩数の低下にあるとの考えに基づいて、成長過程を踏まえた子どもと大人の足の構造や歩き方の違い、子どもにあったシューズの柔軟性などの研究をしています。

その結果を基にして、少しでも子どもが運動しやすく、また、運動が正しい発育につながるようにと開発された同社の幼児用シューズ「スクスク」は、同カテゴリーでは圧倒的な顧客支持を得ています。

無数の顧客の声との対峙が「天才的ひらめき」を呼ぶ

結論だけ聞けば、「子どもと大人の足が違うのは当たり前じゃないか」と思われるかもしれません。しかし、ニュートンの万有引力発見のエピソードと同様に、それは日本人の足のことを考え続けてきた同社だからこそ着目でき、ビジネスにつなげることができた真理なのではないでしょうか。

同様のことは、米アップルの製品開発にも言えることです。同社は直営店「アップル・ストア」

に持ち込まれる製品への質問、使い方の相談、修理依頼などを蓄積し、それを真摯に分析することで、顧客がどこにどのような不満を感じているか、何を求めているかを深く追究し、製品の改良や開発につなげています。

創業者のスティーブ・ジョブズ氏に象徴されるように、一部のカリスマが天才的なひらめきで作ったように見える同社の製品も、実は目の前の「顧客」という事物とその行動様式を深く探究し続けた結果得られた示唆の結晶なのです。

正しい目的と方向性を持って、「道なくば道を造る」という意志と活力で成功を成し遂げた経営者は日本にもたくさんいらっしゃいますが、代表例の1人は松下電器産業（現パナソニック）を創業した松下幸之助氏でしょう。

著書『道をひらく』でも書かれているように、執念をもって初志を貫き、常に自ら能動的に考え、学び、行動して、先駆開拓していくことの重要性を同氏は説き、また実践してこられました。

誰もが無理だと思ったことに挑戦し、無数の失敗を繰り返しながら成功を収めてきた同氏の生き方、「こけたら、立ちなはれ」というようなシンプルながら厳しい同氏のメッセージは、まさに意志と活力で成功を収めた最たる例でしょう。

［成功の条件はシンプル――意志と活力、その向かう先は「善」か否か］

また「水道哲学」と呼ばれる同氏の「水道の水のように電化製品や物資を潤沢に供給することにより、物価を低廉にし自社の製品を消費者の手に容易に行き渡るようにしよう」というビジョンは、ナポレオンの例とは異なり、人として普遍的に正しい方向性を指しています。

これも同氏の成功が第2次世界大戦をまたぐ実に長い期間にわたって継続し、同氏の意志、活力、功績が、今も世界の人々から称賛される理由なのではないでしょうか。

以上のように、勤勉の中にこそ「ひらめき」があり、幸運は常に手の届くところで待っています。独力で活路を開こうと努力を続ける人だけが、それを手にすることができます。無心の自己修養と克己心が、人間をどこまでも前進させてくれます。

そして、成功に必要なのは「道なくば道を造る」という意志と活力、そして意志に与えられた正しい目的・方向性です。それらがあれば、あとはそれに従って誠実に生きるだけで、豊かな人生を歩むことができるでしょう。

3 成功を支えるもの——実務能力と日々の節約

スマイルズは、自助の精神の具体的な実現のかたちを、時間とお金の観点でも説いています。時間の知恵は、ビジネスを例にとって語られます。古来、偉人と呼ばれる人々は、高貴な目標を追求しながらも、生計を立てるための仕事を軽視しませんでした。シェークスピアは劇場の支配人として成功し、ニュートンは有能な造幣局長官、植物学者リンネは靴作りの職人でした。

ビジネスを成功させる6つの原則には、注意力、勤勉という点に加え、正確さ、手際のよさ、時間厳守、迅速さといった時間に関するものが含まれます。そして、今日なすべきことを明日に延ばさないこと、現状に満足して無為に生活せず、1日1日積み重ねていくことが重要とされます。

向かうところ敵なし、とされたウェリントン将軍が戦績をあげられたのも、直観力や計画を断固やりぬく強い意志に加え、物事を運に任せない綿密な「実務能力」があったからです。科学技術でも芸術でも政治でも、「実務能力」のない者に成功はありません。

お金の知恵の重要性も論をまちません。どのようにお金を手に入れ、蓄え、使うかは私たちが人生を生き抜く知恵を持っているかどうかの最大の試金石です。悪いのはお金そのものではありません。お金に対する間違った「愛情」こそが諸悪の根源であり、この間違った愛情は心を狭め、萎縮させます。家族を満足に養うにはお金が必要です。しかし、社会に本当に影響力を持つ人間は、必ずしも金持ちとは限りません。人生の最高の目的は、人格を強く鍛え上げ、可能な限り心身を発展向上させていくことです。お金はそのための手段であり、目的ではありません。

こうした思想に基づき、スマイルズは節約の重要性を強調します。節約は思慮分別の娘であり、節制の姉、自由の母である、要するに節約とは自助の精神の最高表現である、とスマイルズは説いています。

ケーススタディ

時間とお金をどう使うか

【また積み残し――毎年似たような事業計画を作り続ける企業】

人生と同様に、企業経営においても、時間とお金の使い方は、人材の使い方と並んで、その知恵と自助の精神の強さが試される最大のチャレンジです。

経営資源を表す言葉として「ヒト、モノ、カネ」という表現がしばしば使われますが、「トキ」もそれらと同じか、もしくはそれ以上に重要な経営資源です。いつ誰が何をどういう順番で行うか、その意思決定と実行の繰り返しそのものが経営であると言うこともできます。

経営にはステークホルダーが共感・賛同できるビジョンやゴールが必要ですが、それらも具体的にどういう時間軸でそこに到達するのかという工程表がなければ、絵に描いた餅になりかねません。

多くの企業では、これを事業計画というかたちで表現します。これは重要な第一歩です。スタートアップ企業やNPOでは事業計画がない場合もありますが、営利であれ非営利であれ、何か事業を成し遂げようとする以上、事業計画が必要ないということはまずありません。

一方、当然ながら計画があればよいというものでもなく、そこに具体的な時間の使い方が詳細に明示され、それが計画通りに実行されていくことが重要です。

過去に作られた3カ年計画や5カ年計画に、年度別の計画業績数値こそあれ、具体的にいつ何を行うのかが明示されておらず、結果的に様々なものが後ろ倒しされて、次に計画を作り直してみると、以前のものとほとんど同じ計画になってしまう、というような企業は、国内外を問わず、珍しくありません。

変化の激しい昨今の経営環境ですから、先々まで正確な計画を立てることは難しいにせよ、少なくとも向こう1年間については、月次で誰がどういうアクションを取り、どういう意思決定をしていくのか、それによってどういう業績を積み上げていくのか、関係者の合意・理解のもとに明確な工程が示されていなければなりません。

皆が注意深く勤勉に働くというだけでなく、そうした計画に基づき、正確に、手際よく、迅速に、時間厳守で事業活動を進めていくことが重要です。

【目標達成まで食いつなげるか――偉業達成する企業の「時間の知恵」】

当面のキャッシュフローが厳しい企業ならば、まずはコスト削減や短期的なキャッシュ創出に注力し、成長に向けた投資の原資を蓄えなければなりません。製品開発や顧客開拓のリードタイムが長い業界であれば、それらに向けた必要な手を確実に打ちつつ、既存顧客・既存製品をベースにした事業活動で、それら将来への布石が実を結ぶまでの時間を食いつながなければなりません。

そうした性質の異なる活動にそれぞれ必要な時間軸を設定し、きちんと実行していく「実務能力」と「時間の知恵」のある企業だけが、偉業を成し遂げることができるのです。

「金の知恵」も、企業の真価が問われるテーマです。もちろん、個人の場合とは異なり、企業は金を節約すればよいというものでもありません。

特に日本では、キャッシュを蓄えすぎ有効に活用していないと言われる企業も少なくありません。将来に向けた拡大再生産とそのための有効な投資が企業の本分である以上、無為にキャッシュを抱え込むことは有効な経営とは言えません。

一方で、見た目のお金を増やすために経営を誤る例は、より問題が深刻です。古くは1980年代終わりから90年代初めの不動産バブル、2000年前後のITバブル、そして2000年代後半のサブプライム問題など、いずれも実体経済や付加価値、技術力などの増加とは乖離《かいり》したかたちで、時価総額や運用益などの自己増殖が図られた結果、その発端となった企業だけでなく、世の中全体に取り返しのつかないダメージを与えてしまいました。

カネへの「間違った愛情」――道を踏み外す諸悪の根源

時価総額や運用益の重要性は論をまちませんし、それを拡大させること自体は悪いことではありません。しかし、過大評価された時価総額を元手に本来本業と関係の薄い企業買収を繰り返してさらに時価総額を上昇させたり、本来信用のない人に金融商品を売って、いつか無理が生じるのを承知で運用益を追求したりするのは、企業活動の本分から外れています。

誰かが必ずだまされて損をすることが前提の利殖という意味でも、自助の精神に反していると言えるかもしれません。利益や時価総額そのものが悪いのではなく、まさにスマイルズの言うように、それらへの「間違った愛情」こそが諸悪の根源であると言えるでしょう。

スマイルズが「人生の最高の目的は、人格を強く鍛え上げ、可能な限り心身を発展向上させていくこと」であるとしたように、企業経営においてもその最高の目的は、顧客に競合よりも優れた製品・サービスを提供し、そのための強じんな技術、ノウハウ、経営体制、ＩＴインフラなどを築き上げ、可能な限り企業風土や組織文化を発展向上させていくことです。

お金はそのための手段であり、利益や時価総額も、本来はそうした企業としての本質的な成功の結果としてついてくるものなのです。

4　真の知識と経験——一生通じる唯一の財産

自らの汗と涙で勝ち取った知識ほど強いものはありません。学校教育は勉強の習慣をつけるという意味では価値がありますが、人は自ら能動的に学ぶことで、はるかに多くのものを得ます。「鉄が熱いうちに打つ」だけでなく「鉄が熱くなるまで打つ」。すなわちどんな機会も逃さず努力し続けることが、卓抜な技量、大きな成果を得るために必要なのです。

ここでいう知識は、人を追い抜くための手段になったり知的遊戯の道具として人を満足させてくれたりするものではありません。自己修養を通じて得た優れた知識、知恵や理解力は、人生の高い目的を追求するための活力源となり、人格や精神を豊かにすると『自助論』は説きます。

知識からの実りをより大きく生かすためには、失敗から学ぶこと、よき師と友から学ぶことが重要です。挫折や失敗の克服から人間は多くを学びます。「何を行うべきか」に気づくのは往々にして「何を行ってはいけないか」を悟るときです。また、人格教育の成否は、誰を模範にするかによって決まります。その意味で、よき師や友は、人が成長するうえで最高の宝ですし、家族ら身の回りの様々な人々も人生のよき指標となります。

こうした真の知識と経験、よき師や友が育ててくれる人格こそ、一生通用する唯一の財産であるとスマイルズは主張します。「君子」という言葉は本来、地位や権勢の象徴ではなく、真の人格者を指します。空高く飛ぼうとしない精神は、地べたをはいつくばる運命をたどるのみです。人格こそが、困難に際しても人を誠実かつ前向きにさせてくれます。

旧約聖書では真の人格者は「まっすぐ歩み、義を行い、心の真実を語る」とされます。不断の修養で身につけられた人格や礼節、洗練された態度こそが、人々の尊敬を集め、さらなる自己修養と克己心、勇気や優しさの源泉にもなるのです。

ケーススタディ

よき「師」よき「友」

［いかにして「鉄を熱く」するか］

本節の内容は、まさにビジネスパーソンの成長にあてはまる内容です。真の知識と経験、よき師、よき友は、人格を育て、ビジネスパーソンを大きく成長させてくれます。

19世紀の英国で書かれた『自助論』ですが、「人は授業よりも訓練を通じて自ら能動的に学ぶことで、はるかに多くのものを得る」という指摘は、高等教育が職業訓練の場としてあまり位置づけられていない現代の日本には、特によくあてはまります。学生時代になかなか習得できなかった語学や会計などのスキルが、社会人になって必要に迫られてから急に伸びた、という経験をされた方は少なくないのではないでしょうか。

我々、経営コンサルタントを含むプロフェッショナルファームでの成長は、そうした機会と成長のサイクルの濃縮版と言えるかもしれません。ベイン・アンド・カンパニーの場合、コンサルタントとして入社すると、平均して1年半に1回、世界のどこかで同じランクのコンサルタントが集まって行われるトレーニングに参加します。毎月、あるいは場合によっては毎週、上司からパフォーマンスについてのフィードバックと注力すべきスキルについての指導があります。まさに「鉄が熱くなるまで打つ」トレーニングプログラムが設計され、実行されています。

しかしそうした環境下でも、本当に伸びる人は、自ら進んで上司や同僚にフィードバックを求め、他のプロジェクトで使われている分析手法や周囲で議論されている最新の経済事情にもアンテナを高くして、自ら学び努力し続ける人です。そしてそうした自己修養や、プロジェクトを通じて出会う経営者や企業幹部の方々との議論、施策の実行過程で直面するさまざまな障害や困難を経験することで、本当に優れた知識や知恵が得られ、人格や精神が豊かになっていきます。

本当によき「師」や「友」は、どこにいるのか

人格教育の成否を決める「師」や「友」を得るうえでも、仕事上の上司や同僚、部下、取引先や顧客というのは、言うまでもなく最大の人材供給源となるでしょう。境遇や社会への不満を語り合う仲間ではなく、より上を目指そうという志を共有できる友、互いに競い合い励まし合いながら成長していける友を1人でも得ることができれば、ビジネスパーソンとしてこれほど心強いものはありません。

若手に限らず、起業家や経営者など大小の組織を率いる立場になっても、いや孤独と重圧に耐えて決断し続けなければいけない立場になってからこそ、そうした友の存在はかけがえのないものになります。

よき「師」は、何も直接的に仕事の手ほどきをしてくれる上司や先輩とは限りません。取引先や顧客から、そうした存在を得ることもあるでしょう。ちょっと煩雑に感じることもあるかもしれませんが、きちんとこちらに正対し建設的なフィードバックをくれる人、何らかの判断の軸や視点を提供してくれる人は、実に貴重な、大切にすべき存在です。

今では有償のサービスとしてコーチングを提供するプロも珍しくありませんが、スマイルズの言うように、家族に代表される身の回りの様々な人々も、人生のよき指標となってくれます。あるいは1人の自然人格の中に完璧な「師」を見つけることが難しくとも、何人かの長所を集めれば、きっと理想とする「師」を得ることができるでしょう。

共通して言えるのは、こうした「友」も「師」も、自ら進んでそうした存在を求め、能動的に何かを学ぼうとしなければ、本当にそうした存在を得て関係を持続するのは難しい、ということでしょう。

「トレーナー」や「指導員」などという呼称で、入社十年前後の社員を新入社員の一人ひとりに割り付け、仕事上や身の回りの相談に応じさせたり、会社に順応させたりする取り組みを組織的に行っている会社は珍しくありません。もちろん、きっかけはそうした会社が用意した関係であっても、後に文字通りの師弟関係になることもあるでしょうし、そうした制度の価値を否定するものではありません。

【 機会を逃さず、自らを励ます 】

しかし、そうしたサービスを受ける側が不断の修養と人格的成長を求めていなければ、また提供する側が「まっすぐ歩み、義を行い、心の真実を語る」準備ができていなければ、スマイルズが言うような意味での「よき師」を得たことにはならないでしょう。

以前、児童養護施設に預けられ希望を失いかけていた子どもたちが、施設職員の方やケースワーカーの方、同じように施設を卒業して夢に向かって努力する先輩を見て、自らも夢をもって頑張ろう、大学に行って立派な大人になろうと考え、そうした思いをスピーチで語る姿に触れる機会を得ました。まさにスマイルズの言うように、彼らは身近に人生の良き指標を得たことで、「空高く飛ぼうとする精神」を獲得したのです。

こうした自らの精神を励ましてくれる人、人生のよき指標となってくれる人は、何も特別な偉人とは限らず、私たちの周りに必ず存在します。本章の2節でご紹介したニュートンの万有引力の法則の発見やコロンブスの新大陸発見の逸話のように、自ら常に考え、求めていれば、こうした「友」や「師」を得る機会もおのずから見えてくるはずです。ぜひそうした機会を逃さず、よき支援者を得て、自己修養と成長の糧としたいものです。

『7つの習慣』

スティーブン・コヴィー著

人格の成長を土台に相互依存関係を築く

奥野慎太郎

（ベイン・アンド・カンパニー・ジャパン 日本法人会長）

完訳7つの習慣 人格主義の回復／
The 7 Habits of Highly Effective People 原著は1990年に初版が出版
スティーブン・R・コヴィー（Stephen R. Covey）著
邦訳：キングベアー出版、2013年／フランクリン・コヴィー・ジャパン訳

1　真の成功とは優れた人格をもつこと

『7つの習慣』は米国のリーダーシップの研究者であるスティーブン・R・コヴィー博士が1990年に著し、世界で2000万部以上が売れたとされる大ベストセラーです。人生における真の「成功」のために、自らの内面的成長と、それを基盤とした他人との相互依存関係構築の必要性を説いたのが特徴です。

同書は「人生にはそれを支配する原則があり、成功にも原則がある」という指摘から始まります。それらの原則を7つに分けて解説し、成功のための7つの習慣を提唱します。その底流には「真の成功とは、優れた人格をもつこと」という考え方があります。

コヴィーによれば、米国建国以来200年間に書かれた「成功」についての著作物を調べると、かつては誠意、謙虚、忍耐といった人格に関する内容が中心だったのが、最近50年は手法やテクニックに関するものが多くなったといいます。そうした手法やテクニックもある程度は必要でしょうが、より本質的な成功のために求められるのは人格の向上であると、「人格主義の回復」の必要性を説きます。

自らの成功について、人格の向上に立ち戻らずに、周囲からの評価ばかりを問題として解決しようとするのは、他人への依存の証しといえます。それでは、自らの「真の成功」を阻害するばかりか、思うような結果が得られずにストレスを生むことにさえなりがちです。そこで他人からの評価や関係改善といった「公的成功」のためには、まず自らの成長と改善という「私的成功」から始めるというパラダイム転換が必要だとコヴィーは主張します。

この自らの内面（インサイド）から始める取り組みを『7つの習慣』では「インサイド・アウト」と呼びます。そうした人格主義に基づくことが真の成功への道であり、人間関係に悩む人や市場や顧客の変化に悩む企業に打開の道を開くきっかけを与えてくれると説明しています。

ケーススタディ

インサイド・アウト

【上司と部下の関係で考える】

コヴィーが『7つの習慣』でまとめた内容を会社における上司と部下の関係にあてはめて考えてみましょう。

ある上司は「日ごろから親切で良い上司になろうと努力している。しかし、部下の忠誠心がまったく感じられない。どうすれば彼らに自主性と責任感を持たせることができるのだろう」と悩んでいます。一方、その部下は「仕事は責任を持ってやっているし、同僚にスキルで劣るとは思えないが、上司との人間関係がうまくいかず信頼してもらえない。どうすれば上司に認められるのだろう」と考えています。

コンサルタントの仕事をしているなかで、クライアントからそんな話を聞くことは、珍しいことではありません。確かに、我々コンサルタントが起用されるような場合、その会社は経営上・業績上の危機や合併・統合など、大きな変革を必要とされる状況にあることが多いのです。そうした状況下では、表面的といわれようが、短期的な成功・成果が求められがちであり、それが避けられない場合もあるでしょう。

しかし、長期的・持続的な部下の成長・忠誠を願うなら、あるいは上司からの揺るぎない信頼を願うなら、やはりコヴィーが提言する「インサイド・アウト」のアプローチで、自らの成長と改善から始めなければなりません。

それは、部下から支持されるか、あるいは上司から評価されるかという懸念をいったん脇におき、それ以外の保身・妥協・既得権維持などの私心も排して、会社がどうなるべきか、その中で自らが何をすべきかを主体的に定義し、それに忠実に自らを律して、ぶれない努力と実績を積み重ねることです。そうすれば、一時的な反発や困難はあるかもしれませんが、結局は信頼や尊敬がおのずからついてくるものです。

【日本企業にこそ必要】

企業戦略においても同様のことがいえます。顧客や市場から評価されて競合に勝つ、という二次的な成功を得るためには、目新しい新規事業への参入や流行の経営手法の導入、派手な広告宣伝などのテクニックではなく、コア事業の差別化の源泉の強化・成長という一次的な成功に焦点を当てなければなりません。

これは、かつて事業多角化を繰り返して成長し、気がつくといずれの事業においても苦戦を強いられている日本企業には、特に重要な視点かもしれません。自社のコア事業は何か、その事業は何をもって競合と差別化され、顧客にどういう付加価値を提供すべきなのか。過去のしがらみや関係者との摩擦を恐れずにこうした本質的な論点に向きあい、人材と資金をそこに集中すること。経営陣から現場に至る全社にそれを認識させ、ぶれない戦略の軸に据えること。それらが企業戦略における「私的成功」であり、そこから始めることが企業戦略における「インサイド・アウト」のアプローチといえるでしょう。市場や事業環境がますます複雑化し、その変化のスピードが増す今日においては、その重要性は一層高まっているように思われます。

ここからは、この「インサイド・アウト」のアプローチで重視すべき、成功のための7つの原則と、それを踏まえた7つの習慣について、順を追ってみていきましょう。

2　人格向上のためには——まず自分で責任をとる

コヴィーは他人や環境への依存状態から脱し、自立状態に達するためには、自らの人格や生き方の向上・改善における成功、すなわち「私的成功」から始めなければならないと主張しています。そのために避けて通れないのが「自己責任の原則」「自己リーダーシップの原則」「自己管理の原則」です。7つの習慣のうちの最初の3つは、これら3つの原則を踏まえたものです。

自己責任の原則を踏まえた第1の習慣は「主体性を発揮すること」です。私的成長のためには、他人からの評価や社会通念といったものから自立し、自らが主体性・率先力を発揮する必要があります。それは結果に対する責任を他人や環境ではなく自己に求めることにもなり、そのため自らがコントロール可能なことへの集中を促すことにもつながります。

自己リーダーシップの原則を踏まえた第2の習慣は「目的を持って始めること」です。経営学者のピーター・ドラッカーは「マネジメントは物事を正しく行うことであり、リーダーシップは正しい事をすること」と定義しました。コヴィーのいうリーダーシップとは、この「正しい事」に主体性の概念を加え、「望む結果・目標を自ら定義する」ことを意味します。人はまず自らの人生にリーダーシップを発揮し、目的を与えなければなりません。それは自分が何を生活の中心に置くかという「ミッション・ステートメント」を定めることにもなります。

自己管理の原則を踏まえた第3の習慣は「重要事項を優先すること」です。リーダーシップを発揮し、目的とそのための「重要事項」を定めたら、次はその達成のためのマネジメント、すなわち日々の生活で実際に重要事項を優先的に実行し、自制することが必要です。この習慣さえ守っていれば、重要でないことに「ノー」と言えるようになり、逆にスケジュールを柔軟にすることもできます。

ケーススタディ

ミッション・ステートメント

【 主体性の発揮が「プロフェッショナル」への近道 】

コヴィーの7つの習慣のうち、1つ目は自己責任の原則を踏まえた習慣であり、それは「主体性を発揮すること」と説明しました。「プロフェッショナル」なビジネスパーソンと、悪い意味での「サラリーマン的」なビジネスパーソンの違いもここにあります。

後者は、会社の中での固有の処世術や政治力学を重んじ、経営幹部や上司、あるいはＯＢなどから評価される（もしくは少なくとも批判されない）ことを重視します。ビジネスパーソンとしての「成長」も、そうした知恵を身につけていくことが優先されます。

もちろん、企業という組織の一員である以上、また顧客から対価を得て、株主という第三者から経営を委ねられている以上、他人の評価をまったく省みないということは適切ではないでしょう。しかし、組織の中での他人からの評価や一般通念とされているものばかりを重視すると、常にそれらに対するリアクションとしてしか行動できなくなります。また、自らの努力にもかかわらず評価が芳しくない場合や、所属部署や上司が変わった場合など、努力の結果に対して自らの責任として納得がいかないこともあるでしょう。

これに対して、「プロフェッショナル」なビジネスパーソンは、他人や環境にかかわらず、自らの意思で考え、判断し、その判断に対して責任を持ちます。「皆がそう言うからきっと正しいのだろう」と考えるのではなく、自らが主体的に判断するということです。この習慣を貫くには、相応の自己研鑽《けんさん》と倫理観、責任感が求められますが、自己の人格や内面の成長を目的とする以上、それは必要なことです。したがって、むしろそうした努力を自らに強いるような習慣を身につけることが、成功への近道なのです。

「ミッション・ステートメント」——設定には時間をかける

2つ目の自己リーダーシップの原則を踏まえた習慣は「目的を持って始めること」です。それは結果的に自分が何を生活の中心に置くかという「ミッション・ステートメント」を定めることにもなるということも、説明しました。

企業による自己リーダーシップ発揮の1つのかたちが、経営理念や社是などです。文字通り「ミッション・ステートメント」を掲げている企業もあります。私が働くベイン・アンド・カンパニーでも、「お客様を支援し、お客様とともに業界の新しいスタンダードを築くような高い経済的価値を創出すること」というミッションを掲げており、これが「正しい事」の基準となっています。コヴィーはこうしたものを個人にも設けることを推奨しています。

「ミッション・ステートメント」は、ゆるぎない方向性を与えてくれる「憲法」ともいえます。個人の場合もこれを中心に据えることで、お金、仕事、遊び、家族、友人など、自らを取り巻く要素がバランスを持って見え、一貫した方向性を持ってそれらに接することができます。それは自らの成長の方向性を定め、心身を安定させるだけでなく、結果的に周囲からの信頼にもつながるでしょう。

１つ目の習慣とは異なり、この「ミッション・ステートメント」の設定には、日常の生活を離れた時間の投資が必要です。自分の今の生活における役割と達成したいことを総括し、参考になるアイデアや引用文などを集めて、一度書いてみてはいかがでしょうか。

「緊急でないが本質的には重要」なことを、いかに優先するか

３つ目の自己管理の原則を踏まえた習慣は「重要事項を優先すること」でした。企業経営でもよく「選択と集中」の重要性が指摘されますが、２つ目の習慣が「選択」だとすると、３つ目の習慣は「集中」です。

企業経営と同様に個人においても、「選択」したことをするよりも、それ以外のことをいかにしないかが難しく、成否を分けるポイントになります。具体的には、緊急性と重要性で物事を分類したとき、「緊急かつ重要」なことは自然と優先されるでしょうが、「緊急でないが本質的には重要」なこと（例えば人間関係づくり、自己啓発、健康維持など）を、「さして重要ではないが緊急」なこと（突然の来客、電話、接待や付き合いの誘いなど）に優先し、その原則に沿った時間管理をすることが鍵となります。

個人の「ミッション・ステートメント」を作成したら、実際に自分の１週間、あるいは１カ

月を振り返り、「ミッション・ステートメント」の観点から本当に重要なことにどれだけ時間を使えていたか振り返ってみましょう。もしその時間が少ないと感じられるなら、「緊急だが重要ではない」ことへの「ノー」を増やすべきなのかもしれません。

3 相互依存関係を築く——自立した個人への信頼が基盤

コヴィーがまとめた7つの習慣の最初の3つは、他人への依存から脱し、私的成功を収めるためのものでした。「私的成功」で自立したら、それを土台として他人との相互依存関係を築く「公的成功」に挑めます。この相互依存関係は、一方的な他人への依存とは根本的に異なり、真に自立した個人に対する信頼が基盤となります。

信頼とは銀行の預金口座のようなもので、信頼のレベルは「信頼残高」とでもいえるもので測られます。この残高を増やすには、①相手を理解する、②小さいことを大切にする、③約束を守る、④期待を明確にする、⑤誠実さを示す、⑥信頼を損ねたら誠意をもって謝る——という6つの方法があります。公的成功のための3つの習慣はこれらを促進させるためのものです。

第4の習慣として挙げられるのが「ｗｉｎ—ｗｉｎを考えること」です。ｗｉｎ—ｗｉｎとは、誰もが負けたり損をしたりしない、最も持続可能なパラダイムです。これは自らのｗｉｎをつかむ勇気と、相手のｗｉｎを考える思いやりのバランスから生まれます。

第5の習慣は「理解してから理解されること」です。人は皆、理解されることを望んでいますが、実際は独善的であったり、自分の理解を押しつけたりしがちです。相手に何かを期待したり提案したりする前に、相手を本当に理解することが必要です。そのためには感情移入して相手の話を聞く、すなわち相手が見ている世界を見ることが鍵になります。

第6の習慣は「相乗効果（シナジー）を発揮すること」です。考え方の異なる他人との相乗効果を生み出すことは、人生で最も崇高な活動であり、相乗効果の本質は、相手との相違点を尊ぶことです。自らが真に自立し、相手とのｗｉｎ－ｗｉｎを求め、そのために相手の見ている世界を見る努力をすることで、自らの案でも相手の案でもない第3案をともに創造することができるのです。

ケーススタディ

相互依存関係を築く3つの習慣

［「ｗｉｎ－ｗｉｎ」でパイを大きくする道を探る］

コヴィーが説いている、相互依存関係を築く公的成功のための3つの習慣について、事例を追って考えてみましょう。

第4の習慣である「win－winを考えること」は、限られたパイの奪い合いではなく、それぞれが別の成果を目指す、あるいはパイそのものを大きくするような道を探る習慣を意味します。

例えば何かモノを仕入れて誰かに売る場合、あなたがより儲けるためには、より安く仕入れるか、より高く売るかしかありません。その他の条件がすべて同じで、単純に仕入れ値をたたいたり、顧客に高値をふっかけたりするだけでは、win－loseの関係になってしまいます。あるいは、仕入れの値下げを図った結果モノが粗悪になり、顧客が不快な思いをし、最終的に仕入れ値の下げ分以上に売値が下がったり取引がなくなったりすると、仕入れ先も顧客もあなたも、皆がloseすることになります。

一方で、一定期間の発注量のコミットや平準化、エンド顧客の実際のニーズを踏まえたコスト削減提案など、仕入れ先にもwinをもたらした上で値下げを実現できれば、一見、win－loseしかありえないような関係でも、win－winの可能性が開けます。さらにその値下げ額の一部を売価に還元すれば、顧客も含めてwin－win－winとなるでしょう。

私がコンサルティングをする中でも、業績の思わしくない企業ほど仕入れ先に高圧的な値下げ要求をしていたり、あるいは逆に仕入れ先を過度におもんぱかって正当な要求もしていなかったりという場面によく遭遇します。win―winを考える習慣があれば、そうした企業にも新たな可能性が開けるでしょう。世の中全体が右肩上がりではなくなり、限られたパイの奪い合いに目が行きがちな現在の日本では、この習慣の重要性は特に高まっているように思われます。

「理解してから理解される」――人の悩みを5分間聞いてみる

第5の習慣「理解してから理解されること」は、まさにコンサルタントにとっては必須の習慣です。企業が様々な課題を抱えるとき、必ずそこに至る根本原因があります。一見まったく不合理に思える経営判断でも、まったくのデタラメや思い付きではなく、当事者なりの論理や必然性があることがほとんどです。第三者として事実に基づいて正しい解を出すだけでなく、そうした当事者の考え方や課題の見方を本当に理解して、それに沿ったコミュニケーションをしなければ、せっかくの解も受け入れられなかったり、あるいは課題が再発したりすることになります。

一方、我々は、自らが考える以上に、相手の話をよく聞いて感情移入するほど理解するのが苦手であり、これを克服するには、習慣化と訓練が必要です。例えば、誰か家族か友人に協力してもらい、その人の悩みを5分間話してもらいましょう。そしてその間、あなたは決して原因を言い当てようとしたり、解決策を提案したりせず、ただ同調（「それは辛いですね」など）と相手の発言の反復、質問だけをしてみてください。あなたは非常に不自然に感じるかもしれませんが、相手は「よく聞いてもらえた」と感じるのではないでしょうか。

「相乗効果」――相違点を尊び、そこから学ぶ

第6の習慣で掲げた「相乗効果（シナジー）」は、個人だけでなく企業合併などでもよく使われる言葉です。そして企業合併でも、コヴィーが説くように、相手との相違点を尊ぶことが相乗効果の源泉となります。営業のやり方、製品開発への落とし込み方、購買のやり方、仕入れ先、予算の作り方など、それらが異なるからこそ相乗効果が生まれます。

ところが実際の企業合併では、相違点があると「どちらが正しいか」に議論の焦点が向かいがちです。合併する両社のエリートたちが自らのプライドをかけて正しさを争い、陣取り合戦を演じるうちは、相乗効果は決して得られません。

一方、相違点を尊び、そこから学ぶ姿勢があれば、合併や企業統合は企業の学習を一気に高

め、多くの価値を生みます。他人の評価から自立し、常にｗｉｎ―ｗｉｎを求め、相手を本当に理解しようとする姿勢は、それが個人でも企業でも、相乗効果を生むための必要条件であり、また常に相乗効果を発揮する習慣をもつことで、それらも改めて強化されるのです。

4　持続的成功の秘訣――精神・知性を新しく保つ

人格成長を中心とする私的成功の上に、他人との相互依存関係を築く公的成功を成し遂げられるようになったとき、もう1つ必要な習慣があるとコヴィーは主張します。それは私的成功・公的成功を持続させるために、自らの精神や知性などを新しい状態にする「再新再生」の時間をとることです。これが第7の習慣「刃を研ぐこと」です。

自分自身という最も大切な資源を維持するためには肉体、精神、知性、社会・情緒の各側面で、バランスよく刃を研ぐ必要があります。それにより、前節までに紹介した6つの習慣を実行する能力が高まります。

一方、これらは「本質的には重要」ですが「緊急ではない」ことの典型例ですから、着実に実行するために習慣化し、生活の一部に組み込んでおく必要があります。

まず、肉体の再新再生により、自制と責任（第1の習慣）が強まります。持久力、柔軟性、強さの3つをバランスよく鍛えることが必要です。栄養のある食事を取り、十分な休養を心がけ、定期的に運動をしましょう。

精神の再新再生により、自己リーダーシップ（第2の習慣）が育成されます。自分を見つめ、静かに考える時間をつくることです。

知的再新再生により、自己マネジメント（第3の習慣）が促進されます。定期的に優れた本を読むことが最良の道です。

毎日少しでもこれらの再新再生に時間をとることで、私的成功が得られ、社会・情緒面の再新再生に必要な内的安定が得られます。それが第4、第5、第6の習慣を実行する基礎となるのです。

これら7つの習慣を実行することで、人格の成長や精神の安定が得られ、結果的に周囲を動かす「流れを変える人」になることができるとコヴィーは考えます。他人や環境、テクニックに頼るのでなく、自らの内面に端を発する成功こそが、本質的で持続的な成功をもたらすのです。

ケーススタディ

再新再生のため「刃を研ぐ」

［企業にも必要な「刃を研ぐ」習慣――競争力の差に直結］

成功する上での「刃を研ぐ」習慣の重要性は、個人だけでなく、企業についてもあてはまります。個人の場合と同様に「緊急ではないが本質的には重要」なことが多く、目先の対応に追われてこれらの再新再生を怠ると、後々大きな競争力の差として跳ね返ってきます。

例えば、企業にとっての肉体の再新再生とは、設備の更新・維持への投資、人材の補充や育成、資金調達力の強化、ビジネスプロセスや組織・制度の見直しなどです。これらは、ともすれば短期的な財務成果とは矛盾することがあります。

設備の更新・維持のための投資は短期的には減価償却費の増加につながりますし、人材の補充も短期的には生産性の低下を招くかもしれません。ビジネスプロセスや組織・制度の見直しも、短期的には多くの抵抗にあうことでしょう。しかし、中長期的には、これらを戦略的・計画的に実行できているかが、企業競争力の差となって表れてきます。

また、企業にとっての知的再新再生とは、技術革新のための研究活動や、顧客やサプライヤーからのフィードバックに学ぶことなどです。目先の新製品開発や製品改良などのためには、既存の技術や従来のやり方の応用・延長で事足りることも少なくありませんが、これら地道な知的再新再生の努力、すなわち次世代の基礎技術の開発、フィードバックを踏まえたビジネスモデルの進化の検討を並行して行っていなければ、技術や製品・サービスが陳腐化していくことになります。

【優れたリーダーは日々、刃を研いでいる】

企業にとっての精神の再新再生とは、企業のミッションや目指すべき経営のビジョン、企業文化などをじっくりと見直し、考え直すことでしょう。グローバル化や規模の追求、技術の根本的革新など、置かれた環境が規定する成功の原則とその変化を踏まえ、企業が目指す方向性を見つめ直す――。そのためには経営陣が日常の業務を離れて構想を練り、議論することが必要です。米マイクロソフトを創業したビル・ゲイツ氏や韓国サムスン電子の李健熙会長のように、経営トップが定期的に独りこもって経営ビジョンを練る場合もあるでしょう。

また、優れた経営者やリーダーの多くは、こうした「刃を研ぐ」ための習慣を、経験の中から身につけ、実践しています。多忙なはずの彼らに、趣味が多彩で、愛読書を挙げるのに事欠かない人たちが多いことを不思議に思ったことはないでしょうか。そうした経営者やリーダーの中にはもともと多趣味であった方もいるでしょうが、シニアになるにつれて趣味を広げていった人も少なくありません。これらの経営者らが意識的、あるいは無意識に「刃を研ぐ」ための習慣を身につけたことは、それぞれの成功とその持続性を支えているのではないでしょうか。

7つの習慣は、人格成長を中心とする私的成功の土台の上に、他人との相互依存関係を築く公的成功を成し遂げようとするアプローチです。それは成功のための人生の原則に沿った、本質的で王道的な方法です。魔法のような即効薬ではなく、コツコツと積み重ねる持続的な努力を必要とします。それだけに、7つ目の習慣としての「刃を研ぐ」は極めて重要であり、私的成功、公的成功と三位一体の関係を構築していると言えるでしょう。

『EQ こころの知能指数』

ダニエル・ゴールマン著

自制心と共感力で能力を発揮

永田稔
（ヒトラボジェイピー 代表取締役社長）

EQ こころの知能指数／
Emotional Intelligence:Why It Can Matter More Than IQ　1995年
ダニエル・ゴールマン（Daniel Goleman）著
邦訳：講談社、1996年／土屋京子訳

1　第2の知性EQ——自制心・共感力が成功を左右する

ＥＱ（感じる知性）とは、１９９５年に心理学博士のダニエル・ゴールマンが『ＥＱ　こころの知能指数』として出版し、全世界でベストセラーになったことで広がった概念です。

根底にある問題意識は、「一体、なぜこれほど頭の良い人が不合理と思える行動をとるのか」「学歴や頭の良さ（＝ＩＱの高さ）はビジネスや人生の成功を約束するのか」というものでした。

この問いには様々な研究が行われており、本書の中では「人生や職業の成功とＩＱの間には相関関係はあるものの多くの例外があり、ＩＱが関係するのは多くても20％どまりだろう」と述べられています。「むしろ人生に大きな差を付けるのは、ＩＱより感情をコントロールする自制心や他者に共感し協調する能力である」としています。

この自制心と共感力がＥＱと呼ばれる能力です。ＥＱを理解する上で重要なのは各自が持つ能力を十分に発揮するための高次元の能力であるということです。ＩＱが高くても感情のままに動いてしまうことは自身の能力の発揮を妨げます。

高いＥＱを持つことは、自らと周囲が安定的にＩＱをはじめとする能力を発揮する上での必要条件となるのです。

特に現代のように変化の激しい時代には、人間は不安などの心理に陥りやすい状況にあります。感情を自制して他者に共感する能力は、仕事や家庭など社会生活を健全に営む上で必須の能力といえるでしょう。

問題は学校教育でもビジネスでもＩＱに目が行き過ぎ、もう１つの大切な資質であるＥＱに目が向けられてこなかった点にあります。

現在、職場の多様性が進む中でリーダーシップを発揮するには、ＥＱの力が重要になってきています。人間には２種類の知性、考える知性（理性）と感じる知性（感情）があり、このバランスを取り、互いに補い合うことで職場の力を最大限に発揮できるのです。

ケーススタディ

若手の退職が相次いだA社の問題点はどこに？

A社では、従来、管理職登用にあたって過去の成績や管理職としての能力適性を面接や論文試験などを行い、人材の選抜をしてきました。

しかし、ある時から管理職に対する不満やそれを原因とした若手社員の退職が相次ぐなどの問題が起こり始めました。事態を重くみた社長は、人事部長に「なぜ退職者が増えているのか？」

「うちの管理職のマネジメントに問題があるのではないか?」と問いかけました。そこで人事部長は、管理職を対象とした360度調査や聞き取り調査を行いました。

その結果、判明したA社管理職の課題は以下の通りでした。

・プレーヤーとしての能力が高いゆえに、部下にも自分と同じ水準を求めてしまう
・目標を示す、進捗を管理するなどのマネジメント行動は高いレベルにある一方、部下の話を聞く、部下の状況を理解するなどの行動は弱い
・伝統的に「叱る」企業文化があり、部下を前にして感情的になってしまう上司が多い

などの傾向が表れました。

特に、若手社員の退職率が高い職場の上司たちは、感情の起伏が激しいという特徴が出ていました。仕事がうまく進んでいる際には部下をとても褒めその気にさせるのが非常に上手いのですが、いったん失敗すると感情のおもむくまま皆の面前で叱ったりし、そのため部下は常に上司の顔色を見ながら仕事をしているような状況でした。そのような状況に疲れ、若手人材が退職していることも判明しました。

実際に退職した人に話を聞くと、「課長は能力も高いし業績を出す力も高く尊敬をしています。また、自分の仕事が上手くいったときには皆の前でもすごく褒めてくれてとてもうれしかったのを覚えています。しかし、商談が上手くいかなかったときには反対に皆の前で怒られ『そ

のようなことじゃ、この会社でやっていけないぞ』とまで言われました。課長は感情的な人で、言われたことが本音ではないと分かっているのですが、何度かこのようなことが続くうちに自分も疲れてしまって転職をしようと考えてしまいました」という本音が聞けました。

また他の部署で現在働いている社員からも同様の声が聴かれました。

「うちの管理職の人は、感情をそのまま出すことをよいことだと思いすぎていると思います。感情を出すことで叱咤激励されることもあるのですが、その悪い面もあると思います。管理職の中には、怒りすぎて自分を見失っているんじゃないかと思う人もいます。またある同僚は、本来とても優秀なのですが、『いつか怒られるんじゃないか』といつもびくびくしていて仕事に集中できていません」とのことでした。

【感情に配慮せずに怒る上司が部下を萎縮させる】

人事部長はその状況を見聞きし、これは非常に重大な問題と考えました。人事部長は過去に知り合いから薦められて『EQ』を読んだことがあり、感情が能力に与える影響を理解していました。現在のA社の状態は、伝統的に皆が率直にものを言い合う、良いことをしたら皆の前で褒めるという良い文化を持っているものの、その一方で部下や同僚の感情に配慮せず指示したり怒ったりする上司が多いため、部下が萎縮し能力を十分発揮できない状況になっていると分析しました。

また会社としても、上司を登用する際、過去の実績やリーダーとしての元気の良さ、エネルギーの高さを重要視し、自分の感情をコントロールできる人かどうか、部下や同僚の気持ちを汲んで指導をすることができるかどうかを十分に確認してこなかった点を課題としてあげました。

人事部長は、人を褒める文化は残すものの、単に感情をそのまま出すのではなく、自制心を持って感情をコントロールすることが管理職に必要なことだと考えました。

そこで、人事部長は3つの取り組みを開始しました。

1つは、現在の管理職に対するEQ教育です。

現在の管理職に対し、管理職としてEQを身につけることが自分自身にもチームマネジメントにも双方に必要だということを認識してもらう取り組みです。

そこでは、感情的になることは時に人の動機づけになるものの、その悪い面も十分理解することが必要だと伝えました。感情的になることで冷静さを失い理性的な思考ができなくなるリスクを伝え、結果として自分の仕事や意思決定に大きな悪影響を生む可能性があることを伝えました。また、部下も感情によってパフォーマンスが大きく変わってしまうのだということも伝えました。部下の感情がよい状態のときには部下の能力も十分に発揮されますが、心配事や恐れの感情を持っている際には、それが部下の能力発揮に悪影響を与えてしまうということを、研修を通じて伝えました。多くの管理職は、改めてそのように説明をされると自分の若い時を思いだした様子で、「確かに、いつ怒られるかと心配していると仕事に集中できず能力が発揮できなかった」と述懐しており、研修は一定の効果をおさめました。

【「感情を自制する行動がとれるか」も管理職登用基準に】

2つ目の取り組みは、管理職登用基準の改革です。

管理職の登用の際に、「感情を自制した行動がとれているか」「部下の気持ちを汲んだ言動がみられるか」などの感情を自制する行動や共感する行動がとれているかどうかを確認する360度評価を参考情報として入れました。これらの項目に問題がある場合には、リーダーシップリスクとしてとらえ、他の能力が優秀でも登用を見合わせ、気づきを与え修正行動をとらせるようなプログラムを用意しました。必要な場合には、外部のコーチをつけ、感情を自制する方法や部下の気持ちをいかに把握するかのトレーニングを受けさせることも行いました。

3つ目の改革としては、企業風土の改革に取り組みました。

既に述べたようにA社には「叱る」文化があり、それは時によい効果をもたらしますが、人が感情的になるのを許容してしまう面もありました。「叱る」ということが単に感情的に行うものでなく、感情をコントロールし、相手の状態を把握しながら指導することだということを、ロールモデルを示すことで理解を促しました。更に、行動指針に新たに「感情的に叱るのは禁止である」というDon'tsを加えることで、社員全体に感情を適切に自制することの重要性を伝えることを開始しました。

このような取り組みにより、A社には徐々に感情の自制、他者に共感することの重要性が浸透していき、新たな企業風土が生まれつつあります。

2　EQが高い人はここが違う——感情を制御する力

EQとは、多様性の高い環境の中での必須能力と前節で述べました。それでは、EQが高い人とはどのような人でしょうか。『EQ　こころの知能指数』では、EQを5つに分けて、その説明をしています。

まず第1は「自分自身の感情を知る」ということです。自分がどのような感情の状態にあるのかを把握することはＥＱで最も重要なことです。感情の波に流されずコントロールするには、まず自分自身が「何に対しどのような感情を持っているか」を把握することが不可欠です。

第2に、自らの「感情を制御する」ことです。感情の発生自体はコントロールすることは難しいのですが、その持続時間や解消方法はコントロールすることができます。例えば、怒りという感情が起きたときに、その怒りがなぜ起こったのか、何に対し怒っているのかを自問することは怒りを静めることに有効であると示されています。

第3は、「自身を動機づけられる」かです。才能を十分に発揮するためには、目標に向かって自分を動機づけられるかどうかが重要です。何年も続けて訓練や学習を続けられる熱意や忍耐を持てるかどうか、また不安な感情に陥った際にも自分はできるはずだと諦めずに「希望」を持ち続けられるかどうかが、感情をコントロールし能力を発揮するためには重要なのです。

4つ目は、「他者の感情を認識する」ことです。他者の感情を敏感に受け止めることができる人、そして他者が何を求めているかを察知し行動できる人は優れたＥＱを持っている人といえます。

そして5つ目は、「人間関係をうまく処理」できるか否かです。他者の感情を理解した上で、他者の感情や行動を望ましい方向に発展させるための行動がとれるかどうかです。そのような行動をとれるか否かで、多様な人間関係を円滑に保ち発展させられるかが決まります。

ＥＱの高い人は、以上のような特徴を持った人です。この5つを意識することで、自分自身の能力が十二分に発揮される状態になるとともに、メンバーの能力発揮を促すことが可能になります。このような要素を備えた人がＥＱの高い人と呼ぶことができるでしょう。

ケーススタディ

「瞬間湯沸かし器」からＥＱの達人に

Ａ社において、組織的にＥＱを高める取り組みが始まり、各管理職も自分自身のＥＱについて関心を持つようになりました。

課長のＹさんは自分のＥＱに関心を持ち、自分がＥＱを持っているのかどうか、高めるとしたらどうすればいいかを考え始めました。まず手始めに現在の自分が、ＥＱの観点からみるとどのような状態にあるのかを理解することから始めました。

Ａ社においては職場会というものがあり、そこではいくつかの課が合同で集まり、自分たちが関心のある話題について、輪読会を行ったり講師を呼んで勉強をしていました。Ｙさんはその職場会を利用し、自分のＥＱを把握してみようと考えました。

そのために、まず職場会にて『ＥＱ』を輪読し、外部の講師を呼んだりしてＥＱの理解を深めました。それまで、ＥＱというと感情を理解する能力という概略くらいしか理解していなかったのですが、本や講師の話を聞くにつれ、ＥＱというものが単に他人の感情を理解する感受性の高さの尺度ではなく、自分自身の感情をいかにコントロールするかが大切ということを理解できる考え方であるのが分かりました。

外部の講師によると、EQで最も大切なのは、「自分自身の情動を知る」ということだそうです。Yさんは「情動を知るとはどのようなことでしょうか」と講師に質問をしました。

「Yさん、とてもいい質問を有難うございます。ところで、Yさんは怒りっぽい方ですか？」

「ええ、昔はすぐかっとなって、周囲から『瞬間湯沸かし器』とか怖がられていました」

「なるほど、相当怖かったんですね（笑）。ところで、最近は怒っているときはどのような心の状態でしょう？　怒りで頭がいっぱいの状態ですか？　それともふと冷静になったりする瞬間もありますか？」

「ああ、確かに時々、怒っている最中に『あれ、自分、なんでこんなに怒っているんだっけ』とふと我に返る瞬間がありますね。そうなると、すーっと怒りがひいていくような感覚になります」

「なるほど、Yさんは EQが高いですね（笑）。『あっ、自分が今怒っているな』ということに気づかれたんですね。そして、『なんでこんなに自分は怒っているんだ』と自分に問いかけた、ということですね」

「そうです」

「それが『感情を知る』ということです。『自分は怒っているな』と自分で内省的に意識している状態なのです。これはＥＱの基礎となる部分で、『自分が怒っている』という状態を認識しないと次に進めないのです。Ｙさん、怒っていることに気づいたあと、どうされたんですか？」

「そう言われてみると、自分が怒っていることに気づいたあと、怒られている部下の様子を観察する気持ちの余裕ができました。自分が怒鳴っているので部下はすっかり萎縮していました。一方、自分も怒っているので、『なんでそうなったんだ』とか『何をやっていたんだ』とか、建設的な意見や指示をしていなかったことに気づきました」

「それでどうしました？」と講師は尋ねました。

感情に支配されず、感情をコントロールする

「部下の萎縮している様子や自分の感情的な態度に気づき、これではだめだと思い、まずは自分が冷静になろうと思いました」

「冷静になれましたか？」

「正直、怒りは残っていましたが、自分でも努めて怒りを抑えるようにしました。そして、部下に対して『今後どのようにすべきか考えよう』と持ちかけました」

「怒りの感情を抑えながら、前向きな話に切り替えていったのですね」と講師は尋ねました。

「出来る限りそうしました。そうすると、萎縮していた部下も緊張がほぐれてくるのが分かりました。本人も怒られるのを承知で勇気を出して早めの報告をしてきたのだなということも分かりました。そうなると、隠さずに勇気を出してきちんと報告してきたことを褒めてあげたい気持ちも出てきたりして。まあ、それは大袈裟ですが、自分の頭はかなり冷静になり物事を十分考えられる状態になりました。そのような状態に自分も部下も、現在起きた事故への対策と今後の再発防止策を具体的に話し、方針を決めることができました」

講師はここで話をいったん打ち切り、他の人の方を向き話を始めました。

「皆さん、今、Y課長がお話しくださったことがEQ、こころの知能指数が発揮された状態です。まず自身が怒っているなと把握したあと、感情をコントロールし感情に支配されていた思考が元に戻り、正しい考えや判断ができる状態になったということです。Yさん、怒りの感情でいっぱいのときは、頭が働きましたか？」

「いや、全然働きませんでした。今、その時のことを振り返ると、物事を考えるという行為自体を忘れていた感じです」とYさんは答えました。

「そうなんです。激しい感情は、時に理性を失わせてしまうのです。だからこそ、自分の感情を把握し自制してゆくことが大切なのです」

【自分はなんで怒っているんだろう――自問の効用】

他のメンバーが尋ねました。「感情の把握の大切さは分かりました。感情を把握する、自制するコツはあるんでしょうか？」

「感情を把握し自制するコツとして、有効といわれている方法は2つあります。1つは、Y課長が行ったように、『自分はなぜ怒っているんだ』と自問することです。これをすることで、何が自分を感情的にさせているのかが把握でき、状況を客観視できます。もう1つは、感情の対象、例えば怒りの対象から距離を置くことです。皆さんにもこのような経験はありませんか？　誰かと喧嘩をして家を飛び出して歩いているうちに、段々と冷静になってきて『自分も言い過ぎたかな、帰って謝ろう』と考えるようになった経験です。感情を生起された対象から距離を置くというのは1つの有効な方法です。よって、会社でも自分が感情的になってしまったと感じたら、少しの時間でもいいのでいったん時間や距離を置いて冷静な気持ちが出てきてから、改めて接するのは有効だと思います」

講師は続けました。

「冷静さを取り戻すことで、相手や状況のこともよく見えるようになります。Y課長が部下の方が萎縮していることに気づいたり、さらに部下の方が勇気をもって失敗を述べたことに対しても気持ちが回るようになりました。共感力も発揮されてきたのです。Y課長にもう少し望むことは、部下の方がもっとやる気がでるような動機づけをなされるといいと思います。さきほど、『隠さずに勇気を出したことを褒めたい気持ちも出てきた』と言っていましたが、その気持ちを部下の方に伝えるだけで、部下の方の正直さをしっかりと認知をしてあげたということで、部下の方はもっとやる気が出たと思います。部下の方がどのような動機づけを求めているのかを考えることもEQの重要な点です」

「分かりました。これからは各部下が何を求めているのかを日々観察して動機づけていこうと思います」

Y課長は今後のマネジメントにEQを取り込める手ごたえを感じていました。

3　才能があふれ出す——不思議な「フロー状態」

スポーツ選手や芸術家が最高のパフォーマンスを発揮した際、「忘我の境地だった」という感想を耳にすると思います。この忘我の状態を「フロー状態」と呼びます。

フロー状態は思考能力や身体能力が最高度に発揮されている状態で、ＥＱの最高次の発現といわれています。この状態にあるときは感情が才能の発揮を妨げないようにうまく制御されるだけでなく、感情により自身が高く動機づけられています。不安や緊張から解き放たれている状態ともいえるでしょう。

誰でも「何かが最高にうまくできた」経験があると思います。そのときを思い返すと、自分の行為に完全に入り込み、高い集中力を発揮していたのではないでしょうか。目の前の目標や課題に熱中し、自意識やエゴ、不安から解放されるだけでなく、歓喜や自らを完全に制御できていると確信する〝効力感〟まで感じているのです。

フロー状態はどのようにすれば実現できるのでしょうか。その状態に入るには、前節で述べたような感情の認識や自制、動機づけが行われながら、目の前の課題への高度な意識の集中が必要になります。課題に取りかかる前に心を静め、意識を集中させるのです。

自分の強み、得意なスタイルに集中することもフロー状態に入るコツといわれています。「自分はできる」という自信は、不安な気持ちを消し去り意識の集中度を高める効果があります。

その際に少し高めの目標を設定することがよい効果を生み出します。課題は簡単すぎても、難しすぎてもうまくいかないとされています。

ここに自らの才能を開花させるヒントがあります。少し高い目標に挑むことで意識の集中を高め、フロー状態の中で楽しさや効力感を感じ、その楽しさゆえに更に高い目標に挑戦しようと思う好循環が生じるのです。そのようにＥＱは才能を広げ、能力に磨きをかける力を持つのです。

ケーススタディ

ＥＱを最大限に引き出す——秘策は「開き直り」

Ｙ課長が主催したＥＱに関する勉強会は進み、「才能を活かすＥＱ」の項に進みました。講師は話を続けました。

「皆さんはオリンピックなどでスポーツ選手が非常にリラックスをしながら、非常に素晴らしい演技をするのをご覧になったことはありませんか」

「そういえば、惜しくもメダルは逃しましたが、○○選手の後半の演技が素晴らしかったのを覚えています。前日の失敗で気落ちしているかと思っていたのですが、しっかり立て直して普段以上の演技をし、高得点を得たのはとても驚きました」メンバーの１人が答えました。

「○○選手の今回の演技はとても印象的でしたね。私は○○選手の後半の演技を見て、『○○選手はフロー状態に入っているな』と感じました」

「先生、フロー状態とはＥＱが最高に発揮された状態だと本にありましたが、もう少し説明をして頂けませんか？」

「分かりました。例えば、皆さん、仕事で上手くいかなかったことや、反対にとてもうまくいったときの例を何かあげてもらえますか」

Mさんが答えました。「私は以前、プレゼンがとても苦手だったのが、ある時を境に苦手だったプレゼンを克服できました。その日のことは非常によく覚えていて、言葉もすらすら出るし、いろんな質問にも答えることができるようになりました」

「とてもいい例ですね。もう少し詳しく聞いてみましょう。まず、昔はプレゼンが苦手だったということですが、どのように苦手だったのですか？」

そのメンバーは当時を思い出すように答えました。「人と話をすることは昔から苦手ではなかったのです。でも大勢の人前でのプレゼンは苦手で、とても緊張してひどい時には頭が真っ白になり言葉につまるような感じになってしまいました。そうなると、なかなか立て直すことが難しく、最後までうまくプレゼンができないことが多かったです」

「なぜ緊張したか、思い当たることはありますか？」

「今振り返って考えると、とにかく失敗をしてはいけないと強く思いすぎていたように感じます。また、自分の話す内容や話し方にも自信が持てていませんでした。プレゼンの当日はいつも不安や焦りを感じていました。その不安や焦りを解消できないままプレゼンに臨んでいたように思えます」

「そうなんです。人間は不安や焦りなどを感じると、頭や体の働きが悪くなると心理学の実験でも説明されています。当時のMさんはプレゼンでの失敗を過度に心配するあまり、持っている能力を十分に発揮できなかった状態だったと推察します。人間は、危惧感が強すぎても弱すぎても、持っている能力を十分に発揮できないのです。Mさん今はどうですか？」

「今は反対にとてもリラックスしてプレゼンに臨むことができるようになりました」

「何か変わるきっかけがあったのですか？」

「大きな変化は、開き直りでした（笑い）。ある時、あまりにプレゼンがうまく行かないので、次は最も重要なことを伝えるということだけに集中し、話し方も自分のスタイルで行おうと開き直りました。それまでは、いろんな人のかっこいいプレゼンを真似ようとしていましたが」

「得意なスタイルに絞ったのですね」

「そうです。それまでは、あれもこれも話したりやらなければならないと考えていたのをやめ、話を絞り、得意なスタイルで組み立て直しました」

「気持ちいい」「集中」「自信」——フロー状態の効果は

「他にはどうですか？」

「あと、あまり聞き手の顔色を気にしないようにしました。それまでは、自分の話がどう思われているんだろうと常に気にしており、聞き手の顔の様子をうかがっていました」

「その結果、どうなりました？」

「まず気分がとても楽になりました。気にすることを絞ったためか、集中力がとても高まりました。集中力が高まるにつれ、今まで感じていたような不安も感じなくなりました。今までは、心がざわざわして落ち着かないままプレゼンを行っていました」

「プレゼンはどうでした？」

「不思議な感覚でした。自分がプレゼンの場、全体を支配しているような感覚になりました。雑音は一切耳に入りませんでした。その一方で、気にしないと決めていた聞き手の顔や様子はこと細かに観察ができていました。質問に対しても、自分の頭が解放されているような感覚で次から次へアイデアや答えが出てきました」

「そのような状態でどんな気持ちになりました？」講師は尋ねました。

「とても気持ちがよかったです。プレゼンはこんなに気持ちがいいものなのかと思いました」

講師は参加者の方を向き、続けました。

「皆さん、今のMさんの話がフロー状態に入った様子です。不安や緊張から解き放たれ、持っている能力が最大限に発揮された状態です。フロー状態の特徴は、リラックスしつつやるべきことが意識しなくても次々とできるような状態です。Mさんも経験された、場を支配する感覚もフロー状態の特徴です」

他のメンバーが質問をしました。

「何がMさんをフロー状態に入らせたんでしょうか？」

「フロー状態に入るには、課題への集中力を非常に高める必要があります。Mさんの場合は、今までのプレゼンにあった余計なものを削ぎ落としたことによって、課題に集中しやすくなったのだと思います。また、聞き手の顔色を気にしなくなったのもいい効果を生んだと思います。より一層、自分のプレゼンに集中ができたのだと思います」

講師は続けました。

「さらに、自分の得意なスタイルを見つけたことも大きいと思います。フロー状態に入るには、適度な自信も必要です。自分の強みであるスタイルで行う割り切りをしたことで、不安が軽減されたのだと考えます。一度フロー状態に入ると、Mさんの言うように気持ちよさを感じ、また次もやってみようという意欲と成功したという自信につながり、よいサイクルに入ります。

Ｍさん、どうでしょう？　自信がついたんではないですか？」

「そうですね。自信がついたと同時に、もっと上手に行いたいという意欲が高くなってきました」

「その感情もフロー状態の効果です。もっとうまく行うために勉強をしようという、よい方向には行っていると思います。ただ、目標が高すぎると、また緊張をしたり不安が生まれるのでその点に注意されるといいと思います」

Ｍさんは講師のアドバイスをもとに、フロー状態の気持ちよさを思い出し、更にスキルを高めようと思いました。

4　リーダーに欠かせない感情の豊かさ――多様性の時代こそ

職場をまとめ上げるリーダーにとって、ＥＱの重要性が増しています。その背景にはグローバリゼーションや職場のダイバーシティの進展があります。多様な人々が参加する職場ではいかに人間関係や感情を処理してコントロールできるかが、組織の能力、全体のパフォーマンスに大きな影響を与えます。

現在必要なリーダーシップとは、多様な人材を共通の目標に向かって能力を発揮できるように誘導し説得する能力のことです。2節で示したような「他者の感情を認識し共感し」「人間関係をうまく処理できる」ことが重要なのです。

例えば、リーダーがメンバーに評価を伝える際、共感能力を発揮して、相手の気持ちを推し量りながら伝えることが必要です。不適切な批評を行い、部下のやる気をなくしてしまうことは避けなければなりません。

「偏見」との闘いも欠かせません。「偏見」は皆の心に生まれ得るもので、行動に影響を与える感情の1つです。偏見によって不当に低い評価を下したりすると、職場のモラールが低下し、メンバーが能力を発揮しにくくなります。リーダーは偏見を容認しない風土づくりや偏見に基づく行動を見逃さないよう徹底する必要があります。

リーダーとして必要なことは、グループ内にある多様な感情を理解し、恨みや妬み、怒りなど負の感情が生まれないようにすることです。メンバーの協力体制を作るため、皆の努力を認めてまとめ上げる、協力を促し衝突を避ける工夫をする、メンバーの立場になってものを見る力が必要になるのです。このようにリーダーには個人の能力を高めるだけでなく、メンバーの感情を理解しながら組織としての能力を最高度に発揮させる力が求められるのです。

リーダーは高いEQ、つまり自制と共感力を発揮し、組織としてのIQ「グループIQ」を高めることが求められているのです。

ケーススタディ 今、職場で起きていること――動機づけの重要性

ＥＱに関する勉強会は進み、「職場でのＥＱの重要性」について話は進みました。講師が現在、職場に起きている変化について尋ねました。「現在、皆さんの職場ではどのような変化が起きていますか？　例えば、昔より働く相手が多様になったりしているのではないでしょうか？」

Ｘ課長が答えました。「そうです。うちの会社も近年ダイバーシティやグローバル化が進み、社内もだいぶ多様化が進んできました」

講師は尋ねました。「多様化によって何か変化はありましたか？」

Ｘ課長が答えました。「そうですね。多様な価値観を持つ社員が増えたことでマネジメントが難しくなってきたと感じています。昔は、新卒、男性、正社員で長期雇用という同質的な集団で、似た価値観や会社に対する愛着心も同じような感情を持っていたと思うのですが、様々なバックグラウンドの社員が増え、働き方や会社との関係、仕事に対する姿勢もだいぶ変わってきたと思います。更に、グローバル化が進むことで様々な文化を持ってきた外国の方も入社

しており、マネジメントが難しくなってきたと感じています」

「そうですね、今、日本では職場の多様性が急速に進んでいます。大きな流れとしては、Xさんが言われたようなグローバル化の進展がまず1つ。第2に、女性や高齢者の方々などをはじめとした多様な人材の本格的な職場での活躍、第3に雇用形態も含めた多様な働き方が広がってきたことが挙げられます。このように職場での多様性が様々な方向で広がると、Xさんが感じておられるようなマネジメントの難しさが増すと思われます」

X課長が尋ねました。「マネジメントの難しさはなぜ高まっているのでしょうか?」

講師は続けました。「マネジメントをするにあたって、重要なポイントはいかに個々の従業員を会社の向かう方向に『方向づけ』、『動機づける』かということです。特に、『動機づけ』は従業員の感情に訴え、共感ややる気を引き出さなければなりません。多様化は、この動機づけの部分を難しくしているのです」

「もう少し詳しくお願いします」

「動機づけは、従業員の感情に訴えることが必要だと述べました。そのためには、まず感情の理解が必要です。ただ、様々な個性を持つ人が増えたことで、感情のありようも多様化しています。この多様な感情を理解するのが大きな難しさになっています。さらに、感情を理解した上で、やる気を高めるような働きかけが必要です。この働きかけも、当然、多様な手段が必要になっています。このように、職場の多様性が増すにつれ、皆さんに求められるＥＱも高度化しているといえるでしょう」

講師は続けました。「その中でも、特にグローバル化の進展は皆さんに必要となるＥＱのレベルを更に引き上げます。皆さん、今、アメリカで『グローバル鬱』という問題が起きているのをご存知ですか？」

【「グローバル鬱」を乗り越えるために】

「グローバル鬱ですか？　聞いたことがありません」

「グローバル鬱というのは俗語ですが、現在、米国のビジネス界で問題になっているのは、米国人ビジネスリーダーの異文化への不適合です。米国企業も本格的にグローバル化を進めているのは日本と同じで、その過程で異文化環境の中で米国人リーダーが上手く適合ができず、マネジメントに問題をきたし、自信を喪失し米国に戻ってくるというケースです」

「米国人は多様な文化に慣れていると思っていたけど、それでも上手く適合できないのですね」

「そのようです、この問題はアメリカのビジネス界でも問題となり、なぜ異文化環境の中でも成功する人とそうでない人が分かれるのかの研究が行われました。その結果、分かったのは異文化の中でのＥＱの重要性です。研究者により、『グローバルマインドセット』などと呼ばれています。異文化におけるＥＱの難しさは、感情の理解や感情への働きかけに加え、異文化の理解とその応用が必要になる点です。単に、異文化を知識として知るだけでは不十分なのです。異なる文化がその文化圏にいる人たちの感情にどのような影響を与えているのか、そしてあなたの言葉や行動がどのように彼らに解釈され、どのような感情を喚起するのかを理解する必要があります」

メンバーの１人が応じました。

「そういえば、うちの会社の中期計画の中にも『グローバル人材の育成』という目標があるのを見ました。ＴＯＥＩＣ何点以上を社員に課すという目標も見ました。自分はそんな高い点数がとれるかどうか不安ですが、今の話を聞いて単に英会話や異文化の知識を持っているだけではグローバル人材になれないということが分かりました」

「おっしゃる通りです。真のグローバル人材とは、異文化の中でもＥＱを発揮できる人材です。難しく感じるかもしれませんが、まずはＥＱをきちんと高めてゆくことが基本になると思います。自制心と共感力を高め、皆さんもぜひ職場の多様化に適応できる人材、更にはグローバル人材になって頂きたいと思います」

『リーダーシップ　アメリカ海軍士官候補生読本』

アメリカ海軍協会著

米国式リーダーシップの源流

高野研一

（コーン・フェリー・ジャパン前会長）

リーダーシップ―アメリカ海軍士官候補生読本／Naval Leadership　1959年
アメリカ海軍協会（United States Naval Institute）著
邦訳：生産性出版、2009年（新装版）／武田文男・野中郁次郎訳

1　軍隊に学ぶ――部下の掌握に心理学を生かす

『リーダーシップ』は米国海軍の士官候補生を対象としたリーダーシップ教本です。原著は米国で1959年に出版されました。邦訳は81年に発行され、何度も増刷を重ねてきたベストセラーになっています。その事実は同書が軍事に関わる人だけではなく、ビジネスをはじめとする様々な分野で組織を束ねる必要がある人々に読み継がれてきたことを物語っています。

軍には、科学的な発明がなされるに従って新たな兵器が導入されていきます。海軍の士官は、企業でいえば課長に相当する役職といえると思いますが、新たな兵器が導入されれば当然、それを使いこなすための技術的な習熟、新たな戦闘力を生かす戦術や戦略に対する理解が求められることになります。

しかし、同書はそれらにもまして「武器をとることを専門とする職業」には「人間という要素」が重要と断言します。どのような新兵器が導入されても、軍事行動に直接携わる人は不安や恐怖から逃れられないでしょう。その中でもリーダーである士官は、部隊において希望や勇気を引き出し、士気を高めることが要求されます。そのためには、士官には人間を深く洞察し、部下や組織に対して影響を及ぼす「良きリーダーシップ」が常に要求されると同書は指摘します。「良きリーダーシップ」は様々な環境変化の中で発揮することが求められます。絶えず新しい兵器が導入され、同時に上層部が命令する新たな戦略・戦術にも従わなければならない中で、士官は先を見通し、集団を束ね、日々の状況変化に対して先手を打っていくことが必要になるのです。

企業にも非常に似たことがいえます。グローバル化やIT（情報技術）の進展によって経営環境は流動化し、企業間の競争は激化しています。リーダーが従来のやり方に固執する企業は淘汰される一方、組織を束ねて新たな環境に挑戦することに成功した企業が成長していくのです。

ケーススタディ

リーダーは飲酒など生活習慣から問われる

同書を読んで、まず驚かされるのは、内容が実に具体的であるという点です。例えば、飲酒に対する注意点について次のようにまとめています。

・絶対に就業前および勤務時間中に飲むな
・絶対に空腹時に飲むな

・とくに、疲労時に飲み過ぎに注意せよ
このあたりまでは、海軍士官候補生というエリートとはいえ、若手男性向けの注意として、あまり驚きはないかもしれません。しかし、次のような注意はどうでしょうか。
・飲みすぎの気がしたら、たえず動いたり、ダンスしたり、食事したり、談話したりすること
——そして次回はひと飲み減らすこと
そんな細かいことまで注意する必要があるのかと思えるほど、具体的な内容だといえるでしょう。

同書はリーダーシップという、ある意味では様々な解釈が可能なテーマをフロイト、ユングといった著名な心理分析家、チャーチルや南北戦争の英雄であるグラント将軍、さらには作家のビクトル・ユーゴーなどの考え方や言葉を引用しながら、きめ細かく論じていきます。

まず、同書が冒頭に掲げているリーダーシップの定義を確認しておく必要があります。

いま、世界中のビジネスシーンで、「リーダーシップ」という言葉が「バズワード」(誰もが口にするはやり言葉)になっていますが、その意味は、必ずしも明快とはいえないからです。

主観的な心構えより「他者の視点」が大切

同書のリーダーシップの定義は以下のようなものです。「一人の人間がほかの人間の心からの服従、信頼、尊敬、忠実な協力をえるようなやり方で、人間の思考、計画、行為を指揮でき、かつそのような栄誉を与えうる技術（アート）、科学（サイエンス）、ないし天分」

海軍の士官候補生のための教本という性質、さらには第2次世界大戦から十数年しかたっていないという時代の雰囲気を感じさせる定義ではありますが、これ以上明快なリーダーシップの定義は、なかなか見つからないというのが実感です。

この定義で特に目立つのは、心理的な要素の強調です。服従、信頼、尊敬といった、チームメンバーあるいは部下の側の判断に委ねられる心理的要素が、リーダーにとって最も重要な基準だと同書は繰り返します。

日本でリーダーシップが論じられる場合、リーダーの統率力、意思、先見力といった要素を強調することが多く、いわばリーダーの「心構え」に傾きがちです。

一方で同書は、リーダーたり得るかどうかの基準である部下や上司、同僚の信頼をいかに獲得するかということについて、自分の視点ではなく、他者の評価が重要であると強調しています。

人事制度にメンタルヘルス解決のカギがある

米海軍の士官候補生に向けて説くのは、「部下」にこのように思われなければダメだという具体的指摘です。先の飲酒の注意点も、そうした同書の特徴である具体的な指摘の事例として紹介しました。「自己犠牲」「無私の精神」といった主観的な部分が強調されがちな日本の議論とは違って、同書のリーダーシップ論は、より分析的、複眼的であるといえます。

その背景には、米国の軍隊組織における心理学重視の考え方があります。

「第2次大戦中、約１５００人の心理学者が軍務に就き、４人に１人の心理学者が応用分野で任務を果たすように求められた。すなわち、心理学は戦闘というきわめて実践的な問題に応用されたのである」と同書は指摘しています。

ここで、日本の軍隊の「精神論」のむなしさを持ちだしても、あまり意味がありません。むしろ大事なのは、今の日本企業において「人間心理を客観的に分析する」という、米国がすでに70年も80年も前に取り組んでいたことが、十分おこなわれているかどうかを検討することだと思います。

最近は企業内でメンタルヘルスへの注意喚起が盛んになされ、過剰な競争や業績達成の押し付けに、警鐘が鳴らされることが多くなっています。それは正しい面もあるでしょうが、日本の組織人のメンタルヘルスの問題には、硬直的な人事制度、流動性の低さといった構造的な問題が潜んでいることも、心理学、精神分析の手法で研究する必要があります。

さらに、こうした手法を、ネガティブな面にだけ応用するのではなく、リーダーの育成、次世代経営者の確保といった積極的な面にも、もっと活用することが検討されるべきだと考えます。

2 上司の錯覚——単純な独裁は面従腹背のもと

リーダーには自然発生的にメンバーから選ばれてなる者と、組織による任命によってリーダーになる者とがあります。海軍の士官や企業の管理職は後者に当たります。このため、組織やそれがよって立つ制度とは何か、それがいかにして現在の姿になったのかを理解することが重要です。

一方、組織や制度にはライフサイクルがあります。革命や起業のような大きなうねりの中から新しい組織や制度が生まれ、その中で仕事をしたり任務を遂行したりするうえで、最も効果的なプロセスが確立されていきます。それを尊重することは大事ですが、『リーダーシップ』は過度に依存することは危険だと指摘しています。

また、海軍のリーダーシップは民主的であるべきか、独裁的であるべきかという問いが立てられています。戦場では、数分、数秒が勝敗の分かれ目となることもあります。したがって、軍のリーダーは独裁的にならざるをえない面があります。

企業でも、厳しい時間的制約のもとでチームの方向を決めなければならないときには、いつまでも迷っていることは許されません。それでも果断に行動するには、普段から民主的にメンバーの意見に耳を傾け、各メンバーの行動傾向も把握しておく必要があります。

そうした努力をせずに一方的な命令を出すことを続けていると、いざというときに「独裁的」な指示をしても、部下が面従腹背で応えるという問題が発生する恐れもあります。同書では、この問題を解決するために「権限移譲」に着目しています。士官に適切な権限が移譲されれば、命令の尊重という考え方はもっと容易に理解されるはずだと説いています。

つまり、部下に対するリーダーとしての役割と、上司に対するフォロワーとしての役割は一体不可分であるという主張です。そのいずれもが正しく理解されてこそ、個人と集団の双方が満足し、組織の正当性も受け入れられるのです。

ケーススタディ

「半沢直樹」ヒットの裏に同期入社の結束

同書はリーダーシップについてまとめた本です。しかし、同時にフォロワーシップの本でもあると明言しています。士官は、自ら率いるチームにとってはリーダーですが、そのチームが属する、より大きな組織の中ではフォロワーでなければなりません。その二重の役割をよく理解していないと、誤った行動選択をすることになると警告します。

しかもフォロワーであることは、目の前の上司や上位組織にやみくもに従うことを意味するわけではなく、本来の組織目的に従うということが軸にならなければなりません。

2013年のテレビドラマで圧倒的な視聴率をたたきだした「半沢直樹」。この物語の基軸は、「同期」にあります。バブル期に就職し、その後下降線と停滞感しか経験してこなかったこの同期グループが、上司や役員の嫌がらせ、犯罪、陰謀といったものに挑戦し、それらを解決していくという構造です。

「同期」が強調されるのは、「年齢が上というだけで上席にいる人々」への抵抗感が、原著者の意識の基調となっているからです。

このドラマには、企業社会でよく見聞きする話がたくさん出てきます。銀行の不正融資、融資先との癒着、経営破綻回避のための外資の導入。それぞれ、金融の世界に詳しくなくても、つい感情移入してしまう展開になって、見るものを惹きつけます。

【共感呼んだ「パワハラと理不尽への倍返し」】

しかし、それらは、実は道具立て、あるいは舞台の背景にある書き割りのようなもので、本質は別にあります。人々を惹きつける真の理由は、このストーリーの奥に日本企業の多くに共通する「人事の理不尽」があるからです。

主人公の半沢直樹自身、あるいはその同期に降りかかる様々な困難。出向であり、部署がえであり、不当に低い人事考課。こうしたことに泣き寝入りすることで、ほとんどのサラリーマンはそのキャリアを終えていきます。しかし半沢は、それらに挑戦し、敵ともいうべき上司たちに倍返しをしていきます。そこに多くの視聴者が留飲を下げたのだという分析も多くなされています。

言い換えれば、支店長とか常務といった職権で、組織内における私利を得ようとする「リーダー」たちのパワハラに対して倍返しをしていくというのが、このドラマです。そこがあれほどの視聴率を呼ぶ理由となったのでしょう。

このドラマのテーマは、くしくもリーダーシップとフォロワーシップにあるということもできます。半沢たちは、本来の組織目的（金融機関としての健全経営、融資先にとっての最善手の提案、組織構成員の大きな意味での福利など）のフォロワーとして、ポジションパワー（職権）を乱用して私利に走る人々の暴走に、状況に応じたリーダーシップを発揮して歯止めをかけていくのです。

【会社は部下にとって逃げ場のない「強制集団」】

さて同書に戻ると、集団には自然集団と強制集団があり、その違いをよく頭に入れておくとも非常に重要だという指摘があります。その違いは、自然発生的、もしくは偶然にできあがる集団と、構成員がきちんとしたプロセスを経て集められ、様々なルールがすでに存在する集団という違いにあります。

軍事組織ほどではないにしても、企業組織も強制集団に近い。同書は「強制集団にほぼ例外なく見られるのは、簡単にはその集団から個々人が抜け出る事ができないという制約である」と指摘しています。雇用の柔軟性に欠ける日本の場合、まさに多くの企業は強制集団と見て差し支えないでしょう。

同書は、さらに次のように論じます。

「強制集団においては、リーダーは自分が有効なリーダーシップを促進しているという錯覚をいだきやすい。軍の集団のうちでもっとも有能なリーダーは、部下が去ることができないという事実にけっして依存しない人であろう」

日本企業で良きリーダーになろうとしたら、この指摘をいつも銘記しておく必要があります。

3　上司はカウンセラー――「部下を知る」が第一歩

『リーダーシップ』は米国が国家として成立して以来、世界における最も重要な役割について「道義的リーダーシップを果たすことであった」と記しています。そのリーダーシップとは「自由及び民主的理念を脅かす勢力と戦うことによって、自らの力で自由を勝ち取らなければならない」ことであり、そのための選択は「世界における正義の味方になること以外にない」と断言します。

大仰なミッションに聞こえますが、米軍の構成員にとってはさほど違和感はないのかもしれません。こうした重いミッションを背負って行動する海軍士官たちには、同時に部下の人格にまで責任を負うことも定められているといいます。

さらに、軍事的リーダーシップと道義的リーダーシップとは一体不可分であり、それを分離しようとすることは「航空母艦から航空機を分離するのと同じこと」と述べます。海軍士官は確固たる道義性に基づいて自らの人格を築かない限り、部下の心からの協力、服従、尊敬を勝ち得ず、軍事的リーダーシップを発揮することもできないとも記しています。

「そんな難しいことを求められても」という人もいるかもしれませんが、日本企業の良きリーダーもこうした米国海軍が求める要件を満たす人が意外に多いのではないかと感じます。短期的な業績よりも、日々の行動の中にあるポテンシャル、自分の手柄よりもチームとしての長期間の成長を意識する人が結局リーダーに選ばれていくことが少なくありません。

同書は、良きリーダーシップを体得するためには「上司、部下、同僚との日々の人間関係に対して地道にリーダーシップの原理を適用し、たえざる研究と実践を重ねていくほかにない」と述べています。自分の経験のみに基づいてリーダーシップを学ぶことは戒められており、有能なリーダーとなるには、部下を含め他者から学ぶ姿勢が大事だというのです。

ケーススタディ

悩みを聞くことから逃げるな

いきなりで恐縮ですが、ここで1つ簡単なクイズに付き合っていただきましょう。次の文章が『リーダーシップ』日本語訳の第11章の冒頭にあります。

「初級士官の職務のうちでもっとも時間を使うものは、○○○○○と○○○○である」

この空欄に入る文字は何でしょうか。字数を気にしないで考えれば、戦闘活動に関わる知識の獲得、最新兵器への習熟、部下の訓練、戦史や戦術の勉強……。こういった文字を思い浮かべるのが普通ではないかと思います。海軍士官が最も時間を使うべきものとなれば、戦争に結びつく知識に違いないと思うのが自然でしょうが、正解はまったく違うのです。

「カウンセリング」と「面接」

この2つが、初級士官が最も時間を使うべき項目だと同書は指摘します。さらに続けて、こうしたことを渉外関係者、従軍牧師、法務官などに頼んで、自分はそこから身を遠ざけることもできますが、それはリーダーへの道を放棄することだと警告しています。部下との人間的接触に多くの時間を割き、その悩みを聞き、潜在能力を伸ばすようにすることは、リーダーの最も大事な役割だと強調するのです。

同書は、1959年に出版された、海軍の士官候補生向けの教本です。60年以上も前に、士官にとって最も時間を割くべき仕事は、部下とのカウンセリングと面接だというのです。

多くの人は、基本的に軍人向けのこの本が、人間性に関する実に奥深いテーマをしつこいくらいに数多く扱っていることに驚くかもしれません。例えば「集団はなぜ発生するか」という哲学的テーマを掲げて「集団への帰属感は心理的に報酬を与えるものでなければならない」としています。そうでないと、その集団から心が離れ、個人プレーに走るものだと警鐘を鳴らします。

そのうえで、メンバーのチーム（所属集団）への参加度合いは、その集団の目標促進役を務めようとするタイプから、単にそこに帰属していることになっているだけの「最少参加」タイプまで、さまざまに分布すると記しています。今風に言うならば、エンゲージメントの度合いを認識することであり、それをいかに高めるかがリーダーに課せられた大きなテーマだと指摘します。

【リーダーにふさわしい発声とは】

同書の優れたところは、抽象的で高邁《こうまい》な教訓に終始しないところです。部下の心をつかみエンゲージメントを高めるための成功要因としても、実に分かりやすい次のようなポイントを挙げています。

・部下を名前で呼ぶ能力
・寛容

・話しぶり
・会話
・書き言葉と話し言葉の使い分け
・有効な文書

これらの要件に習熟するための現実的なアドバイスも記されています。「部下を名前で呼ぶ能力」がなぜ求められるかについては、「名前で呼びかけられることほど、人間の自我を喜ばせるものはない」からであり、そのことは自分への好意として受け取られ、チームへの参加意識の向上につながるからだと説明します。

会話については、良い聞き手になることを心がけるべきであるとし、自慢話、手柄話のたぐいは避けることを求めています。それは聞き手を食傷させるばかりでなく、気づかずに機密を漏らすことになりかねない、と戒めています。

さらに、会話においては、スラングの多用に気をつけるべきであり、常に意識しなければいけないのは発声であるともしています。自信のない表現、よく知らない単語を、明瞭さを欠く発声で使うことは、相手に対して礼を失することははなはだしいと注意を促します。

リーダーたるべき次元の高い要求を示し、その阻害要因を挙げ、さらにどうしたらより高い水準に成長することができるか、じつに分かりやすく説明しています。同書がリーダーシップの古典として評価されているからというよりも、誰もがすぐに参考にできる、非常に実際的な価値の高い本だからこそ、改めて多くの人にお薦めしたいと思います。

4 人間観察が基本――手っ取り早い解決策はNG

リーダーシップは本質的に人間の行動に影響を及ぼすスキルです。『リーダーシップ』ではリーダーが目指すべきゴールとして、人々の心に入り込み、不可能を可能にした偉人の例を挙げています。祖国の危機を救うためにフランス国民を奮起させたジャンヌ・ダルクや大英帝国の危機の際に英国民を結束させたウィンストン・チャーチルが登場します。

同時に、同書はリーダーには科学的アプローチも非常に大事だと説きます。それは、問題は何かを特定し、その構造を解明し、解答を導き出すための分析力ともいえます。「科学的アプローチは研究所の技術者のためだけにあるのではない。科学的アプローチを利用することで、誰でも優れた問題解決が行える」と説明しています。

この指摘はアインシュタインが話した、次の言葉を思い起こさせます。「私は地球を救うために1時間の時間を与えられたとしたら、59分を問題の定義に使い、1分を解決策の策定に使うだろう」。問題を解決するために最も大事なのは、その性質や構造を把握することであり、それができれば解決策はおのずと見つかるとアインシュタインは言っているのです。

日本人は問題が提示されると、その問題設定自体を疑うことなく、どこかに正解があると信じてアクションを起こす傾向が強いと思います。同書は、どこかに既成の解決策があると思いこむ前に自分で課題について深く観察し、分析することの重要性を説いています。それは健全な懐疑主義といってもいいでしょう。

ビジネスでも、緊急時には大勢の意見を聞いている時間はありません。しかし、そうした状況のもと、経験則に安易に頼ると、大きな失敗につながることがあります。非常時でもリーダーは正しい判断を自ら下せなければなりません。そのために日ごろから、健全な懐疑主義をもつことが重要になるのです。

ケーススタディ

自分の見つけた答えをあえて疑ってみる

人は観察や解釈をする際、どうしても主観的になる傾向があります。「人は世界をあるがままでなく、見たいように見る」という箴言《しんげん》もあります。

人間の基本的特徴のひとつに、疑問に思うことへの解答を得たいという欲求があります。問題に直面した場合、解答が得られないと、何となく不安な気持ちになります。その結果、よい解答への努力を惜しんで、安易な解答に満足してしまうことも少なくないのです。

いったん解答が得られると、今度はその解答を守ろうという気持ちが強まり、自分の解に合致する事実を一心に集めようとします。その結果、問題の解決ではなく、自己正当化にきゅうきゅうとしているだけという状況が少なくありません。

こうした人間の傾向について語ったうえで、同書は「問題解決力の優れた人は、自分自身の認識の客観性をも疑っていることが多い」と指摘します。

さらに軍人が科学者に学ぶべき姿勢として「科学者はかならずしも客観的な人間ではないが、自分が客観的ではないということは学んでいるのである。良い士官は、良い観察者となるに当たって、科学者の例に倣うべきである」と教えています。こうした指摘は企業のマネジャーにおいても当てはまります。

【リーダーは如才ない人であれ】

同書は、基礎編でリーダーたるものの心構えや科学的なアプローチの重要性に関する議論を展開します。実践編では、紳士であること、忠誠、勇気、名誉、正直、信義、謙虚、自信、常識、ユーモアのセンス、如才なさなどに関する教訓が並んでいます。これだけを見ると、基礎編と実践編の間に大きなギャップがあるように感じるかもしれません。しかし、実践編においてこうした人格的側面が重視される背景には「人間の行動とは、環境と人格の関数である」という認識があるのです。同じ環境に置かれても、人格が異なれば行動はおのずから変わってくるというのです。

例えば、「如才なさ」の重要性が繰り返し強調されています。それは要するに周りの人の気持ちへの配慮ができ、さらにそこに漂う空気が凍りついたり緩みすぎたりしないように、雰囲気をリードする能力のことを指しているのです。

同書の中には「如才なさは人間の観察によって培うことができる」「如才なさのもっとも重要な要件は、人間性についての一流の知識である」とあります。科学的なアプローチを実践し続けることによって、如才ない行動を発揮できるようになると説いています。

【　部下の過失を疑う前にすべきこと　】

同書は、60年以上も前に書かれた、米国海軍の士官候補生向けのトレーニングブックです。しかし、その中身は、軍以外の一般の米国人、特にビジネスマンたちに広く受け入れられ、読み継がれてきました。

同書を読むと、性格的明るさ、ジョーク好き、パワー志向など、ビジネスで出会う米国人の一般的特徴が、実はこうした教本や上司あるいは親からの教育のたまものであることがよく分かります。ビジネスに限らず、米国人一般の世話好き、会話上手などの裏側にこうしたきめ細かな説明やアドバイスがあります。

会合における着席の仕方、離席するときのマナー、制服のクリーニング、握手で先に手を出すべき場合、逆の場合、他の人の執務室に入るときの所作など、実に細かく記されています。その一つひとつが、ビジネスで接する米国人の動作を思い起こさせます。同書は、海軍士官候補生への教本であると同時に、米国人全体、特に米国人男性全体への教本と読み替えて差し支えないでしょう。

最後に、この本がかなりのページを割いている、部下とのコミュニケーションの仕方を紹介したいと思います。コミュニケーション一般で大事なのは、内容と同時にその話し方、書き方、伝え方であり、どう伝えるかが非常に大事だと繰り返した後、リーダーたるものの心構えとして次の点を指摘します。

「賢い士官は、部下が命令を正しく履行しない場合、部下が過失を犯したと速断せず、自己の下した命令が完全に明瞭であったか否かを確認すべきである」

日々のビジネスで、常に念頭に置く価値のある言葉だと思います。

『組織文化とリーダーシップ』

エドガー・シャイン著

変革はまず組織文化から

永田稔

（ヒトラボジェイピー　代表取締役社長）

組織文化とリーダーシップ／Organizational Culture and Leadership
第4版　2010年
エドガー・H・シャイン（Edgar H. Schein）著
邦訳：原著第4版の翻訳、白桃書房、2012年／梅津祐良・横山哲夫訳

1　前提認識の共有――組織の行動や思考に影響

『組織文化とリーダーシップ』は米経営学者のエドガー・シャインが1985年に発表した組織文化論の古典的名著です。なぜ部下は上司のいう通りに行動をしないのか、企業の変革はなぜ困難なのか、ある組織は信じられないような失敗をなぜ犯すのか。シャインはこうした企業組織にしばしばみられる現象を「組織文化」という概念を基に説明しています。

組織文化は抽象的で捉えにくいものですが、組織やその中にいる人たちの、ものの捉え方、考え方、行動の仕方に大きな影響を与える力「フォース」であるとシャインは述べています。そのうえで組織文化を「グループによって学習された、共有される前提認識のパターン」であり、「問題に接した際、認識し、思考し、感じ取る際の適切と思われている方法である」と定義します。

言い換えれば、シャインのいう「前提認識」とは、組織が共有する価値観です。それは、市場や顧客、競合など外部環境に対する「ものの見方」や「受け取り方」、会社内における「仕事の進め方」から組織の中での「振るまい方」など、その組織に属する社員が共有して持つ思考、行動に影響を与えるものでもあります。

例えば、ある会社では、新しいアイデアを個人が示すと、激しい議論をするのが当たり前になっています。これは、その会社における「前提認識」が「個人はアイデアと起業家精神の源であるが、誰ひとりとして自分自身のアイデアを評価できるほどに優秀ではなく、他の人たちとの議論、賛同を経てアイデアは洗練される」というものだからです。

こうした前提認識が社内にあるために、この会社では個人はためらいなくアイデアを出し、それに対し周囲は遠慮なく議論をしかけてゆくのです。この前提認識に基づいて共有された行動が、この会社の組織の力を強め、革新的な製品を生み出す源泉になっていたのです。

ケーススタディ

統合プロジェクトで露呈した「深い溝」

昨今、国内、海外を問わず、日本企業のM&A（合併・買収）は経営の一般的な手段となっています。縮小する国内市場でシェアを拡大したり、海外で事業を一気に軌道に乗せたりするために積極的に取り入れられるようになってきました。

Aさんが働くα社も、国内同業のβ社と統合することを決めました。Aさんは統合プロジェクトマネジャーに任命され、両社の統合プロジェクトをリードすることになりました。統合プロジェクトは、組織・業務面、人事面を主な統合対象としてスタートしました。

Aさんは、まず、組織面、業務面、人事面において両社がどこでどのように異なるのかを比較検討することから着手しました。その結果、組織構造は似ているものの、同じ業界で同じような事業を営んでいるにもかかわらず、両社の業務や人事は大きく異なることが判明しました。しかも、この比較検討と同時に、両社のキーパーソンへのインタビューも行ったのですが、両社の従業員が統合に対し不安だけでなく、相互に不満を抱いていることが判明しました。

α社の管理職のコメント

「β社の業務管理はあまりにいい加減。上への報告は事後だし、きちんとした業務命令系統も存在しないようだ。このままだと一緒に働くのは無理ではないか」

β社の管理職のコメント

「α社の社員は、指示待ち族。1つひとつ指示を与えないと動けない。細かい点を報告してくるのはいいのだが、まずは自分で動かないと仕事にならない。いったい、今までどういう教育をなされてきたのか」

【難航する調査——なぜ組織の流儀を「当たり前」と考えるのか】

一方、管理職のみならず、両社の社員にも不信感が生まれていました。

α社の社員のコメント

「β社の社員は礼儀を知らない。ずけずけと人の仕事に意見を言ってくる。お客さんに対してもなれなれしくて心配になる」

β社の社員のコメント

「α社の社員は、目上、目下の区別に厳しい。目上の人には遠慮をして意見も言わない雰囲気がある。社内に遠慮をして仕事になるのだろうか」

このような意見を聞いて、プロジェクトマネジャーのAさんは、統合を成功させるためには表面的な組織や業務、制度を統合するだけでは十分ではないと感じました。それぞれの管理職や社員のコメントにあるような問題がなぜ起こるのかをきちんと理解し、統合した新たな会社として、シャインのいう「組織文化」を合わせてゆく必要を感じました。

そこで、Aさんは、シャインの考え方をもとに、α社とβ社の組織文化の違いの原因を分析しました。シャインは組織文化の違いとは「異なる前提認識」を各会社が持っているからだと述べています。そこで、Aさんは両社の管理職や社員が、事業や仕事、組織や人事に関して、どのような「前提認識」を持っているのかについて、さらにヒアリングなどの調査を進めました。

前提認識についての調査をするにあたっては、α社とβ社の社員がお互いのことをどう思うかについて意見を聞くだけでなく、自社の業務の進め方や望ましい社員のあり方がなぜそのようになっているのかについて、ヒアリング調査を進めることにしました。

この調査は当初難航しました。なぜなら、α社の管理職や社員にとっては目上・目下の区別や、上司の指示を仰ぎ業務を進めるのは「当たり前」のことであり、β社も同様に、自立して業務を進め、いざというときだけ管理職が出てくるのは「当たり前」のことであるから、なぜそうするのか、そう思うのかと聞いてもなかなか答えることができなかったのです。

【秩序重視 vs 自由闊達――見えてきた「前提認識」の違い】

しかし、会社の成り立ちやそれまでの歴史、そこで生まれてきた価値観について、両社の社員を巻き込んで話し合いを重ねるうちに、徐々にそれぞれが持っている前提認識、価値観が明らかになってきました。

α社は、もともとは金融機関の一部門であったシステム子会社であり、10年前に子会社として独立したという経緯があります。その際には、親会社であった金融機関からの転籍者が管理職の大半を占めていました。そこで作られた業務管理のルールは、業務リスクを適切に管理し組織として秩序だって業務を進めるという、金融機関の業務運営ルールが導入されました。

この業務ルールは、金融機関を主に顧客とするα社のビジネスには非常に合致したもので、顧客である金融機関にも非常に安心感のあるＩＴ（情報技術）システム会社として映ったのです。

そこから、業務を進める際には必ず上司に判断を仰ぐ、経験のある先輩を尊重する、自分１人で勝手に判断をしないという組織文化、業務を進めるうえでの「共有された前提認識」が生まれてきたことが分かりました。

一方のβ社は、メーカーの子会社として生まれ、同様に親会社の出向者を受け入れて発展してきました。β社の親会社は自由闊達な会社であることで知られ、若手に裁量を与え、新製品を開発することで市場から高い評価を受けてきた会社です。

そこから出向、転籍を経たβ社の管理職は、親会社の自由闊達なマネジメント手法が組織運営にはよいスタイルだと思い、β社でも同様に、若手に積極的に任せ、自立を促すマネジメントをしてきたのです。チャレンジや失敗こそが人材を育てると信じ、報告はあとでいいというスタイルだったのです。

Ａさんの結論――「統合は困難だが実現は可能」

ここまで調べてみると、α社とβ社の業務運営の違いや価値観の違い、そのもとがどこから生まれてきたのかが、Ａさんにも明確に分かってきました。

α社も、β社もそれぞれ自分たちがよいと信じる「価値観」を持っており、業務運営に対する「前提認識」が異なっていたのです。

Aさんは、ここまで把握をしてようやく両社の統合の難しさを理解する一方で、統合の実現が可能であるとの感触を持つことができました。

統合において取り組むべきなのは、新たな組織や業務ルールの表面に現れる部分だけでないことにAさんは気づきました。α社とβ社の違いの背景にある前提認識をそろえること、なぜこのような進め方をするのかという共有認識を高めることが、新会社の成功には不可欠だと認識したのです。そこで、両社合同のプロジェクトチームを改めてつくりなおし、根本の相互理解から始めることにしました。

2　共有される成功体験——グループを導く前提認識に

『組織文化とリーダーシップ』がいう組織文化とは「グループによって学習された、共有される前提認識のパターン」であり、組織の力を強めるものです。シャインは組織文化がなぜ生まれ、組織の中に定着していくのかについても分析しています。

組織が生まれた際には、創業者と初期のメンバーがいます。この時点では、まだ組織文化は存在しません。そのうち、創業者を中心に事業が始まり、成功、失敗体験を積みながら、組織は徐々に成長していきます。その過程で、特に成功体験は「このようにやればうまくゆくのだ」と組織の中に共有され、パターン化されていくとシャインは指摘します。

例えば、個人のアイデアのみで開発した製品は詰めが甘く失敗してしまったとします。ところが、グループでアイデアを吟味することによって、素晴らしい製品ができて売れ行きもよかったという結果になりました。こうした失敗や成功の体験は組織の中に強い学習効果をもたらします。「そうか、個人のアイデアを徹底的に議論することが成功への道なのだ」という前提認識が組織の中に共有されるのです。

さらに、その成功や失敗の体験に創業者の価値観が反映されます。創業者がグループでの議論は有用であり効果的であるという価値観の持ち主の場合、そうした行動を奨励し、実際に行動する人を処遇することで、その前提認識は強固になっていきます。

さらに、人間の性質の1つとして「安定」に対する欲求があります。無秩序な状態は人間を不安にするのです。そのため、人間はものごとを秩序だてることで不安感を取り除こうと行動することが分かっています。この行動が成功体験のパターン化を促すとシャインは論じます。そこに創業者の価値観の反映が加わり、組織文化への形成につながります。こうした組織文化の形成は勝利の方程式となり、組織を強力に成功に導きます。

ケーススタディ 転職先の米系ＩＴ企業が「社員旅行」――Ｂさんの体験

Ｂさんは、高度なプログラミングスキルを買われ、日系のＩＴ（情報技術）企業から米国系の新興ＩＴ企業の日本法人への転職を果たしました。転職後、しばらくたち、転職した会社での仕事の進め方や人の振る舞い方がだいぶ違うことに戸惑いを覚えるようになりました。

例えば、転職した新興ＩＴ企業では、プロジェクトへの参加は公募制です。自分で手を挙げなければプロジェクトに参加することはできません。以前の会社では上司が配属してくれました。ところが、転職した会社では新たなプロジェクトが組成される際には、プロジェクトリーダーから声がかかるか、自分で手を挙げてプロジェクトリーダーやその他のメンバーから認められないと、参加できないのです。

また、転職する前は、外資系の会社は日本の会社に比べ、社員の関係はドライで日本企業のような人間づきあいは希薄だと考えていました。しかし、入社してみると、日本企業とは異なる人間づきあいがあることが分かりました。

例えば、驚いたことに、その会社では社員旅行が毎年行われているのです。しかも、その社員旅行は世界各地のオフィスが合同で実施するのです。

Bさんは入社早々の時期に、この世界規模の社員旅行に参加することができました。そこでは、世界各国からエンジニアが集まり、イベントや食事会を通じ、ネットワークを皆が積極的につくっているのを目にしました。

さらに、日本のオフィスの様子も、以前いた日本の会社と大きく異なります。オフィスでは、共有スペースや喫茶室にはゲームの機械までおかれ、社員が何かの機会に交流できるよう様々な工夫がなされています。

【厳しい生き残り競争――プロジェクトにありつけず転職する人も】

一方で、この会社がとても厳しい会社ということも分かってきました。自分が手を挙げなければ仕事にありつけませんし、手を挙げても実力が評価されなければプロジェクトに参加できません。実際に社内を見ていると、プロジェクトにありつけずに仕事がなく、その結果、転職せざるをえない人も多くいることが分かりました。

Bさんは、この新しい会社で生き残り活躍するためには、以前とは異なる行動の仕方や考え方をしなければいけないことに気づいてきました。そのためには、この会社がどのような人材を求めているのか、この会社がどのような価値観で運営されているのかを理解する必要があると考えました。Bさんは、シャインの『組織文化とリーダーシップ』を読みかじったことがあり、ある会社の組織文化には創業者の成功体験が反映されることが多いということを知っていたからです。

そこで、Bさんは、この問題意識を自分のメンター（指導係）である米国出身のシニアエンジニアのT氏にぶつけました。

Bさん「Tさん、自分は入社して3カ月が過ぎました。以前いた会社とは、会社や社員の動き方が違っていて、少々戸惑っています。自分の友人がいる米国系の会社ともずいぶん異なる企業文化を持っているように感じます。自分はこの会社の雰囲気や仲間が好きなので、この会社で活躍したいと思っています」

T氏「Bさん、とてもいい点に気づいたね。そう、この会社はとても特徴のある会社だ。米国の中でも、この会社の組織文化は特徴的で有名な会社なのだ。この会社で活躍するためには、この会社の組織文化をきちんと理解し、なぜこの文化が尊重されているかをしっかりと分かっておく必要がある。少々長くなるが、この会社の底流に流れているものをきちんと理解し、どうしたらこの会社で活躍できるか考えてほしい」

競争と協調の源——創業者が残した「大学の研究室の雰囲気」

T氏「Bさんが知っているように、この会社は米国のシリコンバレーの近くのある大学の研究室から生まれた会社だ。創業者グループは、大学の研究室の雰囲気こそ創造性の源であると考えていて、その研究室の特徴を大企業になっても残すことが必要だと考えたんだ。彼らはそこで世界的な技術を開発した。その開発は研究室のメンバーが全員で作り上げたものだった。皆が知恵を出し合っての協働作業だったんだ。しかし、そこでは同時に個人間の激烈な競争が行われていたんだ。誰が最もスマートなアイデアを出せるか、自らの存在すべてをかけて彼らは競争していた。自立した個人の競争と協調。これこそが彼らの強烈な成功体験になった」

「その体験とは『究極のよいアイデアは個人の中で生まれるものでなく、人と人の間、そう例えば、私と君がライバル意識を持ち、かつ、このように話をする中で、2人の間に生まれる』というものなのだ。創造性を発揮するには、自立した個人の競争意識と、チームとしてコワーク、すなわち協働ができること、この難しいバランスを組織の中で実現することが大切と考えられているんだ。この考えをもとにこの会社はつくられている」

Bさんが予想した通り、転職した会社では、シャインの指摘通りに、創業者グループの成功体験が組織文化のパターン化に強く影響していました。そこで、戸惑いを感じていたプロジェクトへの参加プロセスについても尋ねてみました。

Bさん「プロジェクトに参加するのに、まず手を挙げるというのもその表れなのでしょうか」

T氏「そう。まず個人の意思を大切にするんだ。誰かに言われてやるのでなく、自分が自立して判断できるかどうかが試されているんだよ。ただ、それだけでなく、そのプロジェクトを立ち上げたプロジェクトマネジャーも同時に試されているんだ」

Bさん「どういうことでしょう」

【会社を動かす原理原則を理解する】

T氏「さっきも言った通り、1人のアイデアはまだ『正式なアイデア』とはこの会社では言わないんだ。誰かがその考えに賛同して初めてプロジェクトとして認められるルールになっている。だから、人を集めるプロジェクトマネジャーも個人のアイデアを魅力的なものにしようと必死になる。いかに自分のアイデアを正式なものとして認めてもらうかは、他のアイデアに比べ、いかに自分のアイデアが魅力的で他の人が参加したがるかに、かかっているんだ」

「これがこの会社が創造的であるための前提なんだ」

Bさん「そうなると、この会社で活躍するためには、魅力的なアイデアを考えられる個人であると同時に、人とうまく協働して『この人と働くとより創造的になる』と思ってもらえるようなチームワークを求められるということですね」

T氏「その通り。この会社の底辺に流れる価値観を理解することで、どのような原理原則で会社が動いているか分かるようになる。Bさんのこれからの活躍に期待しているよ」

こうしたT氏からの助言をもとに、Bさんは自らの思考や行動を変えることに成功し、新しい会社に溶け込んでいきました。

3 組織文化の弊害——経営環境の変化に対応が難しく

シャインが『組織文化とリーダーシップ』でいう組織文化は、うまく機能すれば、企業が成長するための強力なエンジンとなります。組織文化が組織の中にいる人々の認知や思考、行動に強い影響を与え、ある方向に社員のエネルギーを集中させるからです。

しかし、ある時点でつくられた組織文化は、その当時の環境や、その環境のもとでの成功体験、創業者の価値観を反映したものです。同じ経営環境が続いている間は、組織文化は成長に効果的に働きます。ところが、経営環境が変化すると、経営環境と組織文化の間にギャップが生まれてしまうのです。

そのような意味で、汎用的な「よい組織文化」「わるい組織文化」というものは存在しません。組織文化がその企業の外部環境や内部環境に合ったものであるかどうかが肝心なのです。

さらに、組織文化のやっかいな点は、組織の中にいる人々に、共通の「メンタルマップ」（認知や思考の枠組み）をつくってしまう点にあるとシャインは説明します。経営環境が同じうちはいいのですが、経営環境が変わると、メンタルマップが成長にマイナスに作用する場合があります。

例えば、新たに起きている変化を事実として受け取らず、自分たちの前提認識に沿った形へと転換して認識したり、場合によっては事実を歪曲《わいきょく》したりするおそれがあります。そうなると、企業は経営環境の変化に対応することは到底できませんし、変化が起きていることすら認識できなくなってしまうこともありえます。

経営環境は大きく変化しているのに、その現実を認めることができなければ、対応の遅れにつながる可能性が高まります。また、仮に環境変化を認識し新たな戦略を構築するに至っていても、組織文化によって強固につくられた価値観や行動は、簡単に変わりません。強い組織文化が変革への大きな足かせとなる可能性もあるのです。

ケーススタディ

トップ企業の新社長が直面した予想外の顧客流出

C社は産業向け高性能設備部品を製造・販売している企業です。この業界では、複数の企業がC社と同様の製品を販売しているものの、C社は優れた技術力によって支えられた製品性能のよさで高いシェアを誇ってきました。

C社は米国に本社がある企業の日本子会社です。もともと日本の商社にいた先代の社長がその製品の性能のよさに目をつけ、日本での販売権を得て日本法人をつくったという経緯があります。

当時は日本にあったライバルの製品は性能で劣っていたため、先代社長のとった戦略は「製品の性能のよさをユーザーに体験してもらい、ライバルからの切り替えを促す。その後、納品や顧客の要望に対応するスピードや丁寧さで差をつける」というものでした。

この戦略は見事にあたり、C社は瞬く間に業界でトップシェアを確保しました。営業担当の主な業務は新規顧客開拓です。見込み顧客企業の購買部にアプローチし、自社製品のお試し採用を当初は低価格で働きかけるという販売戦略をとってきました。

先代社長は、事業拡大の鍵は営業にあるとして、新規顧客獲得に対しインセンティブを与え、社内でも営業部門出身者は重用されてきました。

日本法人設立から10年後、先代社長は引退を決意し、米国本社に勤務していた日本人技術者K氏に社長のいすを譲りました。K氏は、日本法人と米国本社をつなぐ役割を長年務めていました。日本市場の状況や顧客の要望に精通しているうえ、米国本社のこともよく知っており、2代目社長として適任者でした。

しかし、K氏が就任する数年前から、C社の売り上げやシェアに変化が起こっていました。かつてのようには新規顧客獲得が進まなくなってきていたのです。お試し採用まではこぎつけるものの、その先の本採用につながらなくなりました。また、既存顧客の中にも他社製品に切り替える例が出てきました。

「それは事実か、個人の意見か?」——成功体験が曇らせる状況認識

新社長となったK氏は、この変化に気づき、社内の主要なメンバーや先代社長に意見を求めました。

しかし、皆の意見は「今はたまたま不景気だからしようがない」「あの顧客企業は、ライバルメーカーが接待攻勢をしたため、ウチから切り替えただけ。心配するな」「ウチの製品は優

れているのだから、そのよさを分からない会社をいくら説得してもしようがない。もっと新規の他の会社にあたるべきだ」「何かアクションをとるとしたら営業の強化だ。ウチの強みは製品にあるのだから、業績の悪化は営業が弱くなっているからだ」といった意見が出てきました。

K氏が困惑したのが、みんなが言っていることが事実なのか、個人の意見なのか区別がつかなかった点です。それを問いただしても「すべて事実だよ。我々はこの業界で長年やってきているし、成功したトップカンパニーなんだ。だから、今までうまくいった方法で行えば問題ない」という答えがかえってくるだけです。

しかし、その間にも売り上げは落ち続けていました。

K氏は米国にいた当時の上司からシャインの『組織文化とリーダーシップ』という本を薦められ、意見を交わした経験を思い出しました。いかに成功体験が人間の状況認識を曇らせ、会社を危うくするかについて話し合った記憶がよみがえったのです。

「この会社も同じ症状に陥っているのではないか」。K氏は、そう思いました。そこで、K氏は自分で顧客の声を聞こうと考え、全国の主要顧客を訪問し、「なぜC社の製品の採用を見送ったのか」「なぜ他社に切り替えたのか」ということを直接聞き取りました。

浮かび上がる厳しい現実、紛糾する経営会議

当初、顧客は社長のK氏自らが訪問してきたことに驚き、K氏の質問に対してもなかなか本音をもらしませんでした。しかし、K氏が粘り強く聞いたところ、やっと本音を話してくれました。

「昔は確かに御社の製品は性能がよかったのですが、今では他の会社の製品と性能はそう変わりません」「価格も他社がかなり安く提示しているし、性能も互角となると、御社の製品を今までのようには使う理由がない」「もっと積極的に、ウチの会社の生産性向上などの提案をしてくれないと。御社の製品力だけではもう購入はできない」など、K氏の想像を超えるような厳しい意見が続々とでてきたのです。

さらに、営業に対しても「御社の営業スタイルは古すぎる。今は接待を受けることもウチの会社では禁止されている。無理やり、接待に連れて行かれて正直困っている」など、営業活動に対しても厳しい意見を聞くことができました。

K氏はこの顧客ヒアリングの結果を次の経営会議の場で経営陣に伝えました。経営会議は紛糾しました。「そのような話は、自分は顧客から聞いたことがない」「その顧客企業はライバル

社に取り込まれている」「うちの製品や営業の質が低いわけがない」など、K氏以外の経営陣全員が顧客の声を信用しない状況でした。

そこで、K氏は提案をしました。「それでは皆さんが懇意にしているお客さんの話を直接皆さんが聞いてきてください」。間もなく、経営陣は手分けをして、自ら顧客の声を集めました。結果は、K氏が集めてきた声と同様でした。

経営陣は皆ショックを受けたようでした。今まで正しいと思ってきたことが覆され、どうしたらよいか分からないような状況でした。

圧倒的な存在に返り咲く「唯一の道」

K氏は経営陣全員に声をかけました。「我々は過去に大きな成功をしてきました。それは誇るべきことです。今、我々を取り巻く環境やお客様は大きく変化をしています。我々がトップカンパニーでいるうちに、この変化が分かってよかったと思います。これから、第2の創業と思って、我々の前提認識を疑い、顧客のニーズを正しく捉え応えましょう。過去の成功体験を捨て、謙虚になり競合からも学びましょう。それが、再び圧倒的な存在に返り咲く唯一の道です」

この声をきっかけに、徐々に会社は変わり始めました。経営陣は、自分の部下にも同じように顧客の声を聞かせ、今までの前提認識が通用しないことを組織内に浸透させる取り組みを始めたのです。シャインがいう前提認識を変革することを通じて、社内の市場や自社に対する見方やおごりは徐々に消え始め、現実を直視するようになったのです。

4 経営環境の変化にどう対応するか――解凍・学習・再凍結の3段階

経営環境が大きく変化しているときに、リーダーはどうすれば「古い組織文化」を壊し、新たな競争力となる「新しい組織文化」をつくれるのでしょうか。新たな組織文化をつくり、社員の思考、行動を変えるには一定のプロセスが必要となります。シャインは、そのプロセスを3つの段階に分けて解説しています。

第1段階は古くなった組織文化を「解凍」する段階です。そのためには、①現在の考え方、やり方はもはや通用しないとメンバーが理解する、②自分たちが変わらないと、さらに状態が悪くなるという危機感を共有する、③新しいやり方を学ぶことは可能であり、そうすれば目標も再び達成可能となるとの気持ちを持つ――ことが求められます。

この解凍プロセスを経ることは、組織内に不安を生み、変化への抵抗勢力を形成するおそれもあります。そこでリーダーは、組織のメンバーに事実を理解させる一方で、不安を和らげながら解凍プロセスを進める必要があります。

第2段階は、新たな考え方、やり方を「学ぶ」段階です。どの方法がよいのか試行錯誤を繰り返し、新たな方法を学習してゆく段階です。ここで、社員は今後どのような役割を果たすべきなのか、そこでどのような行動をとるべきなのかを学ぶのです。そのために、新たなトレーニングや報奨のシステムが必要となります。リーダーは人事制度を新たな考え方、行動を後押しするものとして機能させます。

第3段階は、新たなやり方を新たな文化として「再凍結」させる段階です。新たな仕事のやり方を、組織に根付かせるには「この方法でうまくいくのだ」とメンバーが納得する必要があります。そのためには、新たなやり方で「成功する」「成果を生む」ことが必要です。その結果、新たな成功の方程式が生まれ、他のメンバーもまねをして新たな組織文化として定着するのです。

ケーススタディ

会社は5年後には3分の2に縮小——衝撃の試算結果

産業向け高性能設備部品を製造・販売するC社の新社長、K氏はその後も変革の取り組みを続けていました。シャインの『組織文化とリーダーシップ』に基づくと、C社は現在、「古い文化の解凍時期」にあるとK氏は考えました。

シャインは古い文化を解凍するためにまず、必要なのは「現在の考え方、やり方ではもはや通用しない、目標が達成できないとメンバーが理解」することであると指摘しています。次に「自分たちが変わらないと、さらに状態が悪くなるという危機感を共有」することが求められるとしました。そのうえで「新しいやり方を学ぶことは可能であり、そうすることで目標も再び達成可能となるとの気持ちを持たせる」ことが欠かせないと主張しました。

シャインの考え方を参考にしながら、K氏はまず、C社のメンバーが自ら顧客のもとに足を運び、新たな現実を認識し、彼らの前提認識を変えるよう努めました。顧客の率直な意見を基に、古い文化を解凍していったのです。顧客の生の声を聞くに従い、社員の意識は変化してきました。もはや過去のやり方では通用しないと考えが変わってきたのです。

K氏は次に「危機感を共有する」ステップに進もうと考えました。危機感を共有するには、将来の危機的な状態を具体的に示すことが効果的ではないかと考え、シミュレーションを実施しました。その結果、現在の成約率や他社へのスイッチ（乗り換え）率が続くと仮定すると、会社は5年後には現在の3分の2にまで縮小してしまうことが判明しました。

K氏は社員合宿を開いてこの結果を共有しました。わざわざ合宿を開いたのは、日常の業務にとらわれることなく、この事実に向き合ってもらいたいと考えたからです。

「復活は可能」――社員に理解させる巧みな仕掛け

合宿では、まず社員がそれぞれ持ち寄った顧客の声を改めて共有しました。そのうえで、K氏は顧客の声に基づくと会社がどのようになるかについて、シミュレーションの結果を発表しました。

参加者は皆一様にシミュレーションの結果に大きなショックを受けたようでした。この状態を脱しない限り、C社の将来、ひいては自分たちの雇用すら危ういことを認識したようでした。

さらに、その合宿の中で、K氏は次のステップである「新しいやり方を学ぶことで再び復活は可能である」ことを理解させる仕掛けも準備していました。

合宿の最後に「新たな成功事例の共有」というセッションを設けました。このセッションでは、新たな営業手法で顧客を獲得したグループの例を紹介しました。そのグループは、売り上げ減少という問題に対し、あらためて顧客価値は何かということを真剣に考えた結果、「顧客の価値は我々の製品にあるのではない。我々の製品は顧客の製造プロセスの生産性をあげるためにある。顧客の求める価値はプロセス全体の生産性向上にある」との結論に至りました。そこで、生産性コンサルティングサービスを立ち上げ、そのサービスと自社の製品を一緒に販売する新たな取り組みを始めました。このアプローチはまだ取り組み数こそ少ないですが、商談において過去を上回る高い成約率を実現していました。

このアプローチは、それを聞いた他の社員にとって新たな可能性を示したようでした。このような方法を取り入れれば成功するかもしれないと知った社員たちは、そのメンバーにいつまでも質問を続けました。合宿の終了時間が過ぎても皆が熱心に話に聞き入る姿を見て、K氏は「解凍フェーズ」が終わりつつあることを確信しました。

【新たな評価指標が生むスキル向上の〝好循環〟】

K氏は第2段階に進み始めました。第2段階は「新たな考え方、やり方を学ぶ」段階です。K氏は、生産性コンサルティングサービスのスキル向上と、スキルの共有が営業活動強化の鍵と考えました。そこで、社長直轄のコンサルティングスキル教育部隊をつくり、各営業現場で新たなスキルを身につけるトレーニングを始めました。同時に、要望がでれば、コンサルティング部の人材が営業現場に入り、営業活動を支援することにしました。

K氏が留意したのは、生産性向上のスキルが、一部の人間だけが持つ「特殊スキル」とならないようにした点です。そのため、直轄部隊の名称もスキル教育部隊とし、そのミッションもどの程度の人間が新たなスキルを身につけたかをＫＰＩ（成果指標）として設定しました。

一方で、新たなスキルを身につける側である営業社員に対しても、新たなスキルを習得し、それを実践するよう動機づけることが必要と考えました。

そこで、人事部に働きかけ、営業社員向けの評価指標と業績指標を変更しました。新しいスキルを身につけ、そのスキルを基に新たな成果を出した人に、より高い評価と報酬を与えるような制度にすることにより、スキル習得に熱心になるような仕掛けをつくったのです。

その結果、新たなスキルを学ぼうという社員が前向きになるとともに、教える側も教えることで社員から感謝され、社長から認められることでやりがいを持って仕事に向かうことができるようになりました。

当初、この改革に距離を置き冷ややかに見ていた社員もいました。しかし、この取り組みが徐々に広がり、成功事例がでてくるにつれ、後追いをする社員が増え、１年がたつころにはほとんど反対の声や抵抗する社員は見当たらなくなりました。

その状態を見て、Ｋ氏は最後の仕上げの時期にかかっていると判断しました。最後の仕上げとは「新たなやり方を新たな文化として再凍結させる」段階です。

【思い切った変革こそが新たな文化を浸透させる】

K氏は、この新たな営業方法や営業スキルを新たな文化として定着させることが必要と考えました。そのためには、この新たな方法を組織の中の制度やルールの様々な面に反映させ、社員に新たな行動を自然にとらせること、そのような行動が当たり前のこととなる施策が必要と考えました。

例えば、評価基準や報酬ルールをさらに強化するとともに、管理者の登用ルールも変更しました。また、新入社員の採用やすべての教育システムも変えました。さらに、上司のマネジメントスタイルについてもコンサルティングセールスを育成・指導できるようなスタイルを求めていきました。

これらの変革の結果、組織の様々な制度やルールが新たな行動を促進し、認知し、処遇するものへと変化し、社員の中に新たな前提認識、すなわち顧客は製品でなくソリューションを求めているのだという図式が浸透し、それが文化として浸透し始めたのです。

『エクセレント・カンパニー』

トム・ピーターズ、ロバート・ウォータマン著

優れたリーダーの影響力は価値観にまで及ぶ

高野研一

（コーン・フェリー・ジャパン前会長）

エクセレント・カンパニー／
In Search of Excellence:Lessons from America's Best—Run Companies　1982年
トム・ピーターズ（Thomas J. Peters）、ロバート・ウォータマン（Robert H. Waterman, Jr.）著
邦訳：英治出版、2003年（復刊）／大前研一訳

1　超優良企業の条件――組織などに8つの基準

『エクセレント・カンパニー』は経営コンサルタントのトム・ピーターズとロバート・ウォータマンが1982年に著しました。膨大な調査や経営者へのインタビューなどを踏まえて、「超優良企業が共通してやっていることは何なのか」を一般化することをめざした1冊です。世界中で大ベストセラーとなりました。

ピーターズらは、当時の米国企業を中心に観察することを通じて、超優良企業になるには8つの基準を満たすことが必要だと指摘します。その基準は、①行動の重視、②顧客に密着する、③自主性と企業家精神、④人を通じての生産性向上、⑤価値観に基づく実践、⑥基軸から離れない、⑦単純な組織・小さな本社、⑧厳しさと緩やかさの両面を同時に持つ――です。

これらの基準を見いだす際に、著者らは「米国には立派にやっている大企業はいくらでもある」と宣言します。そのうえで、IBM、スリーエム（3M）、プロクター・アンド・ギャンブル（P&G）などを超優良企業として例示。それぞれの成功要因として組織のあり方などの具体例を挙げていきます。

なぜ本書がベストセラーになったのかについては、当時の経済情勢を振り返ってみる必要があります。1980年代は日本企業が欧米市場で大きく躍進した時代です。日本的な経営を高く評価するビジネス書も多数出版されていました。一方で欧米企業の多くは日本企業への有効な対抗策を打ち出せないままでした。

そんななか、本書は「今日、上手な経営手法が見られるのは、なにも日本に限ったことではない」と、自信を失いかけていた欧米の経営層を鼓舞したのです。本書には、紹介した超優良企業がその後、業績が悪化したことなどから批判もあります。しかし、膨大な数の企業を調査し、優れた経営の実例を現場から引き出した本書には、いまもヒントになる事例がたくさんあります。

ケーススタディ

「年俸7万5000ドルの少数のエリート高給取り」とは？

ビジネス環境の変化がいかに激しいか。最近ではほとんどどんな業種でも、毎日のように実感されているはずですが、実はこの『エクセレント・カンパニー』に、その激しさを如実に示す好例があります。ドルと円の為替です。一部を引用してみましょう。

「超優良企業は、〝まずなにより実行だ〟という態度をとる。年俸7万5000ドルの少数のエリート高給取りだけが考えるのではなく、何万の人々がつねに自主性を持って考えるべきだと主張し、それを実践するのである」

この部分の基本的メッセージは、米ＩＢＭなど超優良企業では、実行を重視するという点にあります。高給取りの幹部社員だけではなく、現場で働く何万人もの社員に共通して、そのメッセージが伝わっています。それが平凡な企業にはなく、超優良企業に見られる特徴だというのです。

2　企業文化の重要性——社員の自主性を育む

『エクセレント・カンパニー』は、超優良企業になるためには「顧客に密着する」「単純な組織・小さな本社」など8つの基準を満たすことが必要だと指摘します。見逃せないのは、その指摘の前に企業文化の重要性について論じていることです。いまでは、欧米企業でも企業文化の大切さは認識されていますが、本書が出版された１９８０年代初めは必ずしもそうではありませんでした。

実際に著者たちは企業文化の重要性を示したときに、同僚のコンサルタントから次のように言われたと書いています。「それは結構だけれど、ちょっとぜいたくというものではないだろうか？　企業というのは、まず金もうけをしなければ、なにもできないよ」。そのエピソードの後で、著者たちは優れた企業文化が収益を生むうえでも欠かせないものであることを次々に例示していくのです。

企業文化というと、人によっては、社員に同じ価値観を無理やりに強いるようなマイナスのものとして受け取る場合があるかもしれません。実際、著者たちは経営学者のヘンリー・ミンツバーグが、企業文化について「教化」を通じた「社会的同質化」として論じていることに対して、「期待はずれの記述」と指摘しています。

そのうえで、著者たちは企業文化が「きわめて強い拘束力を持っている企業の中で、もっとも高いレベルの自主性が生まれている」と評価します。企業文化はその会社で働く社員にとっては、全員が暗黙のうちに共有する「規範」です。いちいち就業規則などで定めるものではないことに注目すべきです。

つまり、企業文化がしっかりしている会社ほど、「ああしろ、こうしろ」と社員の行動を規定する必要が少なくなります。その結果、社員は「自主性」を持って創意工夫できる幅が広がります。それこそが企業文化が強みを生む理由であると同書は指摘します。企業文化の重要性を指摘する先駆けでもあったのです。

ケーススタディ

「企業風土は現場にあり」を実践した2人の経営者

「企業風土は現場にあり」という固い信念をもち、時間があれば現場を訪れ、指導もし、現場の声を聞き続ける――。そんな経営者の例として同書は2人紹介しています。米IBMのトーマス・ワトソン・ジュニア（2代目社長）と米ヒューレット・パッカード（HP）の創業者の1人、ウィリアム・ヒューレットです。

この2人は、現場、特に工場を歩き回ったことで有名です。日本企業、特にメーカーの経営者も現場を重視することで知られています。

トヨタ自動車のカイゼンやカンバン方式は、世界的にも有名ですが、もう1つ、同社の基本哲学になっているのが、現地・現物主義と呼ばれる考え方です。「何事も会議室や机上の議論通りにはいかない」「現場の現実を把握し、実際のものに即して議論し、仕事をしていかなくては、いいものは作れない」という考え方です。

「現場を歩き回る経営」は、経営者が社内外の実情、問題点を、リアルタイムに把握できるというメリットがあります。ただ情報を集めるだけでなく、その場で打ち手を提案し、現場を鼓舞することもできます。経営者が現場を歩き回るには、体力や精神力も欠かせませんが、それができれば組織の力を素早く高めることにつながります。

現在の超優良企業に共通する企業文化とは

日本企業にとってはライバルですが、注目されることが多い韓国サムスングループも別の意味での現場主義を取り入れています。その1つは、社員を1年間、特に仕事のノルマを背負うことなく海外に駐在させ、人脈づくりや、その国のマーケットの特徴を、生活を通して学んでもらうことに役立ててもらう制度です。

海外市場で現地・現物を学ばせる人材育成制度であり、これは1990年代の初めから取り入れていたとされています。果敢に海外市場に挑むサムスンの企業文化を育んだ工夫の1つとして、この制度が貢献しています。

私は同書が紹介する米ゼネラル・エレクトリック（GE）、プロクター・アンド・ギャンブル（P&G）、スリーエム（3M）のほか、トヨタ、サムスングループなどはいずれも現在の超優良企業として位置付けることができると考えています。これら企業に共通する文化を1つ挙げるとすれば、「決めた目標をやり切る」ということがいえます。同書がまとめている超優良企業が満たす必要のある8つの基準に追加すべきものとして、特に日本企業に求められます。

3　顧客に密着——従業員も同じ視点で

『エクセレント・カンパニー』で著者たちは、超優良企業になるには8つの基準を満たすことが必要だと指摘しています。そのうちの1つである「顧客に密着する」について、本節では詳しく論じたいと思います。この基準を取り上げるのは、著者の指摘するように「当然きわまりない考え方」にもかかわらず、いまも「口で言うだけ」の企業も多いと思えるからです。

同書では「顧客に密着する」ことを重視する企業の事例として、米IBMやウォルト・ディズニーなどを紹介します。どちらにも共通するのは、徹底した顧客サービスです。客にモノや入場券を売ることだけでなく、アフターサービスや施設に迎え入れてからのもてなしを重視していることを強調しています。

この両社の「顧客に密着する」サービスを言い換えれば「顧客の経験を重視する」ともいえます。そのために必要なのは「人」の力です。従業員が顧客と同じ視点でモノを見て、顧客が何に心を躍らせられるのかを理解しなければ、ディズニーランドは入場者をわくわくさせることはできないでしょう。従業員のモノの見方に影響を及ぼし、優れた価値観を定着させるのが超優良企業であるというわけです。

しかし、価値観は世の中の変化とともに変わっていくものでもあります。新しい価値観を獲得できた企業が生き残り、それができない企業は淘汰《とうた》されてしまいます。超優良企業として生き抜くためには、環境の変化とともに価値観を変えていく力が不可欠です。

こうした価値観の転換は大企業になればなるほど、容易ではありません。絶対的な解ではないかもしれませんが、同書はこの価値観の転換に成功した企業として米スリーエム（３Ｍ）を挙げます。市場を細分化する「ニッチ主義」で顧客のニーズに対応するとしています。きめ細かい市場への対応は、いまの日本企業にも参考になるのではないでしょうか。

ケーススタディ

社内競争が活力を維持する――ＧＥの「密造酒づくり」

長期的に高いレベルの成果をあげ続ける企業に求められるものとして、同書は、社内競争の重要性を繰り返し強調します。

あまりに、ものごとを合理的に進めようとして、社内競争による無駄や重複を排除しようとすると、結果として活力が損なわれることが多いというのです。極端なほど合理性を追求する企業経営は、逆に多くの隙間を生み出し、思わぬ落とし穴を作り出すことが多いと指摘しています。

むしろ、社内に部門間、あるいは個々人同士の仕事上の重複、あるいは健全な社内競争があった方が活力が維持され、よい業績を生み出すというのが同書の指摘です。

「超優良企業（エクセレント・カンパニー）で実際に何が起こっているかを研究する過程で、繰り返しこの社内競争という現象を見てきた。それどころか、上司からの命令よりも、同僚とのライバル意識の方が、モーレツにがんばる際の主要な動機となるという例も随分見た」

そうした例として、米ゼネラル・エレクトリック（GE）における「密造酒づくり」などを紹介しています。会社の正式承認を受ける前に、現場がある程度のお金を使って、「ぜひこれを作りたい」という社員に機会を与えるのです。大なり小なりこうした自由さは、エクセレント・カンパニーに共通するといいます。自由闊達という、多くの企業が掲げる心構えは、現場でのこうした風土がなければ維持できません。

「社員の心」というと、すぐ「1つになって」とか「一丸となって」というフレーズが思い浮かびますが、実際はこうした非公式な仕事の進め方を許容する組織風土が非常に大事なのです。

［ものの見方を変える――ハチとハエを使った実験に学ぶ］

同書で紹介されている、「心」や「ものの見方」に関する記述は忘れがたいものがあります。少し長くなりますが、要旨を紹介しましょう。ビンの中に入れられたハチとハエの、どちらが早くその狭い環境から逃れられるかの実験です。

同数のハチとハエをビンに入れ、底を明るい窓の方へ向けてビンを横にします。すると、ハチは明かりの方向に出口を求めて殺到し、ビンの底で悪戦苦闘します。同じ方向に飛んでいこうとして突撃を無限に繰り返すのです。そうこうするうちに、疲労困ぱいして動けなくなるハチの数が多くなります。これに対して、ハエの方は、2分もしないうちに反対側のビンの口から出ていきます。

この実験では、ハチが光を好むこと、いつもその方向に行けば出られるはずだということを知っている知能の高さ、思い込みがアダになることを示しています。知能が高く「論理的な行動」をとるがゆえに深みにはまって脱出できません。ところが、愚かなハエの方は、光の方向なども考えに入れないまま、やみくもに飛びまわります。いろいろな試行錯誤をしているうちに、出口を見つけて自由の身になる、というのです。

この実験結果から何を感じるでしょうか。もちろん、理性的に行動しようとするハチが、いつも失敗するとは限りません。やみくもに行動するハエが、いつも成功するとも限りません。

しかし、１９９０年代からの30年以上もの長い間、さまざまな問題を抱えながら、その泥沼から日本は脱出できないでいます。戦後の一時期うまくいったからといって、いわゆる日本的経営にしがみついている姿は、知恵と成功体験を持つハチの群れに似てはいないでしょうか。光が入り込んでくる方向とは、過去の成功体験です。高度成長はものづくりでの世界的成功であり、その集大成です。それらはもちろん素晴らしい出来事ではありました。しかし、ビジネス環境が激変しているのを十分認識せず、過去に成功した同じ方向を目指して死に物狂いで羽を動かしても、そこには見えにくいガラスビンの透明な底があるのかもしれません。

企業活動のプラットフォームをなす雇用システムも、終身雇用が崩れつつあるとはいえ、年齢重視、新卒採用依存、長期雇用依存といった、日本的経営の枠から出ない日本企業の実態は、ガラスビンの底に向けて飛び続けるハチの群れに似てはいないでしょうか。

ものの見方を変えてみましょう。いまこそ、そういう意味での「心」のリセットが求められています。

真のリーダーの存在――マネジャーとは決定的に違う

もう1つ同書が指摘するのは、リーダーという存在の本当の役割です。今日では、リーダーシップの重要性が日々強調され、リーダーシップ開発に、多くの企業が時間と予算を費やしています。もちろん、才能ある人材をグローバルに争奪することは極めて当然のことであり、どの企業も手を抜くことは許されません。しかし、ではリーダーとは何か、リーダーには何が求められるのかとなると、議論百出です。

リーダーはチームを引っ張り、率先して先頭に立たなければなりません。ビジョン、見通しを示してチームに方向性を与えなければならないのです。リーダーは自分を犠牲にして、チームに貢献することが求められます。さまざまなリーダー論があります。

日本では、やはりメンバーと一緒に額に汗して労苦をともにすることが重視されます。現場でなるべく多くの時間を使い、顧客の求めているものをより詳しく学び、それを社内に持ち帰り、他の部署と共同で、それらの要求に応えられるようにします。

こうした仕事ぶりを示すことができるリーダーは、立場が課長であれ、社長であれ尊敬されるに違いありません。しかし同書は、そういう段階は、マネジャーの段階だと指摘します。もう一段違う影響をメンバーにもたらすことができるリーダーは、さらに大きなことをなし遂げられるのです。次のような記述があります。

「マネジャーは人々とともに働く。リーダーは人々の感情を高める」

これをもう少し丁寧にいえば、「リーダーは価値観やものの見方の変革を通じて影響力を及ぼす」ということなのです。

4　組織のスリム化——権限委譲とオープン化

『エクセレント・カンパニー』が書かれた1980年代初頭は、大量生産・大量消費型経済が終焉《しゅうえん》を迎えつつあった時代です。その代わりに企業は顧客ニーズの多様化、多品種少量生産への対応を迫られるようになります。この流れに呼応するように、同書は超優良企業が満たすべき8つの基準の1つとして「単純な組織、小さな本社」を挙げます。

なぜ、顧客ニーズの多様化などに対応するために「単純な組織、小さな本社」が必要なのか。その答えは明白です。同書は企業は大きくなるとともにシステムも組織も「複雑さを増す」と指摘します。しかし、現場で働く多数の従業員にとってシステムや組織が複雑になるほど、混乱を生みやすくなり、顧客ニーズの多様化に対応することが難しくなります。

同書のいう小さな本社は、裏返せば「権限を委譲する」ことを重視している証しでもあります。事務部門がいちいち管理しなくても「現場における自主性をなるべく多く与える」からこそ、本社が小さくて済むわけです。ほとんどの超優良企業にこのことがあてはまると著者は説明します。

ただ、当時まだ十分に顕在化していなかった構造的な変化として、現在ではＩＴ（情報技術）革命、グローバル化の2つを挙げないわけにはいきません。ＩＴ革命により、調達、研究開発など、企業活動の様々な面で「時間と場所の制約」がなくなり、基本的に世界中のあらゆる場所からよいモノを手にすることが可能になりました。

現在の超優良企業といえる米アップルや韓国サムスン電子もグローバルに事業を展開していますが、ハードやソフトの自前主義にこだわらず、社外からオープンに導入していることも見逃せません。これは日本企業が弱い点です。いま、『エクセレント・カンパニー』の続編を書くなら「オープン」という基準は不可欠になるだろうと思います。

ケーススタディ

長く険しいオープンソース企業への道

多くの日本企業はこれまで、ものづくりでは世界のフロントランナーだったとされてきました。そのものづくりの強さの要因には、基幹となる部品やソフトを自前でしっかりつくっているからという自負もあったのではないでしょうか。しかし、いまはハードやソフトを社外からオープンに調達する「オープンソース」を志向する企業が成功するという流れが強まっています。自前主義にこだわるのではなく、自社が必ずしも得意でないものは、他社から調達する——。

そのメリットを示すケースには事欠きません。シャープとの提携交渉を巡って話題になった台湾の鴻海《ホンハイ》精密工業は、世界中のメーカーから電子・情報機器の生産を受託して、２０１１年に９兆円を超える売上高を計上しています。米アップルのスマートフォン「ｉＰｈｏｎｅ（アイフォーン）」の最大のサプライヤーでもあります。世界の各社が自前主義にこだわらなくなったからこそ、鴻海の躍進があるわけです。

自前主義からオープンソース企業へ――。しかし、実際にそうしたシフトをするのは、実はそう簡単ではありません。１９９９年に日産自動車と資本提携した仏ルノーから、最高執行責任者（ＣＯＯ、当時）として日産に送り込まれたカルロス・ゴーン氏が実施した改革の１つは、系列部品メーカーとの従来の取引にこだわらずにコストカットに徹した調達体制の構築でした。今でこそ、成功要因の１つとして挙げられることがありますが、当時は産業界から批判の声も聞こえました。

しかし、インターネット調達とグローバル化の進展で、オープンでない方法でビジネスを成功させるのはますます困難になっています。身内だけ、グループ企業内だけでビジネスを完結させていたのでは、コストアップを招き、結果的には事業を継続することが難しくなることが多いでしょう。

では、調達はオープンにという「戦略」を立てれば、それでいいかというと、ことはそれほど簡単ではありません。組織風土もオープンに変えていく必要があります。

【役員室のドアから提携話まで――真のオープン化とは】

その事例として、同書はデルタ航空を取り上げます。ここ50年近くにわたって、大きな嵐が吹き荒れてきた国際航空業界のなかで、2000年代半ばに経営危機に陥ったこともあるものの、米ノースウエスト航空など他社を買収する形で生き残っているデルタ航空の「オープンドア・ポリシー」は徹底しています。

同書は元社長の次のような言葉を紹介します。「本当に大切な問題なら、誰とでも会いましょう――そのための時間はいつでも作ります、というのが私たちの方針なのです。総務とか秘書を通して面会を求める必要はないのです。会長、社長、副社長を問わず、私たちは、会いにくる人々を選別する『中継ぎ人』は誰もつけていません」

いまでは、役員室のドアが閉まったままになっている会社は、むしろ少ないかもしれません。しかし、デルタ航空のように徹底してオープンにしている企業は珍しいのではないでしょうか。

ドアがいつも開いているという単純なオープンドア・ポリシーから、様々な提案、提携にオープンであるという、より本質的なオープンさまでの距離は、実はそれほど近くはありません。というのも、オープンにビジネスをするためには、新規をはじめ、あらゆる取引先と、さまざまな問題の発生に備えて、膨大な契約書を交わすという、一見オープンポリシーとは矛盾するような行為も必須になるからです。

日本では、契約書に違約に対する様々なペナルティーなどを盛り込むことは、相手を信用していないことの表明だと受け取る人がいるかもしれません。実際はその逆です。日本企業は、簡単なアグリーメント（合意）で済むように、すでに取引実績のある相手とビジネスをしたがる傾向がありますが、欧米、特に米国企業は、自らが必要とするものを最も安価に提供してくれる企業であれば、どこの国でも構わないという判断基準があります。

【断固としたコミュニケーション能力が必須】

米国の消費者もそれと同じで、彼らが設定した品質基準、安全性が担保されるなら、それがどこの国で生産されたかは、二の次、三の次と受け取る人が多いと感じます。グローバル化の根源は、実はここにあります。さらに、米国の貿易赤字の構造的原因もここにありますし、米アップルのようなオープンソース型企業の成功要因も同根だと考えます。

では、日本企業は、アップルのようになるべきなのでしょうか。ここに実は大きな難題があります。問題になるのは、技術力でも資金力でも、販売力でもありません。ひとことでいえば、コミュニケーション能力です。英語の問題ではありません。うまく相手と意思疎通する力でもありません。自ら求めるものを、期日通り、決めた品質とコストで提供させる、明確で断固としたコミュニケーションの力がないと、オープンソース方式の生産はマネージできないのです。

さらにいえば、何が必要なのかを明確に取引先に示し、中間でのコミュニケーションでも、明瞭さ、シンプルさが極めて重要になるのです。「長年の関係で、ウチが求めている品質は分かっているはずだ」といった思い込みは通じませんし、相手を混乱させる要因にもなります。これからさらに進むグローバル化において、コミュニケーションは、ものづくりの「中核」なのだという意識改革が必要になると思います。

『なぜ、わかっていても実行できないのか』

ジェフリー・フェファー、ロバート・サットン著

成果ではなく行動したことを評価

森下幸典
（PwC Japan 執行役常務）

なぜ、わかっていても実行できないのか——知識を行動に変えるマネジメント／
The Knowing—Doing Gap:How Smart Companies Turn Knowledge into Action　2000年
ジェフリー・フェファー（Jeffrey Pfeffer）、ロバート・I・サットン（Robert I. Sutton）著
邦訳:日本経済新聞出版社、2014年／長谷川喜一郎監訳・菅田絢子訳

1 本当に「使える知識」は行動から得られる

「マネジメントの多くが、何をなすべきか頭で分かっているのになかなか実行できない。なぜだろう？」

スタンフォード大学教授のジェフリー・フェファーらは、そんな疑問を解くためにプロジェクトを起こし、『なぜ、わかっていても実行できないのか』を執筆しました。2000年に『変われる会社、変われない会社』、05年に『実行力不全』として刊行された内容を、新たに改題、修正し1冊にしたものです。

ビジネス書があふれ、セミナーや研修も多く、知識を吸収するチャンスは豊富にあると言えるでしょう。しかし、それらが実際の行動につながり、経営に変化をもたらすケースは少ないのです。フェファーはこれを「知識と行動のギャップ」と定義しました。

数多くのケーススタディや実地調査を通じて、「本当に実行できる知識は、本を読んだり人に聞いたり、考えたりして学ぶよりも行動から得られる」という仮説を立てました。行動に移せないのは個人の資質の問題と考えがちですが、フェファーらはこれらをマネジメントのあり方の問題と考えました。

社内の知識やノウハウを共有するナレッジ（知識）マネジメントで解決できると考える向きもあるでしょう。イントラネットなどナレッジ収集の技術ばかりに注目する傾向も見られます。しかし、この方法では形式的で扱いやすい知識ばかり集まり、非公式で言葉では表現しにくく体系化もしにくい、「暗黙知」と呼ばれるものを蓄積することはできません。

ナレッジマネジメントは、それに関わる人々が現場の仕事を十分理解し、本当に必要な情報を選別してその伝達方法を考え、実践することが重要なのです。

さらに「自分の行動から学ぶこと」の重要性を強調しています。日本企業の得意な「カイゼン」は、複雑で目新しい技術やアイデアではなく、単純で日常的な改革を積み上げた、日々の実行力がもたらす成果なのです。

ケーススタディ 現場で役立つナレッジマネジメントとは？

サービス業A社のカスタマーサポート部門では、日々顧客の要望に適切に応え、タイムリーに情報を提供するために、ナレッジマネジメントを重要なものと考えています。その一方で、本当に現場で欲しい情報が、既存のナレッジマネジメントシステムでは手に入らない、という課題を抱えていました。

例えば、ナレッジマネジメントシステムに登録されている情報が古かったり、情報の詳細度がまちまちであったり、重要な情報が隔離されていてどこにあるのか分からない、といった問題が生じていました。そこでA社では、新たに「ナレッジセンター」という専門の部署を立ち上げ、ナレッジ収集のプロセスから、日々の情報のメンテナンス、情報提供のサポートといった一連の仕事を集中的に管理する取り組みに着手しました。

このナレッジセンターのメンバーは、日々顧客にじかに接している、カスタマーサポート部門を中心に選抜しました。ナレッジマネジメントというと、ウェブ等の技術的な側面にばかり着目しがちですが、情報を利用する側のメンバーを中心に据えることで、本当に必要な情報は何か、それをどのように手に入れたいか、というニーズをはっきりと伝えることができます。

このような活動に対しては、成果を測定するための明確な指標を設けることが重要です。例えば、ナレッジへのアクセス時間が短縮された、顧客満足度が向上した、あるいは新入社員の育成にかかる期間が短縮された、等です。これらの指標は会社として短期的に判断するものではなく、中長期的な視点から重視すべきものであるため、マネジメントのサポートが必須のものとなります。

また、ナレッジマネジメントは社内の組織の枠組みを超えた、クロスファンクショナルな活動になるため、継続的なリソースと予算面の支援を得るためにも、マネジメントのサポートは重要です。さらに、ナレッジを提供してくれた現場のメンバーに対する貢献度の評価も、忘れてはなりません

［　情報には「鮮度」がある――生きたナレッジを蓄積　］

プロジェクトチームの体制が整ったところで、ナレッジセンターのメンバーは、まず「情報のソース」に着目しました。ＣＲＭシステム、コンテンツ管理システム、イントラネット、電子メール、ソーシャルメディアや外部ウェブサイトでの評判など、ナレッジは様々なソースに存在しています。１つのナレッジデータベースに全てを集めようとするのは現実的に不可能であることを理解した上で、どのソースに主軸を置いて情報収集を行っているかの方針を定めることが重要です。

また、情報には鮮度があります。いたずらに過去のナレッジを蓄積しておいても役に立たなかった、というケースは少なくありません。情報のライフサイクルを考え、常に新しい情報を管理していくプロセスを確立することが大切で、ある仕事が全て完結してから結果をまとめるのでは既に遅い場合があります。仕事の進行過程におけるライブな情報を共有することにより、

生きたナレッジが活用されるのです。

ユーザーは、「ナレッジマネジメントシステムに欲しい情報がない」という経験をすると、二度とそれを使わなくなります。広く何でも情報を集めるのではなく、現場で必要とされる詳細度を持ったナレッジを選別して蓄積することが必要です。

A社ではナレッジマネジメントを、完成することのない、継続的な取り組みとして位置づけました。現場での「実行」につながる情報を追究して、今後もナレッジセンターとユーザーの相互フィードバックが続いていくでしょう。

2 計画だけで未来はやってこない――「実現」こそリーダーの使命

「計画だけで未来はやってこないのだ」と、著者フェファーらは断言します。何か行動を起こすために議論し、計画を練り、データを収集し分析する、といった作業は必要です。組織はそうしたことをするために存在するとも言えます。

しかし、フェファーらは「多くの組織が話し合っただけで行動した気になってしまう」と指摘します。問題点を綿密に話し合い、対策について全員が賛成するまで徹底的に議論を重ねるうち、問題が解決したような錯覚に陥るケースは少なくありません。意思決定した内容が実現したかどうかを確かめるメカニズムが欠けているのです。

進捗状況や成果を確認するプロセスにも注意が必要です。会議やリポート作成のための時間ばかりが増え、Eメールを読むので精いっぱい、というのでは肝心の作業が進みません。

特にマネジメントの間では、気の利いた発言や、発言の多さばかりが評価されがちなことも指摘しています。声の大きい発言はその場で認められるが、行動した結果が評価されるには時間がかかるからです。難解な専門用語でステータスを誇示したり、批判的な発言をしたりすることで相手より優位に立とうとする、という人もいるでしょう。

意思決定を現場の行動に確実につなげるため、「知識もあり、仕事もするリーダー」の存在が必要だと、フェファーらは主張しています。リーダーが伝える原理原則は単純明快な方が良く、組織が大きくなるほど、その方が末端まで確実に伝わり、実践可能なものとなります。

過去のやり方にこだわると、積極的な行動ができません。人も組織も、成功体験を重ねると満足して学習意欲を失いがちですが、将来の行動を過去に照らして判断していたのでは、革新的な製品やサービスは生まれません。前例を乗り越える勇気を持つこと、組織がそれを許容する雰囲気を持つことが重要なのです。

ケーススタディ

「現場力」をとことん生かすために

同じ業務を繰り返し行う中で習熟度を高めていくルーチンワークと異なり、特定の目的を達成するために1度きりのものとして行われるプロジェクト形式の仕事の場合、指揮を執るプロジェクトマネジャーの力量が、プロジェクトの成否にとって極めて重要な要素であることは間違いありません。

しかしながら、経験豊富なプロジェクトマネジャーさえいれば、プロジェクトは必ず成功すると言えるでしょうか？　ここでは、大きなプロジェクトが困難な状況に陥ってしまったA社の例を分析します。

製造業A社は、工場の生産管理システムの刷新に取り組んでいました。現在のシステムは20年以上前に構築されたもので、海外からの輸入部品の増加や、半完成品を輸出して海外で完成させる、といったようなグローバル化への対応が遅れていました。そこでA社では、経営環境の変化に対応するための新しい情報システムの構築を決め、プロジェクトチームを立ち上げました。

プロジェクトチームはまず、どのような範囲でシステムの刷新を図るか（スコープ）を定義し、そこから得られる効果はどのようなものか、それを実現できるツールは何か、ということを検討しました。そして、必要な費用と人員の見積もりを行い、プロジェクト計画を策定しました。

しかし、プロジェクトが実行段階に入って1年程経過した頃、大きな問題が発生しました。それまでのプロジェクトの成果物を主要な関係者でレビューしたところ、作業が遅れて仕上がっていないところがあったり、アウトプットのレベルがばらばらであったり、技術的に実現不可能なことが発覚したり、といった様々な課題が明らかになりました。プロジェクトでは定期的に進捗会議を行い、各チームで進捗報告レポートを作成していましたが、そういった問題点を見いだすことができなかったのです。

【キーマンは誰だ？——現場の士気を高めるために】

プロジェクトマネジャーは、現場との対話を増やして、できるだけ詳細に問題点を把握しようと躍起になりましたが、思いとは裏腹に、プロジェクトの状態が悪くなると、これまで静観していた上層部への説明や会議が増加したり、プロジェクト計画の見直しに時間を取られたりするため、プロジェクトマネジャーはさらに管理業務に忙殺されることになります。

すると、作り直した計画も現場の事情を十分汲み取ったものにはならないため、マネジメントの思惑通りには実行されない、という事態に陥ります。現場の士気は下がり、「笛吹けど踊らず」という状態になってしまいました。

このような状態のなか、A社はプロジェクトの全ての作業を一旦止める、という決断をしました。現場のキーマンを作業から離し、プロジェクトマネジャーと一緒に、何が本当の問題なのか、それを解決するためにはどのようなリソースとどのくらいの時間が必要なのか、現場の視点を入れながら再計画の作業を一緒に行うことにしたのです。こうすることによってようやく、現場の納得感も得られ、実行可能なプロジェクト計画が出来上がりました。

本質的にプロジェクトの成否を握っているのは、現場のキーマンだと言えます。そういった人たちが正しくプロジェクトの目的を理解し、モチベーションを持ってプロジェクトを推進すること、そういうことのできる環境をプロジェクトマネジャーがつくりあげることが重要だと言えます。

3 怖い上司の下で働きたいですか――業績評価の落とし穴

人は怠けるから成果を出すためにはプレッシャーを与えて緊張感を持たせる必要がある、と考え恐怖政治をよしとする組織があります。フェファーらはそれを否定しており、「怖い上司ほどスゴ腕だと信じている人は少なくないが、そのような上司の下で働きたいという人に会ったことはない」と述べています。

新しいことにチャレンジするには、組織に信頼関係と安心感があることが必要です。すぐに職を失ったり、自尊心が傷つけられたりする恐れがある環境では、前例に従い身の安全を図りたくなるものです。上司を恐れて問題を隠してしまうような事態は本末転倒です。逆に悪い知らせを早く伝えた人こそ、ほめられるべきです。

フェファーらは「行動して成功しなかったことではなく、行動しなかったことを罰すべき」と主張します。そのような組織になるには、リーダーが率先して自分の失敗を語ること、特に、失敗から学んだ経験を共有することが重要です。

評価指標は重要事項に絞った単純なものが良く、誰もが努力すれば良い評価が得られるように、公平でなければなりません。企業活動は相互に依存しており、個人の業績や貢献度を測るのは難しいのです。プロセスや結果に至る行動を評価し、それらが企業文化や戦略に合っているかを俯瞰《ふかん》して見ることが大切です。

過度な社内競争が妨げになる場合もあります。良い仕事をすることと、他人を打ち負かすことは別です。一握りの勝者以外全て敗者になると自尊心も組織への忠誠心も失われ、転職に伴う知識の流出やコストも負担となります。人と協力して仕事をする能力と意欲のある人を採用し定着させる、同僚たちの成功があって初めて個人の成功と言える、という文化を培うことが重要です。

それにはリーダー自身が共同で仕事をしたり、助け合ったりして手本を示すことが必要です。

ケーススタディ

万能ではないバランスト・スコアカード

企業の業績評価手法の1つとしてバランスト・スコアカードがありますが、これは、「過去の視点(財務)だけでなく、将来の視点(非財務)も取り入れている点で優れている」とフェファーらは述べています。定量的な財務データだけでなく、顧客、業務プロセス、学習と成長といった定性的な要素も加味しているため、多角的な視点からバランスの取れた業績評価を行うために役立つ手法である、と言えるでしょう。

小売業A社では、少子高齢化などによる市場全体の縮小に伴い、自社の売り上げが中長期的に落ち込むのではないか、という漠然とした不安を抱いていました。そこで、まず企業の目指すべき姿、すなわちビジョンと戦略を見直し、5年後、10年後の目標売り上げ規模や市場でのポジション、顧客に対してどのような新しい価値を提供するか等を具体的に定義しました。

そして、それを実現するために重要な成功要因は何か分析し、それらをバランスト・スコアカードの手法を使って業績評価指標に反映させることにしました。さらに、これらの指標に基づいたアクションプランを現場の業務に反映させることによって、各従業員の日々の業務がどのように目標達成に影響するのか、可視化することができるようになると期待しました。

一方、フェファーらは、「バランスト・スコアカードは複雑すぎて失敗例が多い」と警告しています。A社では、バランスト・スコアカードの基本となる、財務、顧客、業務プロセス、学習と成長、といった4つの視点についてそれぞれ、売上高や利益率、顧客満足度、マーケットシェア、従業員満足度、研修実績などの具体的な評価項目を定義しました。しかし、4つの視点それぞれに10項目ずつ指標が定義されたとすると、全体で40項目にもなります。

【評価指標に支配されてはならない】

すると、例えば新規の大きな受注を獲得した社員に対して、業績賞与のような形で報いたいと思っても、他の評価指標が標準的な結果であれば、全体のスコアカードで高得点を出すことは難しくなり、マネジメントのやりたいことができず、社員の期待にも応えられないという結果になってしまいました。

この点は、特に管理職の評価において顕著に表れました。リーダーシップや部下の育成といった定性的な要素を客観的に定義することは簡単でなく、逆に、そのために数量的な項目を無理に当てはめようとすれば本質を見失いかねない、という結果になります。

数字で判断しやすい財務の指標についても、そもそも単年度の結果だけで判断するのは危険です。事業の成果は、何年もかけて投資や営業活動等を行ってきた結果として表れるものだからです。

A社で、この事態の改善に大きく貢献したのは、ミドルマネジメントでした。トップのビジョンを正しく理解し、それを実行するために何が必要か、現場の社員が納得するまで話し合いを行いました。また、部門を超えて組織横断的にコミュニケーションを取る機会も増えました。その結果、評価指標も徐々にこなれたものになりました。

どんな評価システムでも、大事な要素を全て網羅することは難しく、フェファーらは、「評価は行動のガイドラインにとどめるほうがよい」と主張しています。評価指標に支配されてしまって、人が知識を身につけようと行動することや、それを実行する意欲が失われてはならないのです。

4

成功したければまず行動せよ――経験こそ最高の「師」

現代の我々にとって効率的に情報を集めて伝達する作業自体は、難しくありません。知識の量で差別化を図ることは難しく、知識をいかにうまく行動に変えられるかが重要です。

知識と行動のギャップは様々な要因で発生するので、相互関係を理解することが必要であり、フェファーらはそのために重視すべきポイントを挙げています。

大切なのは行動するためのテクニックばかり求めず、背景にある考え方を正しく理解することです。「どうやって？」より、まず「なぜ？」と自らに問いかける姿勢が重要です。そして、知識は集めるだけではなく、自ら行動することや人に教えることで身に付く、という点です。

十分な計画ができていなくても、まず行動を起こして様々な経験をしながら修正した方が良いのです。行動すれば間違いも起きますが、これを寛容に受け入れ、人材教育の機会と捉えることが企業にとって重要です。

叱責ばかりしていては、人は失敗を恐れて行動しなくなります。組織に恐怖心を植え付けるのも、解放するのもトップの行動次第です。現実的に組織には階層が存在しますが、むやみに権力の差を見せつけない配慮が、恐怖心からの解放につながります。

フェファーらは「個人として社内の競争に勝利することと、組織ぐるみで市場の戦いに勝つことを混同してはならない」と強調しています。企業活動の場合、個人の努力だけではなく、チームで努力して顧客満足を獲得するため、同僚を打ち負かすという行為は無用なのです。

最後に評価項目は可能な限りシンプルにすべきです。過去の実績を細かく分析し評価するより何故そうなったのか、これから何をするかを考えることに時間を使うべきです。そして、原因が分かったらすぐに行動すること。「経験は、いつでも最良の師」なのです。

ケーススタディ

「実行型」の人材を育てるには？

人材派遣業A社では、近年、複数の買収に成功し事業を拡大させてきました。その一方で、社内の管理業務、すなわち経理、人事、総務などのバックオフィス業務の統合に大変な負担がかかっていました。

A社の管理部門は国内3つの拠点に分かれていますが、合併前はそれぞれ別々の会社に属する形で存在しており、請求、支払、与信管理、給与計算などの業務が、各拠点で合併前のやり方のまま、ばらばらに行われていました。さらに、現場では毎日発生する様々なトラブルの対応に追われており、冷静に問題点を分析したり、解決策を話し合ったりする余裕がありません。

そこでA社では、この問題を解決すべくプロジェクトチームを編成しました。このプロジェクトでは、現場にとって受け入れやすい形で変化を起こすことを重視し、業務プロセスを根本的に再構築するのではなく、現在の仕事のやり方を最大限尊重しながら改善するアプローチを試みました。外部の人間から突然仕事のやり方を否定されては、現場の社員は素直に耳を傾けることができず、変革を起こすまでに時間がかかってしまうからです。

「プロジェクトチームはまず、シンプルな必要最低限の「業務標準」と「確認手順」を作成し、全ての部署に徹底しました。それに加えて、経営ビジョン、評価方法、問題解決の方法、スキル向上策などを、現場に共有しました。そして、各社員の役割が明確になった段階で、先輩社員あるいは上司によるコーチングを毎日実施しました。

以前は、部署ごとに月に1回会議を開いて状況の確認を行っていましたが、形式的なものになってしまい、具体的な効果はありませんでした。今回の取り組みでは、毎朝15分のミーティングを全員で行い、問題があればすぐにその場で修正し行動に移すようにしました。これによって、各社員がその日なすべきことを正しく理解できるようになりました。

【 会社を成功に導く社員一人ひとりの改革 】

そして、社員それぞれの課題意識、問題解決意欲が向上し、現場からの自発的な業務改善活動につながる、という効果が表れました。もちろん、現場には抵抗勢力も存在しましたが、そういう人たちこそ積極的にプロジェクトに巻き込み中心に据えることによって、最後には積極的な推進者になりました。

また、IT（情報技術）の刷新をあえて待たなかったこともポイントとして挙げられます。ITによって解決できることはたくさんあるのですが、新しいシステムの構築にはどうしても時間がかかります。システムが完成するのを待つよりも、完全な姿ではなくても、できるところから改革に着手するスピード感を重視し、目に見える成果を重ねていきました。

これらの取り組みにより、A社では、最初の8週間で15％の業務効率向上を実現しました。さらには、アウトプットの品質や正確性も向上していました。もちろん、A社が目指したのは、1度きりの改善活動ではなく、企業文化として継続的に浸透させることです。このために、現場にチェンジマネジメントチームを常設してモニタリングを行っています。また、業績評価指標に、「価値を生み出した時間」という項目を設け、成果を重視した仕事のやり方を促進しています。

Ａ社の成功は、極端な業務プロセスの変更やＩＴに依存した効率化ではなく、社員一人ひとりの意識と行動の変革によってもたらされたものです。このことが、組織全体のパフォーマンス向上の原動力となりました。

『チーズはどこへ消えた?』

スペンサー・ジョンソン著

変化を受け入れ、いち早く動く

森健太郎

(ボストンコンサルティンググループ シニア・アドバイザー)

チーズはどこへ消えた?/Who Moved My Cheese?
:An Amazing Way to Deal with Change in Your Work and in Your Life 1998年
スペンサー・ジョンソン(Spencer Johnson)著
邦訳:扶桑社、2000年/門田美鈴訳

1　危機からの脱出――まずは変化を受け入れよ

『チーズはどこへ消えた？』（原題 *Who Moved My Cheese?*）は、世界で２８００万部販売されたベストセラーです。書店で変わったタイトルに目を引かれた読者も多いことでしょう。「ビジネス寓話《ぐうわ》」の代表作ですが、その独特な形式もあって好き嫌いが分かれるところです。

著者のスペンサー・ジョンソンは心理学者で、『１分間マネジャー』（１９８２年）の共著者としても知られています。

昔、あるところに2匹のネズミと2人の小人が住んでいました。彼らは毎日、巨大な迷路でチーズを探し回っていました。チーズは企業や人生における成功や幸せ、迷路は企業や人生を取り巻く環境の象徴です。

彼らは毎朝早起きして、ランニングシューズを履いて、勤勉にチーズを探します。ネズミはシンプルながら、抜群のフットワークを生かしたトライ・アンド・エラーのアプローチで、対する小人は持ち前の頭脳を生かした知性と分析力で挑みます。

ある日、ネズミと小人はそれぞれ独自のやり方で、C区画に大量のチーズを見つけます。これまでに見たことのない大量のチーズでした。

それから毎日、ネズミと小人はC区画に通ってはチーズを満喫します。大量のチーズに囲まれ、夢のような生活でした。それは永遠に続くようにさえ思われました。

ところがその大量のチーズがある日突然消えてしまうのです。突然の「変化」にネズミと小人はどう対応するのでしょうか。ネズミが「チーズはなくなってしまったのだから、早く次の場所を探そう!」と走り出すのに対して、知性が高いはずの小人の方は事実を直視できず、C区画にしがみついてしまうのです。

小人が（私たち個々人や企業が）、なぜ変化を素直に受け入れないのか、最終的にどのように変化に対応していくのか。ネズミと小人の物語を追いながら、考察したいと思います。

ケーススタディ

たった1分間でできる3つのこと

『チーズはどこへ消えた?』の中身については次節からじっくり読み進めていくとして、その前に同書に関連するビジネス寓話を2冊ほどご紹介したいと思います。

まずは、ジョンソンの著作からもう1冊。『1分間マネジャー』（原題 *One Minute Manager*）は、世界中で1300万部の販売を誇るベストセラーです。世の中のマネジャーは得てして

「結果は出すが、部下がついてこない」タイプか、「部下には優しいが、結果が出ない」タイプかのどちらかに分かれます。そんな中で「結果も出し、部下もついてくる」究極のマネジャーを探し求める若き青年の前に突如現れたのが、その名も「1分間マネジャー（One Minute Manager）」でした。

その秘訣は、意外にも「たった1分間」でできる、次の3つのことを実践するという、極めてシンプルなものでした。

①1分間目標設定（One Minute Goals）
②1分間称賛法（One Minute Praisings）
③1分間叱責法（One Minute Reprimands）

シンプルさゆえにいろいろと批判も多いようですが、あえてたった3つに絞り込んだ潔さが、本書の魅力と言えましょう。あれもこれも実践するのは難しいですから。恥ずかしながら、これらすら実践できていない私にとっては、いずれも耳が痛い身にしみる内容です。

【部下は目標をわかっていない】

1分間目標設定は、自分の部下が達成すべき目標（ゴール）を、250語（1分間で読めるくらいの分量）以内に簡潔に記して、部下と共有するというものです。部下というものは意外と、最終的に何を達成すればよいのかよくわからないまま、言われた作業をとりあえずやっていることが多いもの。「20対80のルール」に従って、8割の成果を生み出す2割の重要な目標に絞って設定することが重要です。

1分間称賛法は、まず、部下をほめること。部下を持っていらっしゃる方、「今日、部下をほめましたか」。私も日々反省です。部下の正しい行動に対して、時間をおかずに、具体的にほめるのがポイント。特に部下が新たなプロジェクトに取り組み始めた時や、新しく異動してきた時などは、新しいチャレンジを前に不安な気持ちでいっぱいです。そんな時こそ、普段よりも注意深く部下を観察し、よい点をほめてあげましょう。

1分間叱責法も直ちに、具体的に伝えることがポイントです。その際、あくまでも、今後改めるべき部下の具体的な行動に言及するのであって、部下の人格や性格を否定しないこと。最後は、部下に期待しているということを伝えて、「これで、おしまい！」とする。

シンプルだけど難しい、いや、シンプルで本質を突いているからこそ難しいのでしょうね。

2冊目は『カモメになったペンギン』（原題 *Our Iceberg is Melting*）です。ペンギンたちのイラストがかわいくて、思わず手にしてしまいました。リクルート出身で、東京都杉並区立和田中学校の校長も務められた藤原和博さんが、翻訳を手掛けられています。

『チーズはどこへ消えた？』がどちらかというと「個々人」の変革に焦点を当てた物語なのに対して、『カモメになったペンギン』では「組織」の変革がテーマです。ハーバードビジネススクールのジョン・コッター教授の著書『企業変革力』（原題 *Leading Change*）がベースとなっています。

さて、物語は原題「Our Iceberg is Melting」（氷山が溶けちゃうよ）からご想像頂ける通り、長年住んでいた氷山が溶けてしまうという未曽有の危機に、ペンギンたちがどう立ち向かい、乗り越えたかというお話です。

好奇心と優れた観察力で誰よりも早く予兆に気づく若者フレッド、保守的なリーダーペンギンの中でいち早く理解者となるアリス、持ち前の大局観と調整力で変革の環境を整える党首ペンギンのルイス、誠実さと誰からも好かれる人柄でペンギンたちの不安を和らげるバディ……。そして、幼稚園に通う幼いひな鳥までが、コロニーの役に立ちたい！と親鳥を巻き込んでいく……。

人間味（ペンギン味？）あふれるストーリーは、感動すら覚えます。物語のあらすじはここでは控えますが、物語はコッターの定義する「8段階の変革プロセス」に沿って進みます。

①危機意識を高める
②推進チームをつくる
③ビジョンと戦略を立てる
④ビジョンを周知する
⑤メンバーが行動しやすい環境を整える
⑥短期的な成果を生む
⑦さらなる変革を進める
⑧新しいやり方を文化として根づかせる

コッターによると、組織を変革しようとする時に、⑤～⑦のみを実践しようとしがちだが、実は①～④の初期段階が極めて重要ということです。

企業変革、組織変革に興味がある方には、お薦めの1冊です。

2

成功の代償——安住したら「衰退の倍返し」

大量にあったチーズが、ある日突然消えてしまいます。新しいチーズを探しに走り出すネズミを横目に、知性が高い小人は事実を受け入れることができず、現状にしがみついてしまうのです。

大量のチーズを見つけた直後から、その予兆は現れていました。ネズミは大量のチーズを見つけた後も、それまでの生活と何ら変わることなく、毎朝勤勉に早起きして走ってC区画に通い、その日その日のチーズを楽しんでいました。

小人たちは寝坊癖がついて、ゆっくり歩いての重役出勤。チーズは毎日そこにあって当然。だって、私が努力して勝ち取った「私のチーズ」なんだから。C区画のそばに引っ越し安住します。チーズが消えたその日、小人は現実を受け入れられないばかりか、「オレのチーズを盗ったのは誰だ?」と憤りをあらわにします。新たな現実（変化）にどう対処すべきかという理性より、受け入れたくないという感情が小人を支配します。結局その日は「こんなはずはない。明日になったら戻っているに違いない」と家に帰ります。要は先送りです。

翌日以降も消えたチーズは現れません。それでも小人は「新たなチーズを探しに迷路に飛び出していって、見つからなかったらどうするのか」と、失敗するリスクを理由にチーズ探しに踏み切れません。「バカなネズミと違って、我々なら必ず現状を打開できる」とC区画にしがみつきます。

しまいには、「壁の中にチーズが隠されているに違いない」と、一発逆転を狙った根拠のない起死回生策を打ち出し、毎日朝から晩まで壁を削り続けます。そして、痩せ細っていきます。滑稽に見えますが、個人も企業も一度成功を収めてそこに安住してしまうと、変化を受け入れるのが難しくなるものです。成功すればするほど、その残像にしがみつく自分自身を正当化しようとするのが、人間という生き物なのでしょう。

ケーススタディ

傲慢の症例――「見たいものしか見えなくなる」

「現実を直視せず、変化を受け入れない」小人の様子は、一見滑稽に見えますが、変化に直面した企業や個人の多くが経験する典型的な反応とも言えましょう。読者の皆さんの周りでも、心当たりがあるのではないでしょうか。

その際にやっかいなのが、「大きな成功を収めれば収めるほど（手に入れたチーズが大量であればあるほど)、その後の変化に対応することが難しくなる」という点です。
「失敗は成功のもと」と言いますが、「成功は失敗のもと」「成功は衰退の始まり」といったことも言えるのではないでしょうか。
ジェームズ・コリンズは著書『ビジョナリーカンパニー③ 衰退の五段階』(原題 *How the Mighty Fall*)で、偉大な企業が衰退に向かうきっかけは「成功から生まれる傲慢」だと論じています。コリンズによると、偉大な企業が衰退する時、次の5つの段階をたどるそうです。

第1段階　成功から生まれる傲慢
第2段階　規律なき拡大路線
第3段階　リスクと問題の否認
第4段階　一発逆転策の追求
第5段階　屈服と凡庸な企業への転落か消滅

第1段階の「成功から生まれる傲慢」について、コリンズは、こう語ります。以下はその引用です。

偉大な企業は成功のために現実の厳しさから隔離されうる。勢いがついているので、経営者がまずい決定を下すか、規律を失っても、企業はしばらく前進できる。第1段階がはじま

るのは、人々が高慢になり、成功を続けるのは自分たちの当然の権利であるかのように考えるようになり、当初に成功をもたらしてきた真の基礎的要因を見失ったときである。

（中略）

成功したときは運と偶然が関与した場合が多いが、運が良かった可能性を認識せず、自分たちの長所と能力を過大評価する人は、傲慢に陥っているのである。

（中略）

世界一になれない分野への規律なき進出という傲慢さ。

卓越性を維持しながら達成できる以上の成長を追求するという形の傲慢さ。

矛盾しあったデータやみずからの誤りを示す事実を無視して大胆で高リスクの決定を行うという形の傲慢さ。

外部からの脅威や内部の堕落のために企業が危険な状態になりうる可能性すら否定するという形の傲慢さ。

そして、とりわけ危険な形の傲慢さとして、傲慢な無視にぶつかる。

まさに小人の物語そのものですね。

それゆえに、優れた企業は、いかに成功と現状に満足し安住しないか、いかにして常に変化し続けるか、ということを経営と組織風土の中核に据えているのでしょう。

［ 果物も人間も「熟した途端に腐りだす」 ］

私が好きな格言を3つほどご紹介します。

「停滞は、後退と同意語。現状維持は停滞であり、停滞は衰退につながる」

「成長が止まって、毎日同じことを繰り返すようになると、官僚化が進む。新しいことに挑戦しているときは、あまりそうならない。トヨタはさまざまな挑戦をしているが、それでも官僚化には気をつけている」（発言は当時の社長の張富士夫氏。若松義人著『トヨタの上司は現場で何を伝えているか』より抜粋）

またイオンの岡田卓也名誉会長は著書『岡田卓也の十章』の中で、こう語っています。

「岡田屋には『大黒柱に車をつけよ』という家訓がある。これは『立地の変化に対応せよ』という意味である。同時にこの言葉は『環境変化に対して、企業自体を変革させよ』と教えている。絶えず変革していかなければ企業は永続しない、ということだ」

岡田屋はジャスコ（社名の由来はJapan United Stores Companyの頭文字）を経て、1989年にラテン語で「永遠」を意味する「イオン」へと社名変更しますが、絶え間ない変革を家訓とする企業がなぜ「永遠」を社名に選んだのか……。「変化こそ普遍」「永遠とは、絶え間ない変革である」という強い決意からでしょう。

マクドナルドを世界的なチェーンに育て上げたレイ・クロックの言葉も、個人的に好きな言葉の1つです。『成功はゴミ箱の中に』という本をお読みになった読者も多いかと思います。黄色の表紙の本で、帯でファーストリテイリングの柳井正社長とソフトバンクの孫正義社長が並んで、「これが僕たちの人生のバイブル！」とうたっていました。

As long as you are green, you are growing. As soon as you are ripe, you start to rot.

(青いうちは成長し続ける。熟した途端に腐りだす)

読者の皆さん、小さな成功に安住して、守りに入っていませんか？

3 「万策尽きた」はウソ——考え込むより行動を

何日待っても、消えたチーズは戻って来ません。その間、小人のホーとヘムは一段と痩せ細ってきました。

「チーズはもう戻って来ない」。ある日、ホーは自分の愚かさを悟ります。「状況は変わった。

自分も変わらないと、死滅への道をたどる」

「一緒にここで待とうよ」と追いすがるヘムを尻目に、ホーは慣れ親しんだC区画に別れを告げて新たなチーズを探しに迷路へと旅立ちます。正直それほど気が進むわけでもなく、恐怖と不安でいっぱいでしたが、ホーは自分の運命と行動が惰性と恐怖心によって支配されてきたことに気づくのです。「恐れを知らなかったら、自分は何をするだろうか」と自らを奮い立たせます。

ホーが勇気を振り絞って飛び込んでみると、迷路でのチーズ探しは思ったほど悪くありません。最初は見知らぬ一角で恐怖心に押しつぶされそうになることもありますが、走り続けるうちに少しずつ気分も晴れやかになっていきました。将来チーズを手に入れた時の楽しい世界を思い浮かべると、チーズ探しが楽しくなってきます。

「着手半分」といいます。なかなか行動に踏み切れないことが多いなか、「実際に着手したら、仕事は半分終わったも同然」というのは、読者の皆さんも経験があるのではないでしょうか。

チャールズ・デュヒッグは著書『習慣の力』の中で、示唆に富んだことを述べています。自分（や企業）を変えたい時、一度に変えるのは難しい。ただ、これを変えるとそれが引き金となり他の様々な変革につながる「鍵となる習慣」が存在する。

多くの人にとって、それは体を動かすことなのだそうです。「運動を始めるとその影響が他の部分にも広がる。ストレスが減り、同僚や家族に対して寛容になり、仕事の生産性が上がり、

「喫煙量が減る」というのです。
難しく考えずに、何かに着手してみてはいかがでしょう。

ケーススタディ

「決意を新たにする」だけでは意味がない

大前研一さんが、以前こんなことをおっしゃっていて、印象に残っています。人間が変わる方法は3つしかない。1つ目は時間配分を変える、2つ目は住む場所を変える、3つ目は付き合う人を変える、この3要素でしか人間は変わらない。

もっとも無意味なのは、「決意を新たにする」ことだ。かつて決意して何か変わっただろうか。行動を具体的に変えない限り、決意だけでは何も変わらない。

さすが大前さん、面白いことを言いますね。実際に引っ越すかどうかは別にしても、「決意」だけでは人間は変わらないというのは、本当にその通りだなぁとつくづく思います。

「決意したり」自らの課題を「意識したり」するだけではなかなか変わることができないというのは、コンサルタントも同じです。したがって若手コンサルタントを指導する時は、「環境」や「行動」をどう変えてあげるかを工夫します。具体的な例をいくつかご紹介しましょう。

①言われたことしかできない部下には、担当を思い切って絞る

言われたことしかできない部下に対して、「もっとこういうことも考えてみたらどうか」「あれもトライしてみたらどうか」とさらに期待しても、あまり効果はありません。

このような時は、まずはいったん担当を思い切って絞ります。その上で、自分で行動計画を立てて、自分で作業をして、自分でまとめる経験をさせます。そして、ある程度主体的に動けるようになってきたら、任せる範囲を徐々に広げていきます。

そもそもどのくらいの量の仕事を部下に頼むのかを判断する際に、私はプロジェクトマネジャー時代、「3倍ルール」というものを使っていました。「自分がやるとしたら何時間（あるいは何日）かかるかな」と、必要な工数（時間）を読みます。その3倍の余裕を見て部下に頼みます。

2倍だとギリギリで、頼んだこと以上のものは出てきません。少し余裕を持って3倍の時間を与えると、頼んだことを超えた創意工夫が出る余地ができます。1倍（自分と同じ時間）でできる人は、定義により存在しません。そのような人は、既に自分と同じポジションに昇格しているからです。

資料に埋もれず、「なぜ」を突き詰める

②分析や思考が浅い部下には、「なぜを1回」を習慣づける

トヨタ自動車では「なぜ」を5回繰り返すといいますが、「なぜなんだろう」ともう一段掘り進めてみることが、分析や思考を深める基本です。

具体的には、何かを聞いたら、必ず「1回分解してみる」ことです。例えば、ある事業の売り上げが減少したとしたら、次のような問いについて考えていくのです。

市場が縮小したのか、あるいは、自社の市場シェアが下がったのか

販売数量が減ったのか、あるいは、単価が下落したのか

全国まんべんなく減少したのか、あるいは、ある特定の地域で大きく減少したのか

すべての商品の売り上げがまんべんなく減少したのか、あるいは、ある特定の商品の売り上げが大きく落ち込んだのか

部下との会話のなかで、こちらからそのような質問をすることで、習慣づけていきます。

③まとめるのが苦手な人は、公園に行ってみる

不思議なもので、おもしろい情報を集めるのが得意な人ほど、まとめるのが苦手だったりします。情報収集を経て、いざ「さあ、まとめよう」とパソコンの前に座ると、ついつい「足りない情報」が気になってしまい、グーグル検索を繰り返しては時間切れになってしまったりします。私も駆け出しコンサルタントの頃は、そうでした。

ある先輩からアドバイスをもらって、週末にノートとペンだけを持って（パソコンや携帯は自宅に置いて）、近くの公園へ行ってみました。ベンチに座ってまとめを書こうとすると、いろいろと足りない情報が気になって調べたくなります。でも、公園では調べられません。

しかたがないので、今の時点でわかっている情報をベースに、現時点でのベストのまとめ（案）を書こうともがきます。初めはものすごく不自由で心地悪いですが、不思議なもので、繰り返しているうちに慣れてくるものです。そのうち、机の上でパソコンを開いたままでもできるようになります（平日だと公園は難しいかもしれませんが……。ぜひ試してみてください）。

【下手すれば、パワポは「木を見て森を見ず」に】

④パワポ資料には、必ずまとめの1枚を

パワーポイントのプレゼンテーション資料は、うまい人が作成して説明すると「紙芝居」のように、非常にわかりやすく効果的です。

一方で、気をつけないと各ページの細部の作成に埋没してしまい、「資料全体を通して何を言いたいのか（全体のストーリー）」が、かえってわかりにくくなってしまうものです。きれいなスライドが何枚も並んでいて一見もっともらしく見えるけど、要は何が言いたいのかがよくわからない。

若手コンサルタントが20枚のパワポ資料を作ってきて私に説明しようとする時によくやるのが、資料はいったん横に置いて、「要は何を言いたいのか、資料を使わずに口頭で2、3分で説明させる」という訓練です。口頭での説明がわかりやすい時は、たいていの場合、資料もわかりやすく組み立てられています。そして、逆もまたしかりです。

さらに習慣づけるために、パワポ資料には、極力まとめの1枚を箇条書きの文章で書くことを課しています。一見簡単なようですが実は難しく、「まとめスライドが書けるようになったら、コンサルタントとして一人前（プロジェクトマネジャー昇進も近い）」と昔からよく言われたものです。

⑤自信がない部下には、成功体験をお膳立てしてあげる

これは、本人の努力だけではなかなか乗り越えられません。まず、こちらが本人のいいとこ

ろや強みを見いだして、ほめてあげることが重要です。

加えて、自信を得るために不可欠なのが成功体験です。ただ、自信がない人は力が足りない場合が多いので、なかなか1人では成功できません。したがって、成功体験を「お膳立て」してあげる必要があります。具体的には、例えば週末に出社して一緒に分析を仕上げてあげたり、手取り足取り一緒にプレゼンテーション資料を作ってあげたりします。

そうやって仕上げた分析やプレゼンがクライアントに評価していただけると、誰でもうれしいものです。もちろん本人は、自分ひとりの力で成し遂げたわけではないとわかっています。ただ、それでも、うまく行ったことはうれしいもので、自信につながります。そのうち、小さな成功が小さな自信を生み、それがまた次なる成功を生むという好循環につながっていきます。

以上、1つか2つでも、ご参考になるものがあれば幸いです。

4 上達のワナ——見慣れた景色に埋もれた真実

小人のホーは、あれだけ怖かった迷路でのチーズ探しが、楽しみになってきました。運命を自らの行動で切り開こうとする前向きな姿勢が、ホーを生き生きとさせます。

ある日、ホーはこれまで見たことのない大量のチーズを見つけます。そこでは2匹のネズミが手を振っています。彼らはいち早くチーズ探しに出掛けていました。立派なチーズ腹を見るに、随分前からいるのでしょう。

ホーは、チーズを堪能しながら振り返ります。C区画のチーズは今から思うと、毎日少しずつ減っていた。もう少し注意深くチーズの変化を日々観察していたら、「突然消えた」ことに戸惑うことはなかったはずだと反省します。これからは、毎日チーズの変化を観察して、変化に備えようと心に決めます。

ただ、変化の観察は実際には極めて難しいのです。なぜなら、ジョエル・バーカーが著書『パラダイムの魔力』で論じているように、「人間は自分が信じているものが見える」。つまり、常に自分の世界観の色眼鏡を通してしか、世の中を見ることができないからです。

バーカーによると、トランプのカードに「黒のハート」を混ぜ、ほんの数秒間だけ見せて、何のカードかを当ててもらうと、多くの人はスペードと答えるそうです。

私が大学を出てコンサルティングの門をたたいた数十年ほど前、入社研修の初日に最高経営責任者（CEO）からたたき込まれたのが、まさにこれでした。「人間は皆、一度自分の考え・仮説を形成すると、都合の悪い情報は目に入らなくなる。それを常に、常に意識して、異なる意見・情報にこそ、真摯に耳を傾けるように」

話を戻すと、変化のモニタリングは重要ですが、変わりたくない人には、変化は見えないのです。変化を捉えるには、進化し続けたいという自らの姿勢と、自分とは異なる世界に身を置く人との接点を持つことが不可欠と言えましょう。

ケーススタディ

知らぬ間に上っている「悪魔のはしご」

大学卒業後すぐに入社したコンサルティング会社の、世界各国の新入社員を集めた新入社員研修でのCEOの訓示は、今でも鮮明に覚えています。

一言目は（少し本題から脱線しますが）、「You are incompetent（君たちは、無能である）」。

「一流大学を出ていたり、一流企業の出身だったりするかもしれないが、コンサルティングの世界では、そんなものは全く関係ない。ゼロからのスタートである。謙虚に、謙虚に、学ぶように」

そして話を進めます。

「将来、『自分は、有能かも』と思う時が来るかもしれません」

「心に留めてほしい。そう思った時が、君たちの成長が止まる時である。『自分は無能で発展途上である』という、謙虚さを忘れないように」。その上で、我々人間がみな陥りがちで、ゆえに、コンサルタントとして特段の注意を払うように、と叩きこまれたのが、「Ladder of Inference」(推論・仮説のはしご)という概念です。

「人間は様々な情報を広く収集して、解釈することで、自分の意見や仮説を形成する。ところが、一度自分の意見や仮説が形成されると、自分にとって都合のよい情報が目に留まり、都合の悪い情報は目に入らなくなってしまう。人間というのは、そういう生き物である。コンサルタントにとって、これは、決して陥ってはならないワナである」

さて、ここでさらに1つ考えてみたいのが、その道を究めていけばいくほど、経験を積めば積むほど、色眼鏡のレンズが厚くなってしまうという点です。『パラダイムの魔力』で紹介されている次のチェスプレーヤーの実験が象徴的です。

【意外にもろい!? チェスの名人の記憶力】

ノーベル経済学賞を受賞したカーネギー・メロン大学のハーバート・サイモンと、同僚の心理学教授、ウィリアム・チェースが共同で、1973年に次のような実験を行いました。

・チェスのプレーヤーを計9人、被験者に選びました。そのうち3人は世界ランキング上位の名人、3人は中級者、残りの3人は初心者です。

・ゲームの途中のチェス盤を5秒だけ見せて、同じようにコマを並べるようにと依頼します。

実験の結果は、どうだったと思いますか？

読者の皆さんのご想像の通り、名人の成績はすばらしく、3人の平均正解率は81％でした。わずか5秒しか時間が与えられなかったことを考えると、驚異的な記憶力です。一方の初心者は間違いが多く、平均正解率は33％でした。

さて、ここからが実験の本番です。今度は、ゲームのルールを無視して、コンピューターによってランダムにコマを並べます。そして、1回目と同様に、そのチェス盤を5秒だけ見せて、同じようにコマを並べるようにと依頼しました。

結果は、以下のどれだったと思いますか？

①名人の方が初心者よりも正解率が高かった

②名人も初心者も正解率は同じだった

③名人の方が初心者よりも正解率が低かった

実験の結果は、なんと③でした。意外なことに、名人の正解率が大きく落ち、初心者よりも低くなってしまったのです。

チェスにはルールがあるからこそ、名人はゲームの展開を推測し、信じられないほどの正確さでコマの位置を覚えることができる。ところが2回目は、チェスのルールが取り除かれたため、名人が鍛錬と実践によって長い期間かけて積み上げてきた精妙な認知力が、役に立たないものになってしまった。それどころか、逆に、チェスのルールという色眼鏡が邪魔をして、ランダムなチェス盤を素直に情報処理できず、初心者よりも正解率が低くなってしまう。

つまり、ゲームのルールが変わってしまえば、その道を究めてきた人（や企業）であればあるほど、もろいということです。

【 せっかくの警告が罵倒に聞こえてしまう理由 】

最後に、同じく『パラダイムの魔力』から逸話を1つ引用して、本章を終わりたいと思います。

〜 ブタとブス 〜

むかしむかし、山荘を持っている男がいた。毎週土曜日の朝になると、ポルシェを駆って山荘に向かう。見通しのきかないカーブやガードレールのない絶壁など、途中には危険な箇所がいくつもある。

しかし、男は気にもかけていなかった。車の性能はすばらしいし、運転には自信があるし、目をつぶっても走れるほど道をよく知っていた。

ある晴れた土曜日の朝、男はいつものようにポルシェを飛ばしていた。見通しのきかないカーブが近づくと、スピードを落とし、ギアを切り替え、200メートルほど先の急カーブにそなえ、ブレーキに足をおいた。そのとき、カーブの陰から車が1台、ハンドルを切り損ねたように飛び出してきた。崖から落ちると思った瞬間、道路すれすれに弧を描き、勢いあまって反対車線に入り、あわててハンドルを切りなおしたかと思うと、また反対車線に入ってくる。

なんてことだ。男は急ブレーキを踏んだ。

車は蛇行しながら接近してくる。ぶつかると思った瞬間、対向車は左にそれ、すれちがいざま、きれいな女性が窓から顔を突き出し、あらん限りの声で叫んだ。

「ブタ！」

ふざけるな。男はカッとなって、怒鳴り返した。

「ブス！」

「めちゃくちゃな運転をしているのは、どっちなんだ」。しかし、怒鳴り返して、少しは胸がスッとした。ああいう女には、ひとこと言ってやったほうがいい。

そして、アクセルを踏み、急カーブを曲がった途端……ブタに衝突した。

これはパラダイムのお話である。男は、ののしられたと思った。しかし、対向車の女性は、親切でああ言ってくれたのだ。その女性はもう少しで崖から落ちるところだったが、カーブを曲がったところにブタがいることを、わざわざ知らせてくれたのだ。それなのに、男は「パラダイム麻痺」におちいり、ののしられたと思った。そこで「ルール」に従い、ののしり返した。それで、ゲームは終わりだと思った。

教訓——。次の10年間、見通しのきかないカーブにさしかかったとき、大声を発してくれる人がいるかもしれない。

パラダイムが硬直していると、悪魔の声しか聞こえない。

パラダイムがしなやかであれば、女神の声が聞こえてくる。

繰り返し言うが、どちらの声が聞こえてくるかは、まったくあなた次第である。

『マネー・ボール』

マイケル・ルイス著

チーム編成のイノベーション

森健太郎

（ボストンコンサルティンググループ　シニア・アドバイザー）

マネー・ボール／Moneyball:The Art of Winning an Unfair Game　2003年
マイケル・ルイス（Michael Lewis）著
邦訳:（完全版）早川書房、ハヤカワ・ノンフィクション文庫、2013年／中山宥訳

1　貧乏球団がなぜ強いのか――「異質な例外」の謎を解き明かす

大リーグの球団の中で極めて資金力に乏しいオークランド・アスレチックスが、なぜこんなに強いのか。ウォールストリート出身の作家、マイケル・ルイスがその謎を解き明かそうとしたのが2003年に著した『マネー・ボール』です。11年に公開されたブラッド・ピット主演の映画を見た人もいるでしょう。

金持ち球団が大物選手を買い漁り、「野球はマネーゲームになった」と嘆かれる中、当時のアスレチックスの年俸総額はニューヨーク・ヤンキースの3分の1。にもかかわらず、2000年からプレーオフの常連になり、01年には102勝を挙げます。何とも不可解な存在で、大リーグ機構のセリグ・コミッショナーをして「異質な例外」と言わしめます。

ルイスが初めてアスレチックス本社を訪れたのは01年のシーズン終了後。折しもこのオフに、アスレチックスは3人の主力選手をフリーエージェント（FA）で失います。ヤンキースなど金持ち球団からの提示額は3人合計で1年当たり3200万ドル。アスレチックスにはチームの総年俸に匹敵し、とても引き留められる金額ではありません。快進撃もここまでかと思われました。

ところが02年、アスレチックスは前半戦こそ苦戦するものの、01年を上回る１０３勝を挙げます。また、9月には20連勝という金字塔を打ち立てます。もはや、「運が良いだけ」では片づけられません。

ルイスがアスレチックスに見たのは、捨て身の戦略や、理屈では説明がつかない「奇跡の物語」ではありませんでした。

アスレチックスのゼネラルマネジャー（ＧＭ）、ビリー・ビーンのもとで進行していたのは、戦法とチーム編成の「イノベーション」と「球団組織の変革の物語」だったのです。まさに今、多くの企業に求められるイノベーションと組織変革そのものであり、経営書としても高い評価を得ているゆえんです。

ケーススタディ

本当に金持ち球団だけが強いのか

マイケル・ルイスが著した『マネー・ボール』の舞台は、２００１年から02年にかけての大リーグですが、当時の大リーグを取り巻く背景を少し見てみましょう。

当時、大リーグでは、選手の年俸の高騰に伴って、球団間の貧富の格差が広がっていました。

10年前の1990年には、選手の総年俸は、最も高かった球団が2400万ドルだったのに対して、最も低かった球団は950万ドル、その格差は2・5倍ほどでした。それが90年代の終わりになると、最高額の球団では8800万ドルに高騰、最低額の球団（1500万ドル）との格差は約6倍まで広がります。01年には、ついにニューヨーク・ヤンキースの総年俸が1億ドルを突破します。

ちなみに、日本のプロ野球では総年俸の球団間格差は2倍ほどですので、大リーグにおける「貧富の差」の大きさが分かると思います。

「これだけはっきりとした格差がある以上、大物選手を雇えるのは金持ち球団だけ。資金力の乏しい球団は、どこか欠点を抱えた選手しか集められず、従ってろくな成績を望めない」というのが、当時のおおかたの球団経営者の主張でした。

確かに99年を例に取って、アメリカンリーグ各球団の総年俸と、レギュラーシーズンの勝利数を見てみると、横軸の総年俸と縦軸の勝利数の間には、一定の相関が見て取れなくもありません（図表1）。

〔 〝異常値〟アスレチックスに潜んでいたブレイクスルーのヒント 〕

図表1　アメリカンリーグ各球団の総年俸と、
レギュラーシーズンの勝利数（1999年）

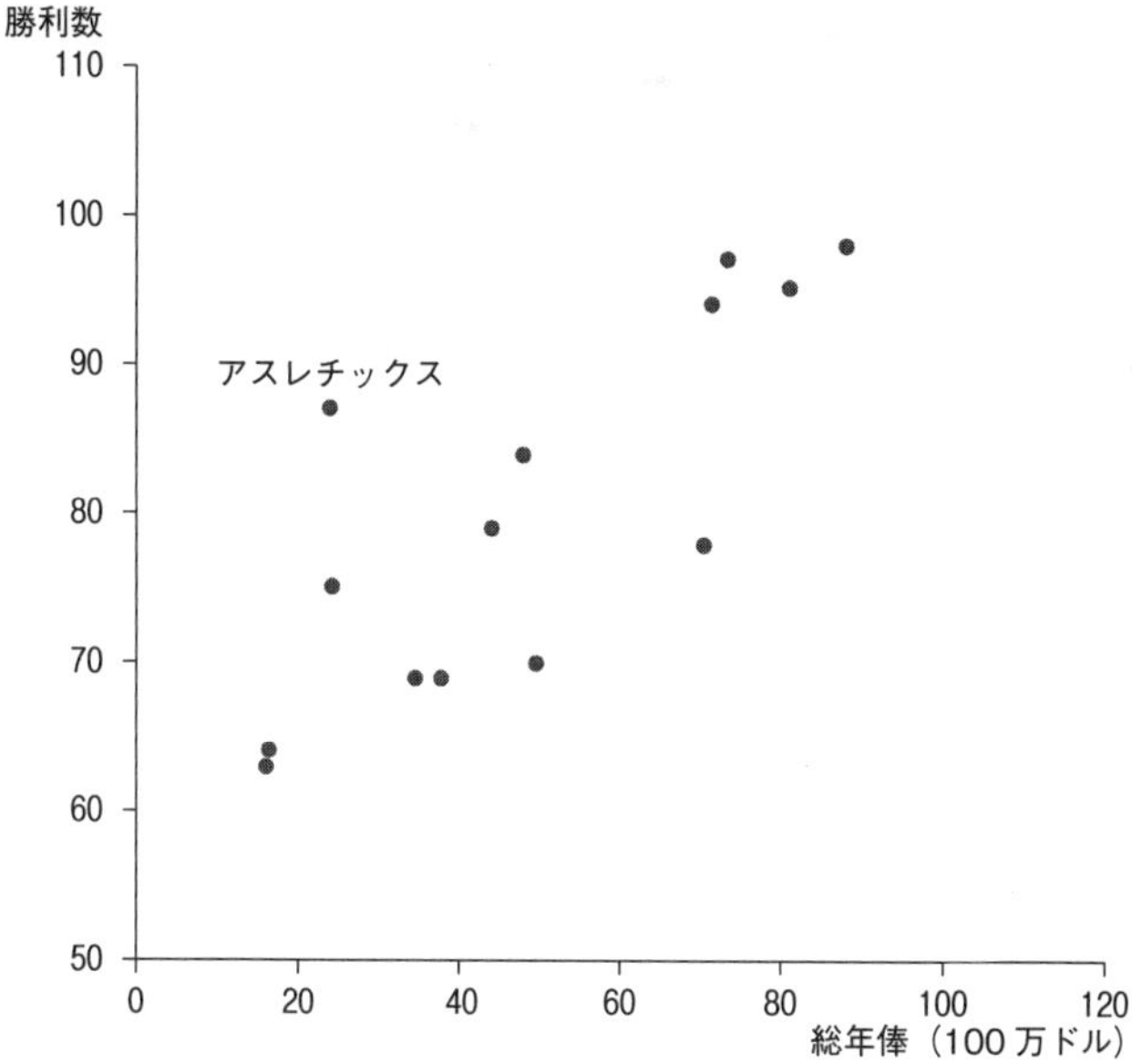

99年のシーズン終了後には「球界の財政に関する諮問委員会」が設立され、格差問題が取り上げられます。そして、年俸総額が一定の額を超えた球団に課徴金（ラグジュアリー・タックス）を課すという、後の「ぜいたく税」の導入へとつながっていくわけです。

このような貧富の格差の中、資金力が乏しい「貧乏球団」ながら健闘していたのがアスレチックスです。大リーグのセリグ・コミッショナーは、「異質な例外」として片づけようとしますが、「きっと何かあるに違いない」と踏んだルイスは、取材を開始するに至り

図表2　アメリカンリーグ西地区の各球団の総年俸と、レギュラーシーズンの勝利数（2002年）

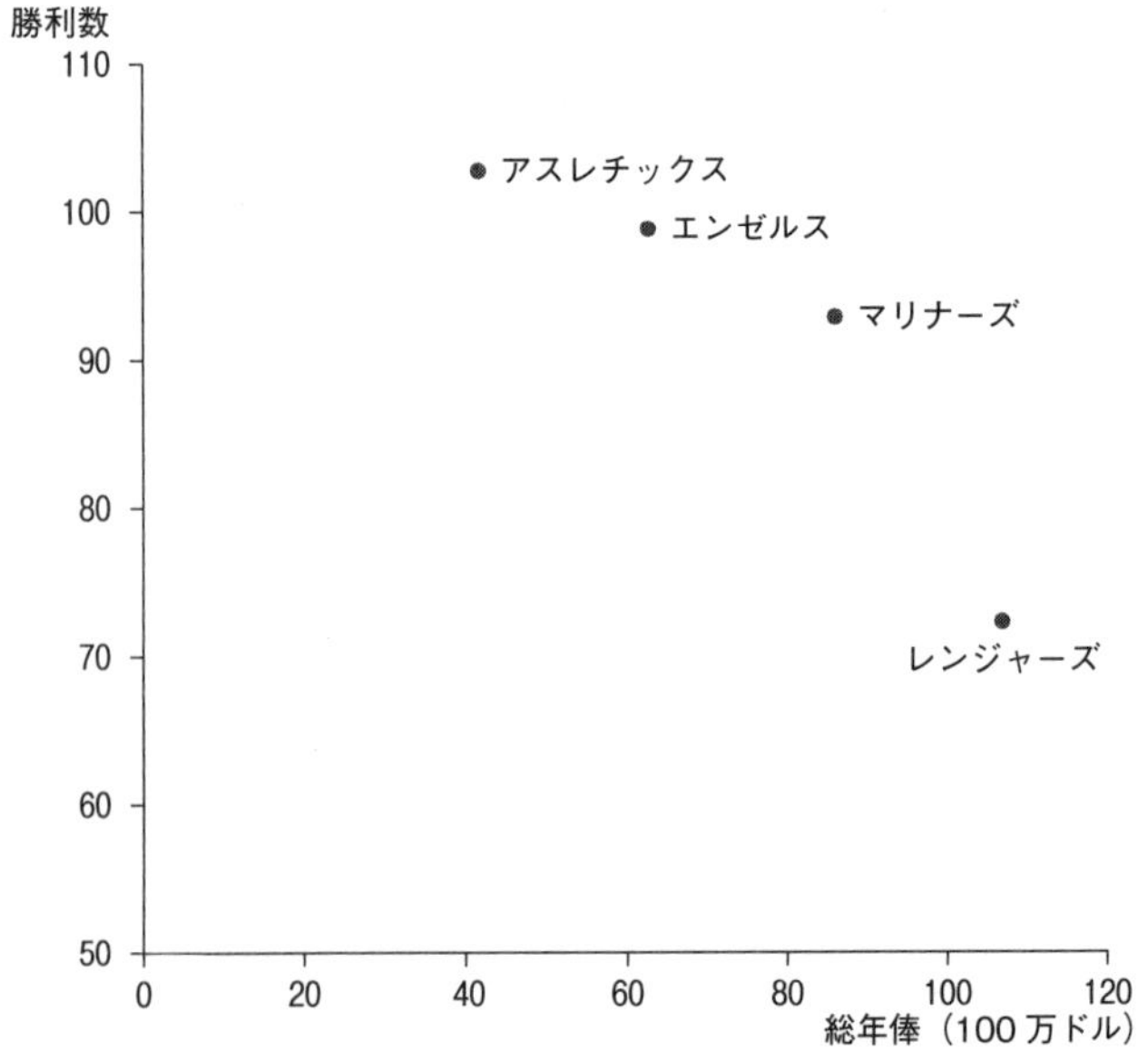

ます。

経営コンサルティングの現場においても、このようなアウトライヤー（法則性から逸脱している〝異常値〟）に着眼して掘り下げることで、そこにブレイクスルーのヒントが隠れていることがよくあります。「誤差」「例外」として見過ごさずに、密着取材に踏み切ったルイスのジャーナリストとしての嗅覚と姿勢に感服です。

さて、アスレチックスがその後も快進撃を続けることになるのは前述の通りですが、１０３勝という驚異的な成績を挙げた

図表3　マーケットシェア上位企業が、利益率でも業界上位である割合

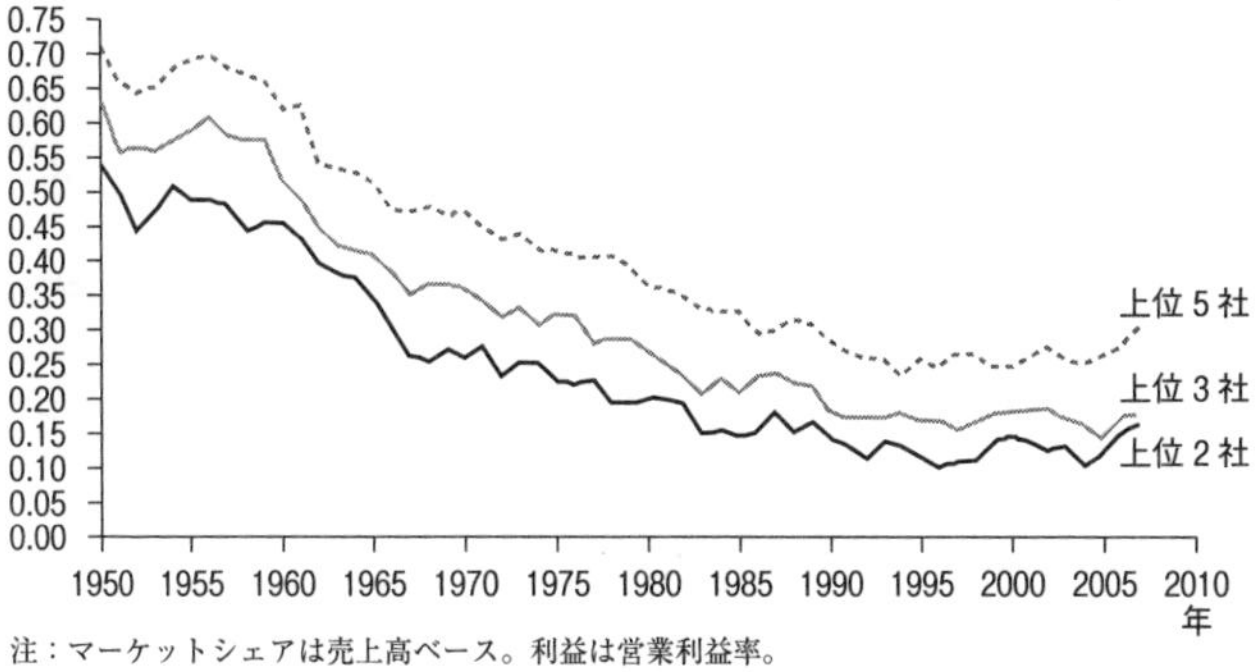

注：マーケットシェアは売上高ベース。利益は営業利益率。
出所：BCGレポート「"冬"に躍進する戦略：危機後の成長への布石」

02年のシーズンのアメリカンリーグ西地区の各球団の総年俸と勝利数をグラフにしてみたのが図表2です。総年俸と勝ち星が見事なまでに逆転しています。

野球とビジネスの共通点――「規模」が物を言う時代の終焉

それでも当時、「勝ち星は金で買える」「アスレチックスは運がいいだけ」という見方に一向に変化がなかったというのですから、人間の先入観や思いこみというのは恐ろしいものです。大リーグのセリグ・コミッショナーは02年のオフになってもまだ、「自分たちに都合のよい球場で戦われても困ると警告しているところだ。球場を一新しない限り、彼らの成績は参考にならない」と発言していたそうです。

図表4　企業ランキングの変動幅は年々拡大

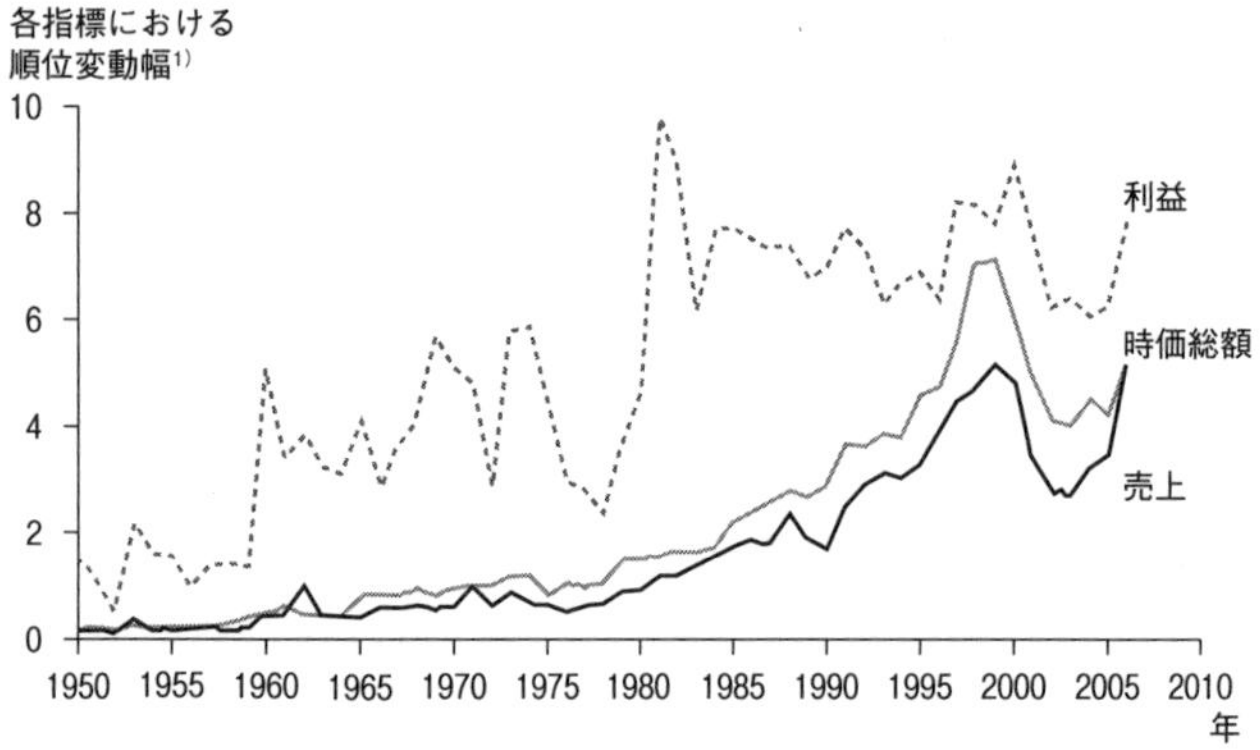

注1）米国の69業種の株式公開企業における、それぞれの指標での単純平均順位変動幅。
出所：BCGレポート「“冬”に躍進する戦略：危機後の成長への布石」

そんな中での発表ですので、『マネー・ボール』は、当時、大きな反響を呼び起こしました。

少し文脈は異なりますが、ビジネスの世界においても、かつては「規模」が物を言う時代でした。規模の経済性をベースに、業界内で市場シェアが大きい企業ほど、高い収益性を約束されていた時代です。ところが、最近その法則が通用しなくなっています。

図表3は、米国のさまざまな業界において、市場シェアの上位企業と、利益率の上位企業が同じであった確率を示しています。市場シェア、利益率、それぞれの上位5社で見ると、1950年に71％であったこの確率が、2007年には31％まで低下してきました。

【小よく大を制す――下克上の時代の幕開け】

また、市場シェアそのものも、将来にわたって維持することが難しくなってきています。図表4は、米国の69業種における1年当たりの順位の入れ替わり度合いを示しています。売上高、利益、時価総額のいずれの軸で見ても、順位の入れ替わりが激しくなっていることが見て取れます。

「規模と軍資金の多さが、収益性と将来の地位を保証してくれる」時代は終わりを告げたのです。小よく大を制す、下克上の時代です。そのキーワードは「イノベーション」と「組織変革」。『マネー・ボール』を題材に、次節以降、その鍵を見ていきたいと思います。

2 独自の野球理論――新たな評価軸で選手を発掘

『マネー・ボール』を読むと、2002年の米大リーグのドラフト会議ほど、アスレチックスの〝人材戦略〟の独自性を物語るものはないことが分かります。

大リーグのドラフト会議では30球団が希望の選手を順々に指名していくため、とりたい選手が20人いたとしても、そのうち3人を獲得できれば大成功といわれます。ところが、アスレチックスは事前にリストアップした上位20人のうち、13人の獲得に成功したのです。なぜなら、他球団と「選手の評価軸」が全く異なり、指名がほとんど重ならないからです。

その象徴がブラウン選手です。スカウトの言葉を借りると「ただの太ったキャッチャー」で評価は「下の下」。ところが、ビーン・ゼネラルマネジャー（GM）は「四球が多いから」を理由に獲得に動きます。大学での成績は、300安打200四球。四球の数では全米トップでした。

ビーンGMは得点を奪うために、まず重要なのは「出塁すること」と考えます。安打でも四球でも、出塁するという「結果」と得点への貢献度は同じです。それに四球の多い選手は高打率の選手より年俸が安く、「費用対効果が高い」のです。

オフに獲得したハッテバーグ選手も同様です。それまでのレッドソックスでは捕手で肩を壊し、アスレチックスが一塁手への転身を条件に手を差し伸べます。02年の打率は2割8分と3割を超えていたイチロー選手に見劣りしますが、四球を選ぶのがうまく、出塁率は遜色ありません。

打点も選手の評価で重視されてきた指標ですが、満塁ホームランの4打点はチームメートの出塁があってこそ。どこまでが「個人の能力」かは難しいところです。こうした着想を経て、出塁率に長打率を加味した新たな指標で選手を評価し直します。よりよい人材評価の指標が組織強化の礎になることを示した点が経営書としても本書が読まれる理由の1つです。

ケーススタディ

新しい野球理論を支える「セイバーメトリクス」

アスレチックスの新しい野球理論の土台となった考え方は「セイバーメトリクス」といわれ、今では大リーグの各球団に広く取り入れられています。セイバーメトリクスとは、野球をプレーするにあたって、様々なデータを統計学に基づく視点から客観的に分析し、選手の評価や戦略を考える手法のことです。ここでは、その考え方を少し見てみましょう。

まず四球についてです。野球は3アウトにならない限り攻撃が続くゲームで、得点を奪うためにまず重要なのは「出塁すること（アウトにならないで次の打者につなぐこと）」。安打であれ、四球であれ、出塁するという「結果」は同じです。にもかかわらず、打率が高い選手が高く評価される一方で、四球の多い選手は評価されてこなかった。セイバーメトリクスはこのギャップを指摘します。

また、セイバーメトリクスは、バント（犠打）に否定的といわれています。「得点期待値」という概念に基づいて、その理由を見てみたいと思います。

野球には、アウトカウントと塁上の走者の組み合わせで、3×8＝24通りの「状況」があります。
「無死（ノーアウト）**」「1死**（ワンアウト）**」「2死**（ツーアウト）**」の3つのアウトカウント**
「走者なし」「一塁」「二塁」「三塁」「一、二塁」「一、三塁」「二、三塁」「満塁」の8通りの塁上の走者

各回の攻撃は「無死・走者なし」の状況から始まりますが、この時点では、3アウトになるまでに0・49点の得点を入れる可能性（得点期待値）があります。これが「無死・一塁」になると、得点期待値（すなわち、この状況から3アウトになるまでに、平均すると何点入るか）は0・86に高まります。チャンス拡大です。野球の24通りの「状況」と、それぞれの得点期待値を表にまとめたのが図表5です。

【　多くの監督を有名にしたサインプレーの「本当の価値」　】

では、次の打者が送りバントに成功して、「1死・二塁」になるとどうでしょう。この状況

図表5　24通りの「状況」と得点期待値

	走者なし	一塁	二塁	三塁	一、二塁	一、三塁	二、三塁	満塁
無死	0.49	0.86	1.07	1.31	1.44	1.68	1.89	2.26
1死	0.26	0.51	0.65	0.90	0.90	1.15	1.29	1.54
2死	0.10	0.22	0.32	0.36	0.44	0.48	0.58	0.70

での得点期待値は、0・65点と、「無死・一塁」よりも下がってしまうのです。従って、統計的に見ると、犠打でみすみす相手にアウトカウントを与えるのは、よほど打者の打撃力が低くない限りはマイナスという判断です。

では、盗塁はどうでしょうか。俊足の1番打者が出塁して「無死・一塁」になったとしましょう。この時点での得点期待値は0・86です。盗塁に成功して「無死・二塁」になると、得点期待値は1・07点となり、0・21上がります。逆に失敗して「1死・走者なし」になると、得点期待値は0・26へと一気に0・6下がります。盗塁失敗による得点期待値減少は、成功による期待値上昇の約3倍にあたります。盗塁には失敗が付き物であり、トータルで見るとそれほど価値の高いプレーではないというのが、アスレチックスの判断でした。

ルイスは、次のようにまとめます。

「このように、多くの監督を有名にしたサインプレー（バント、盗塁、ヒットエンドランなど）は、たいてい、的外れか自滅行為だと分かった。『監督がこういう作戦に出るのは、わが身が安全だからだ。失敗しても、監督は非難を受けない』とアンダーソン（ビーンGMの前任者）は切り捨てる」

さて、この得点期待値を使うと、前述の「満塁ホームランを打った打者の貢献度」も定量化できます。4打点のうち、果たして何点分を打者の貢献とすべきでしょうか。

【正しい指標の定義と活用――ビジネスに与える大きな示唆】

仮に、「無死・満塁」のシーンで、満塁ホームランを打ったとしましょう。「無死・満塁」での得点期待値は2・26、つまり、まだノーアウトですから、3つアウトを取られるまでには2・26点入る可能性がある大チャンスでした。ここでホームランが出て、状況は「無死・走者なし」に戻り、得点期待値は2・26から0・49へと下がります。従って、満塁ホームランによる4打点と、走者が一掃されたことによる得点期待値の減少（2.26－0.49＝1.77）の差し引き2・23が、満塁ホームランを打った打者の「純」貢献ということになるのです。

経営でも戦略的方向性に合致した正しい指標を定義し、活用していくことが大変重要です。そういう視点に立てば、セイバーメトリクスの考え方はビジネスにも大きな示唆を与えてくれます。次節では正しい指標の設定とデータの創造について考えていきたいと思います。

本章を書くにあたって、以下の2冊の本を参考にさせていただきました。いずれも、分かりやすく、かつ読み応えのある内容で、野球ファンにはお薦めです。野球というスポーツの持つ奥深さと面白さを改めて実感した次第です。

『セイバーメトリクス・マガジン1』（デルタクリエイティブ）

『プロ野球選手ホントの実力』（オークラ出版）

3 選手の能力を数値化——人材の強みと弱みを客観的に把握

2001年の米大リーグのオフにフリーエージェント（FA）移籍した主力3選手の穴をどう埋めるか。同書によると、アスレチックスのビーン・ゼネラルマネジャー（GM）の方針は明確でした。スーパースターが抜けた穴をスーパースターで埋めるのでは年俸が高すぎる。ならば、その能力を細かく分解して、一つひとつの代替を見つけようという作戦です。

堅守の1番打者、デイモンを例にとると、四球が少なく、打率の割に出塁率は高くない。そのため、攻撃面での影響は周囲が心配するほどではないと考えます。問題は卓越した守備力をどう評価し、どう補うかです。ここで、斬新なデータ分析が登場します。

守備のデータといえばエラーが一般的ですが、「エラーが少ない選手ほど優秀か」というと実は疑わしい。小さな守備範囲で手堅く守っている方が、エラーがつきにくかったりもします。この問題にアスレチックスは、全く新しいデータ分析システムを採用することで対応しようとします。

新しい分析システムはグラウンドを座標化し、全打球を軌道、速度、落下地点ごとに「数値化」します。そのうえで過去10年の類似の打球と比較し、ヒットと捕球された比率を計算します。こうして客観的に分析すると、普通はヒットになる難しい打球をデイモンは数多く捕球し、平均的中堅手より1シーズンに15点も多く失点を防いだことが分かりました。

ここからがビーンの真骨頂です。そろばんをはじいてみると、守備がうまい外野手は年俸が高く、15点分の守備力を補強するよりも、15点分の得点力を補強する方が安上がりと判明します。デイモンの守備力は、打撃陣の強化で埋めることにしました。最終的には見事、02年にもプレーオフ進出を果たしました。人材の強みと弱みを客観的に把握することが競争に勝つために求められているのは、まさに現在の経営にも通じることです。

ケーススタディ

企業経営にも当てはまるデータ活用の「両輪」

アスレチックスの躍進を「データ活用」という観点から見ると、2つの特徴が見て取れます。

①球界の常識に捉われず、「正しい指標」を見いだし、球団経営の主軸に据える。
②これまで世の中にない「データを新たに創造」し、他球団に先駆けてフル活用する。
これらは企業経営にも当てはまるデータ活用の「両輪」です。この2つのポイントについて、具体例を交えながら見ていきたいと思います。

【「正しい指標」】

それまで大リーグでは、打者の能力と貢献度を評価する指標といえば、打率と打点が一般的でした。それに対してアスレチックスでは、打率に四球による出塁を加味した「出塁率」と、長打力を表す「長打率」とを足し合わせたOPS（on base plus slugging percentage）という新たな指標に着目し、選手を評価し直していきました（厳密には、出塁率と長打率を1対1で足し合わせたOPSよりも、もう一段、出塁率にウエイトを置いた独自の指標を用いたといわれています）。

企業経営における「正しい指標」の重要性については米経営学者のジェームズ・C・コリンズらが著書の『ビジョナリー・カンパニー』で示唆深い考察をしています。

コリンズらによると、偉大な企業へと飛躍した企業は、経済的原動力を強化する鍵を「〇〇当たり利益」というシンプルな財務指標に結晶化させています。

【 小さなもうけは捨て、トータルで利益を最大化した企業 】

例えば、ジレットは、カミソリの本体と使い捨ての刃のトータルでの価値を認識し、かつての部門（製品）別利益から、顧客1人当たり利益をどう最大化するかという指標に転換します。つまり、多少カミソリ本体の利益を犠牲にしても、本体を安く売ることで多くのユーザーを獲得し、使い捨ての刃をたくさん買ってもらう方が、トータルに見ると利益を最大化できるという判断です。

同様に、米国の小売企業クローガーは、地域シェアがスーパーマーケットの勝敗と採算を決めるとの認識に立ち、従来用いてきた「1店舗当たりの利益」という指標から、「地域の人口1000人当たりの利益」という指標に変更します。なぜなら、1店舗当たりの利益を重視しすぎると、自社店舗間のカニバリゼーション（共食い）を恐れて、隣接地域への出店に二の足を踏んでしまうからです。新店の出店によって隣接する既存店の利益が多少減ったとしても、それによってエリアトータルでの利益が増えるならば、カニバリを恐れずに出店すべし。クローガーは、このように経営指標（各エリア責任者の評価指標）を正しくセットし直すことで、成長を加速させるわけです。

これらはいずれも、アスレチックスの場合と同様、「競争に勝つために必要な正しい指標とは何か」という問いに対する考察から生まれたものです。

ここで一点だけ、補足します。『ビジョナリー・カンパニー』では、○○当たりの「利益」を指標として取り上げていますが、「事業運営」の実際においては、(最終的に目指す指標は利益であったとしても)利益一辺倒では必ずしも「勝利」に結び付かないという点に、留意が必要です。

【最終的な「勝利」に不可欠な時間軸と動的な視点】

例えば、新興国展開。参入当初は、目先の利益よりもブランド認知や市場シェアを重視するという戦い方は、大いにあり得ます。また、規模の経済性や経験曲線による将来のコストダウンを織り込んで、思い切った低価格戦略で市場シェアを一気に奪い、他社を凌駕《りょうが》する圧倒的な規模とコスト競争力で業界を制してしまう(そして、最終的に大きくもうける)という戦い方も、家電やハイテク業界などでは広く見られるところです。つまり、最終的な利益の最大化に向けた、時間軸と動的な視点が不可欠と言えましょう。

選手の守備力をどう評価するかというのが、アスレチックスにとっての難題の1つでした。既存のデータでは正しく評価できないと判断したアスレチックスは、他球団に先駆けてAVM社の画期的なデータ分析システムを導入します。

アスレチックスはグラウンドを細かく座標化して、全ての打球を「軌道Xで速度Yのライナーが地点Zに落下した」というように「数値化」します。その上で、過去10年の数千に及ぶ類似の打球をしらみつぶしに集計して、それらの打球の何パーセントがヒットとなり、何パーセントが捕球されたかを割り出します。こうして計算された過去の統計に照らして、個々の選手の守備はどうだったかと比較するわけです。

企業経営においても「データ創造」が時に大きな競争優位を生み出すことは、改めて言うまでもないでしょう。ここでは、流通業界を例に見てみましょう。

【「データの創造」】

流通業におけるデータ活用というと米アマゾン・ドット・コムなどのネット企業を思い浮かべる方が多いかと思いますが、実は数十年も前からデータを駆使して躍進を続けてきた企業があります。世界中の流通業がベンチマーク先の1つとしてきた、英国のスーパーマーケット「テスコ」です。

［　4万5000種類の商品一つひとつを的確に表現する「20の軸」　］

テスコは1995年に競合に先駆けてポイントプログラムを導入して、会員化を推し進めます。ここまではよくある話ですが、ユニークなのは、顧客のセグメンテーションの手法です。まず、4万5000種類の商品一つひとつを、20の軸で表現します。20の軸というのは、例えば、低脂肪か高脂肪か、大容量か小容量か、食材かレディ・トゥ・イート（インスタント、レトルト、総菜など）か、低価格か高価格か――といった商品の特徴です。その上で、個々の顧客の購買履歴と照らし合わせて、どのような特徴を持った商品を多く購入しているかを分析することで、顧客をセグメント分けしていきました。「You are what you buy」という考え方です。テスコはこのような卓越したデータ分析力をテコに急成長を遂げ、英国ナンバーワンへと上り詰めます。

最後にネット販売を少しだけ見てみましょう。データ活用の余地は多岐にわたりますが、「リアルの店舗」では取れないデータ、つまりネットによる「新たなデータの創造」という観点から着眼すべき点をあえて1つ挙げるとすると、「興味を示したけど買わなかった人」の情報でしょう。店頭だとなかなか捕捉できませんが、ネットではどの商品を閲覧したかを簡単に捕捉できます。多くの企業が、品ぞろえ、価格設定、販促などに活用しているのは、ご存じの通りです。

4　変革への長い道のり——優れたアイデアは外から

米大リーグ球団アスレチックスの新たな野球理論の源流は、食品工場の夜間警備員だったビル・ジェイムズが1977年に野球データを分析していた結果をまとめて自費出版した『野球抄1977』に遡ります。しかし、旧態依然とした球界は、見向きもしませんでした。「革新的なアイデア」は球界の外で生まれ、球界の外で長らく進化を続けることになります。

転機が訪れたのは95年。当時のアスレチックスのゼネラルマネジャー（GM）は弁護士出身のアンダーソンです。ジェイムズの著作に親しみ、球界に新風を吹き込みたいと思っていましたが、名監督ラルーサが壁となっていました。しかし、同年にオーナーの死去と球団売却に伴う運営費削減などでラルーサが辞任し、アンダーソンは自らの意をくんだハウ監督を招へいするのです。

97年にアンダーソンの継承者としてビリー・ビーンがGMに就任し、98年のオフにハーバード大学出身のデポデスタを採用。異才が融合します。デポデスタは当時最先端のAVM社のシステムを導入し、独自の選手評価を進めます。球団売却を機に変革に弾みがつき、人心の一新と異質の人材の融合を通して、新しいアイデアの実現を見るのです。

ビリーは組織の勝利を最優先し、私情を一切挟みません。埋もれた才能を再発見する一方で、あと4日でメジャー10年に達し、年金の資格を得られる選手を解雇することも厭いませんでした。

2002年9月4日、ア・リーグ記録の20連勝がかかった試合で11対0のリードを追い付かれ浮足立つアスレチックス。九回裏1死で引退の危機からビリーに救われたハッテバーグ選手は得意の選球眼で初球を見送った後の2球目をライトスタンドにたたき込みます。外部の優れたアイデアを巧みに取り入れた改革が新たなヒーローを生む。企業経営を再生するヒントがこの1冊には様々な形で詰まっています。

ケーススタディ

誰も真似ない戦略に潜む競争優位の核心

アスレチックスの驚異的な成績は、1999年のシーズン頃から「異質な例外」として注目され始めますが、それでもなぜ、しばらくの間、彼らの戦略は他球団から真似されることがなかったのでしょうか。

著書『ストーリーとしての競争戦略』の中で、一橋大学大学院の楠木建教授は、優れた戦略には必ず「バカな」と思わせる「一見して非合理」な部分があり、それ故に他社は「真似しようとしない」と論じています。「真似したくても真似できない」のではなく、「そもそも真似しようとすら思わない」というのがミソです。戦略と競争優位の核心を突いた考察ですので、少し一緒に見ていきたいと思います。

楠木教授は、優れた競争戦略の古典的な成功のケースともいえる米サウスウエスト航空を例に説明します。米国には広い国土に中小の都市が散在していて、移動手段として航空機が欠かせません。とはいえ、全ての中小都市の間を直行便で結び合うのは難しいので、ハブ空港に路線を集約して、そこで乗り継ぐことで全ての目的地に行くことができる「ハブ・アンド・スポーク方式」が、当時の大手航空会社の常識でした。

そのような中で、サウスウエスト航空の「バカな（一見して非合理な）」点は、「ハブ空港を使わない」こと。2都市間を直行便で単純につなぐ「ポイント・ツゥー・ポイント路線」に特化します。混雑の少ない中小都市の空港や大都市のサブ空港を直接結ぶことで、航空機を遅延なく高回転でフル稼働できることに加えて、空港使用料も安く、乗り継ぎ客の荷物の転送も必要ありません。また、予約や発券の手間がかかる座席指定まで廃止してしまいました。面白いことに、その結果、少しでもいい席に座ろうとして乗客が早めに搭乗口に集まるようになり、定時出発にもつながっているそうです。

このように「ハブ空港を使わない」という一見して非合理な選択にひもづいて、あらゆる活動がストーリーのように有機的なつながりを持って組み立てられ、圧倒的なコスト優位を確立していくのです。

さて、それではアスレチックスはどうでしょうか。

【他球団には「バカ」に見えた？ ビリーGMの緻密な読み】

第2節で紹介した2002年ドラフト1位指名のブラウン選手などは、他球団から見たら「バカな」の典型でしょう。大学での成績は、300安打200四球。四球の数では全米トップというのが指名した理由ですが、当時大学生の四球の数に注目していた球団など、他にいないでしょう。そもそも身内のアスレチックスのスカウト陣ですら、「ただの太ったキャッチャー」と酷評し、評価は「下の下」だったわけですから。

肩を壊して引退の瀬戸際に追い込まれていたレッドソックスの捕手、ハッテバーグを獲得したのも同様でしょう。

また、01年のオフに3人の主力選手をみすみすフリーエージェント（FA）で放出してしまったのも、厳しい懐事情とはいえ、他球団には「バカだなあ」と映ったかもしれません。3人とも引き留めるのは無理だったとしても、せめて1人だけでも引き留めたいと考えるのが世の常です。スーパースターがいなくなったら、戦力ダウンに加えて、集客（すなわち、球団の収入）にも影響する。ならば、集客力も加味して年俸を上積み、などと考えたとしてもおかしくありません。

しかし、アスレチックスのビリーGMの考えは、「スター選手ほど、FAの権利を得たら放出すべきだ」と徹底したものでした。限られた予算の中で、スター選手を引き留めようとすると、他の選手に回せる予算がますます少なくなってしまい、（短期的にはスター選手のおかげで球団の人気が保たれるかもしれないが）戦力が徐々にダウンし、いずれファンに見放される。むしろ、スター選手にその真の実力以上のプレミアムを払う資金があったら、それを費用対効果が高い選手に回した方が戦力は強化され、また、FA移籍の穴埋めとしてドラフト1位指名枠までついてくる（つまり、将来の戦力はますます厚くなる）。加えて、スター選手がいない方が、新たな戦術の浸透も図りやすい。そして、スター選手がいなくなっても、勝ち星さえあげることができれば、ファンはついて来る。ここまで読み切っていたのが、ビリーのすごさでしょう。

未知のライバルを「異質な例外」と片付けてはならない

いろいろと挙げてきましたが、最大の「バカな」は、貧乏球団ながら躍進を続けていたアスレチックスの存在そのものだったのではないでしょうか。もし、金持ち球団のヤンキースがブラウン捕手をドラフト指名し、ハッテバーグ捕手に手を差し伸べていたら、他球団も「きっと、何かあるに違いない」と思ったことでしょう。それが、貧乏球団のアスレチックスだったので、「資金に窮して、型落ち選手をかき集めている」と揶揄《やゆ》され、「異質の例外」の一言で片づけられてしまったのだと思います。

この最後の点は、我々も肝に銘じたいものです。かつて1960年代、70年代に日本企業が米国市場に果敢に進出していったとき、米国企業はどう反応したか。韓国サムスン電子の躍進、そして新興国企業の台頭を前に、日本企業がどう反応するのか。「異質な例外」と片付けずに、早期に、謙虚に、向き合いたいものです。

『井深大 自由闊達にして愉快なる』

井深大著

1962年12月に、井深氏が日本経済新聞に寄稿した
「私の履歴書」を中心に構成されている。
時代を凌駕した発想の持ち主であった井深が各時代に残した
言葉や軌跡を多面的に知るうえで、優れた名著といえる。
日本経済新聞出版社から2012年刊行。

高野研一

（コーン・フェリー・ジャパン前会長）

井深 大（いぶか・まさる）
1908年生まれ。33年に早稲田大学理工学部を卒業し、
45年には東京通信研究所（現在のソニー株式会社）を設立。
代表取締役に就任する。トランジスターラジオ、トリニトロンテレビ、
ベータマックスなどの画期的製品を世に送り出し、日本の経済発展、文化的向上に貢献。
92年11月には、企業人としては珍しい文化勲章を受章。97年12月に逝去。

軍需の仕事がイノベーションにつながった

この『井深大　自由闊達にして愉快なる』は、ソニーの創業者のひとりである井深大氏が、昭和37年（1962年）12月に日本経済新聞に寄稿した「私の履歴書」を中心に構成されています。それに加えて第2部には、日本経済新聞社特別編集委員（当時）の森一夫氏が著した「その後の井深大」が掲載され、ちょうど20世紀の終わりごろまでの井深の姿がカバーされています。また、巻末には1951年から92年までの「井深大語録」、ソニーの前身である東京通信工業株式会社の「設立趣意書」、井深大個人年表が載せられています。井深自身の言葉で語られた独自の哲学や、周囲の人の目に映った井深の姿、各時代時代に井深が残した言葉などを多面的に知る上で、優れた名著といえるでしょう。

「もし井深さんがいまいたら、何をやるだろうか。聞いてみたい」。この本の第2部の取材のために、森が話を聞いた多くのソニー関係者が、異口同音にこう述べたといいます。それほどまでに井深の発想は時代を超越しており、それが多くの人が憧れる「世界のソニー」を築き上げたことは、疑いようのない事実といえるでしょう。こうした井深の発想の原点にあったものは何なのか、ここではそれに迫ってみたいと思います。

井深は子供のころから無線に興味を持ち、当時まだ世の中に出たばかりの真空管を購入してはラジオの試験放送を聴いたり、増幅器を組み立てて大学でコンサートを開いたりしていました。そうした実践に裏打ちされた知見は就職してからも生かされ、次第に井深は軍需関係の仕事に関わるようになっていきました。そこで当時海軍中尉に任官したばかりの盛田昭夫氏と出会っています。

軍需関係の仕事がその後の民間でのイノベーションにつながっていくケースは、世界的に見ても少なくありません。インテルなどの半導体関連の企業が集積するシリコンバレーでは、大陸間弾道ミサイルのミニットマンの開発が、トランジスターやIC回路の開発を促進したことは間違いない事実でしょう。また、クアルコムが拠点を置くサンディエゴも、米国海軍の基地があり、軍需関係の企業が集積するイノベーションセンターになっています。

イスラエルで無線通信や暗号の分野のベンチャー企業が雨後の筍のように立ち上がっているのも、軍の存在が大きいといえます。イスラエルの軍は、一部の領域を除き、軍の研究者が民間に転職して同じ分野の研究を続けることを止めていません。このため、軍発の技術が民需に転用され、様々なイノベーションを生み出す世界的センターになっているのです。

「やればなんだってできるのだ」

井深は、軍需関係の仕事に就きながらも、それを応用して、何か大衆に直結した商品をつくってみたいと考えていました。井深は社会人になって間もないころ、アングラ研究としてネオンをつくってパリの博覧会に出品するなど、常に社会にインパクトを与えることを考えていました。当時所属していたＰＣＬ（Photo Chemical Laboratory）という研究所の所長であった植村泰二氏は、日本のためになる仕事なら、直接会社の事業とは関係のない研究でも大目に見てくれたようです。「新しい技術の発見は国家的にもプラスであり、人類の進歩のためにも不可欠の要件である」。植村がこうした深いモノの見方ができる人であったことが、井深の発想の広がりに大きな影響を与えたことは疑いないでしょう。

また井深は、仕事の上でひとつのイデオロギーを持っていたといいます。当時、電気と機械ははっきりと研究分野が分かれており、電気屋はなんでも電気的に、機械屋はすべて機械で解決しようとしがちであったといいます。しかし、井深は「その中間をうまく縫って両方の特徴を生かした仕事をしよう」という着想を持っていたのです。つまり、異なる分野の技術の擦り合わせにこそ、新たな価値が生まれるポテンシャルが存在することを発見したのです。
こうした井深の発想が、はじめて世の中にインパクトを与える商品として結実したのがテープレコーダーでした。テープレコーダーは当時の日本でははじめてのものであり、世界でもテープとテープレコーダーの両方をつくっている会社は例がありませんでした。井深はこれについて次のように語っています。

このテープをこしらえ上げたことがわれわれにとっては「やればなんだってできるのだ」という大きな自信を与えてくれることになり、後にトランジスターをやるときにもたいへんな力となったのである。

どんな材料を使えば音声を記録できるのか、手がかりの乏しい中から井深たちはやっとのことで蓚酸鉄《しゅうさんてつ》にたどり着きます。また、最初は「ザーザー」という音しか出ない中で、何度も機械のチューニングを繰り返し、ようやくのことで思いのままの音を録音・再生できるようになったときは、皆で手を取り合ってうれし泣きに泣いたといいます。国家的に意味のあることをやる、電気と機械の擦り合わせが新たな価値を生み出すといった、井深の着想があってこその快挙であったと思います。

5%の合格率で実生産に踏み切る

世の中にはじめての商品を送り出すということは、新しい技術を創造するというだけに留まらず、新たな用途を生み出すことをも意味しています。誰もがはじめて見る商品であっただけに、定価16万円（現在でいうと120万円くらい）というお金を払っていったい何に使うのかという問いに対して、なかなか答えが得られなかったのです。パイオニアになるということは、ありとあらゆる問題に答えを求められるということです。それでは、ここであなたにも、この新たな用途について考えてみてもらいましょう。

Exercise

井深たちは戦後間もない1950年にテープレコーダーを発売しましたが、当時の定価16万円という値段で、最初に見出した用途はいったい何だったのでしょうか？

井深たちは、単に商品を世に出しただけでは売れず、自ら用途を生み出していかなければならないことに気づきました。そこで、できたばかりのテープレコーダーをかついで方々を回り、やっとのことで発見したのが、裁判所での記録用途でした。無事20台を納入し、何とか一息つくことができたといいます。

その後、井深たちは小学校の視聴覚教育にターゲットを定め、トランク型の8万円のテープレコーダーを開発しました。これが見事に功を奏し、3年ぐらいの間に日本の小学校の3分の1以上に納入することに成功しています。

テープレコーダーに次いで井深たちが打ち立てた金字塔が、トランジスターラジオです。しかし、ここでも大きな困難が井深たちを待ち受けていました。多くの人から「ラジオ用のトランジスターは製作不可能に近いほど難しい」と忠告され、井深自身も何度も中止しようと思い悩むことになりました。しかし、「難しいからこそわれわれがやる価値があるのだ」と自らに言い聞かせつつ、開発に取り組み続けました。

そして、歩留まりが5％になったとき、ラジオの実生産に踏み切ったといいます。100個製造して5個しか合格しない状態で商業生産に移ったわけですから、相当なリスクを取った判断であることが分かります。しかし、井深は大きなリスクを取っても、世界で一番乗りになることを目指したのです。一見無謀なチャレンジに見えるかもしれませんが、井深は後で振り返ってみて、それが正解であったことを次のように語っています。

世界で2番になれるのは当然である。あたりまえの企業家だったらこんなむちゃな計画は立てるわけがない。

もしあの時、アメリカでものになってからとか、欧州の様子をみてからこれに従ってなどと考えていたとしたら日本が年間500億円の輸出をするトランジスターラジオ王国になっていたかどうかははなはだ疑わしく、したがって今日のソニーもありえなかっただろうし、この無謀ははなはだ貴重な無謀だったと考えている。

ここでも、国家的に意味のあることをやる、異なる分野の技術の擦り合わせが価値を生むという井深の発想が、大きな成果につながったことはいうまでもないでしょう。もちろん、歩留まり5%ということは、価格が相当高くなることを意味します。そこで、井深たちは、また新たな用途を探す必要性に直面しました。そこで発見したのが米国市場でした。

当時高価なトランジスターラジオを買える消費者は米国にいると判断したのです。そこで、井深の相棒であった盛田が米国に飛び、販路を開拓することになりました。盛田はその後ソニー・コーポレーション・オブ・アメリカを設立し、自らが社長に就任するとともに、家族を連れて米国に移住しています。

後にサムスン電子が、ターゲットとした国に自社の社員を送り込み、現地の人たちと同じ生活をさせながら、地域の目利きを育成する「地域専門家制度」を立ち上げています。サムスンは1990年ごろから地域専門家の育成に着手し、それが新興国での事業展開を成功させる原動力になりました。ソニーはそれに30年先駆けて、元祖地域専門家としての盛田を米国に送り込んでいたことになります。「世界のソニー」はこうした発想力から生まれたといえるでしょう。

激化する競争、つかの間の成功

井深たちはさらに一歩進んで、「ポケットに入るラジオ」というコンセプトを打ち出していきました。トランジスターをいちばんよく生かす方法は、小型のラジオをつくることだと考えたわけです。躊躇《ちゅうちょ》する部品メーカーを口説き落として、いちはやく小型化を推し進めていきました。「大きなラジオでさえ高くて国内ではなかなか売れないのに、これを小さくしたらもっと金を取りにくくなる」というのが当時の営業の声だったようです。

しかし、意に反して、この「ポケットに入るラジオ」は、家庭のラジオから個人のラジオへという革命を引き起こし、全世界へ50万台以上も売れていきました。ここでも井深たちは新しい用途を自らつくり出したのでした。井深は後にこう語っています。

――技術革新の本当のものというのは、世の中に革命を与えて、新しいものを生み出し、産業というものをこしらえてやってゆくので、そうしたら所得倍増なんていうケチ臭いことをいう必要はないいんじゃないか。

しかし、成功したのもつかの間、ソニーの快挙を見て、国内メーカーが続々と後に続いてきました。井深が「世界で2番になれるのは当然である」と述べていたように、どんなに難しい技術でも、誰かが実現したということが分かれば、急にできるような気分になるのが人の世の常ということなのでしょう。約1年半か2年ほどの間にライバルたちが次々と参入し、トランジスターラジオの安売り競争が始まり、値段はみるみる下落していきました。後に井深はこう述べています。

――新しいマーケットを開拓する努力をせず、他人の築いたマーケットにわり込み、ただ値段をくずすだけしか能がないという典型的日本商法をいやというほど知らされた。

もちろん、井深はこうした市場競争に、負の側面ばかりを見ていたわけではありません。これによって日本が世界最大のトランジスター生産国になったことをポジティブに受け止めています。国家的に意味のあることをやろうとする心意気がここにも表れています。

また、競争を切り抜けるために、短波用、超短波用（FM用）のトランジスターを次々と開発していきました。それによって、これまた世界最初のトランジスター短波受信機、FM受信機を出すことができ、ついにはトランジスターテレビにまで発展していきました。井深は「過当競争も日本にはよい刺激剤と考えるべきかもしれない」と語っています。

本書で取り上げる10名のカリスマ経営者のいずれにも共通することですが、優れた経営者には、ひとつのことを様々な角度から見ることができるという共通の特長があります。このため、このときの井深のように、一見ネガティブに見えることも、より大きな視点に立って、ポジティブに解釈する場面がたびたび出てきます。モノの見方を自由自在に変える力が、「自由闊達にして愉快なる」生き様を可能にしたといえるでしょう。

ライバルの裏をかく

さて、ソニーがこれほどまでに多くの消費者から愛着を持たれるブランドになったのは、井深たちが単に新しい商品を次々と世に送り出したからに留まらず、われわれのライフスタイルを塗り替えてきたことに一番の理由があるでしょう。井深は新しい技術を単に科学的発見として見ていたのではなく、それがわれわれの生活を変える可能性を見ようとしていたのでした。まさに自由闊達なモノの見方といえるでしょう。

例えば、1952年に、米国でテープ式のステレオを聞き、その音のよさ、リアリティにすっかり度肝を抜かれます。そして、帰国すると早速、高級テープレコーダーを改造して、1本のテープに左右わずかに異なった2つの音を記録できるようにし、これを別々の増幅器を使い、別々のスピーカーから出せるようにしました。その音を聞いた人は誰もがその音のリアリティに驚いたといいます。そして、NHKを動かして、日本初のステレオ放送を実現させました。夜中の1時の放送だったにもかかわらず、その音に感動した投書が日本全国から60通も寄せられたといいます。

また、井深たちはトランジスターを応用して、マイクロテレビも世に送り出し、世界中の注目を集めることに成功しています。当初米国のマーケターたちは、8インチの小型テレビなんて絶対に売れないと公言していたといいます。しかし、5インチのブラウン管を試作してみると、意外に明るくよい絵が出たので、井深はこれに意を強くし、8インチのトランジスターテレビの開発に着手します。

井深はトランジスターラジオのときにライバルが間髪をいれずに追尾してきたことを思い返し、今度はその裏をかく作戦に出ました。秘密が漏れやすいのはブラウン管用ガラスの委託先だと考え、既存のガラス会社に依頼するのをやめ、自前で技術開発を行い、それを電気工業にまったく縁のなかったガラス会社につくらせたのです。

こうして商品化されたマイクロテレビは、昭和天皇・皇后の目にもとまることとなりました。両陛下がご見学の際に身を乗り出すようにして小さなテレビの絵をご覧になられたときのことを、井深は「終生忘れることのできない感激」と語っています。

わずか半年での量産化を宣言

世界中の消費者のライフスタイルを変えたソニーの画期的商品として、1968年に発売したトリニトロン・カラーテレビが挙げられます。トリニトロンとは、三位一体を意味するトリニティが語源になっており、1本の電子銃から3本の電子ビームを出力する方式です。コントラストの高い画像を出すことが可能で、画面の明るさや、優れた解像度で一躍世界中から脚光を浴びました。井深自身も「その歩みの中でも全精力を注ぎ込み、忘れ得ぬ思い出のひとつにトリニトロン・カラーテレビの開発がある」と述べています。

しかし、その開発はトランジスターラジオの開発時と同様に、困難を極めました。当時カラーテレビでは、米国のRCAが開発したシャドーマスク方式が先行していましたが、井深たちはクロマトロンからトリニトロンへと困難な道をあえて選んだのです。というのは、当時のシャドーマスク方式は画面の輝度が低いため、カーテンを閉めないときれいに色が出ないという弱点があったからです。井深は、「人々が夕飯を食べながら見られる明るいカラーテレビをつくろうじゃないか」と、ここでもライフスタイルを変えることを目標に掲げます。

設立趣意書の「会社創立の目的」の中に、「日本再建、文化向上に対する、技術面・生産面よりの活発なる活動」「戦時中、各方面に非常に進歩したる技術の国民生活内への即時応用」とあるように、井深たちは日本の再建、文化的向上、国民生活の進歩を目指していたのです。

しかし、クロマトロン方式は原理的には優れていても、実用化には困難を極めました。井深は「最終的には時間、人材、資金、技術を次々と注ぎ込み、製品をつくればつくるほど損失が多くなるという最悪の状態にまで追い込まれてしまった。私たちは、このクロマトロンと心中してもどうにもならぬ、という非常に苦しい立場に置かれていた」と語っています。

そうした中で、水平方式に替えて、1本の電子銃で3本の電子ビームを出してみてはどうかというアイデアが出てきました。当初はどうせダメだろうけど、ダメだというデータを取っておこうということで実験に移されたようです。ところが意外にもいい結果が得られ、これがトリニトロン方式への扉を開けることになりました。井深は、何事も頭だけで理屈をこねて「できません」というのを嫌ったそうです。経験を重ねながら、ダメでもともとの精神で、まずやってみようという姿勢が、ソニーの社風になっていきました。

1968年4月、井深たちはトリニトロン・カラーテレビを発表します。美しい画面に多くの記者たちが感銘を受け、大好評のうちに終わろうとしたとき、井深は「発売は今年10月中、年内に1万台の量産を行う」とぶち上げます。トランジスターラジオのときと同様に、ここでもまた大きなリスクを取って商業生産に入っていったのです。発表のためにやっと試作機を10台つくったばかりなのに、半年で量産体制を整えるのは無茶もいいところだったといいます。しかし、すぐに2番手が追随してくることが想定される中で、パイオニアとして世の中のライフスタイルを変えるということは、こうしたリスクと常に背中合わせであるということなのでしょう。

数値より感性を重視

こうしたチャレンジに立ち向かい続ける中で、井深は次のような独自の組織観を持つに至っています。

どんな人が参加するかでその成否が決まる。しかもそのグループに本気になってやってもらうには、組織を作りそこに人を当てはめるのは大きな誤りで、人に合う組織を作る。人間が主で組織は従である。あくまで人が中心だ。

つまり、高い目標にチャレンジし、それを実現できる人たちだけが集まり、本気で仕事に取り組む少数精鋭の集団であるべきという考え方です。自ら起草した設立趣意書にも、「経営規模としては、むしろ小なるを望み、大経営企業の大経営なるがために進み得ざる分野に、技術の進路と経営活動を期する」とあります。井深は何万人もの社員を抱える大企業を、ひとつもうらやましいとは思わなかったといいます。ただソニーの人たちが、東京通信工業が始まったときの、7人の人たちが持っていたような気持ちを持ち続けてほしいと考えていたのです。

また、井深は人の持つ感性を重視し、それを安易に数値に置き換えようとすることを嫌っていたといいます。それは次の井深の言葉によく表れています。

「勘です。感性ですよ。私はそんなに頭がよくないから、理屈を理解してその理屈の上に立ってどうこうと判断しない。……日本の教育は知性ばかりで、感性というものを育てようとしない。感性を育てる教育をぜひ進めるべきだと、心からそう思いますね」

井深のデジタル嫌いは有名だったようで、感覚的、情緒的なものをパターンとして認識する直観的な思考を重視していたといいます。井深は周波数特性を計測して音を分析するより、音楽を聴いて耳を頼りに開発すればよいではないかという考え方を持っていたのです。

ＮＨＫの放送科学基礎研究所所長から井深がソニーにヘッドハントした中島平太郎氏が、このアナログ対デジタルの哲学論争で井深と意見を戦わせた話が出てきますが、中島によれば、それは「芸術」と「科学」の対立だったといいます。つまり、自分の過去の成功体験や感情論に根ざしたものではなく、純粋にオーディオ技術のあり方を巡る哲学のぶつかり合いだったのです。

井深は自分自身で楽器を演奏したわけではありませんが、音楽を聴くことにかけては人後に落ちない才能を発揮したようです。それだけに、井深の主張は芸術家顔負けだったといいます。

芸術と技術の交点に立つ

こうした音へのこだわりが、音楽の聴き方を変えた「ウォークマン」の誕生へとつながっていきました。井深は名誉会長になってからも海外出張が多く、ポータブル型のステレオ録音機を携帯して飛行機の中で音楽を楽しんでいました。ある日、出張前に大賀典雄氏に「再生専用でいいから小型のものをつくってくれないか」と頼んだことが、ウォークマンの試作機へとつながります。井深は当時会長の盛田に試聴を勧め、「歩きながら聴けるステレオのカセットプレーヤーがあったらいいと思うんだが」と持ちかけました。

このときも、技術や営業の現場は「再生だけのテープレコーダーが売れるのか」と反対したそうですが、70歳の井深と58歳の盛田が押し切る形で「ウォークマン」が誕生しました。そして、屋外で音楽を楽しむという新しいライフスタイルを創出することに成功したのです。スティーブ・ジョブズがそうであったように、井深も芸術と技術の交点に立つことができた人といえるでしょう。それが新しいライフスタイルを生み出す力へとつながっていったのです。

井深は84歳で、企業人としては極めて珍しい文化勲章を受章しました。文化功労者に選ばれたことは井深にとって大きな喜びだったようです。井深はそのときの思いをこう表現しています。

「いささか僭越ではありますけれども、このように、ソニーが全く新しい商品を世の中に送り出すことによって、新しい文化をつくり上げたと言ってもよいかと思います」

芸術と技術の交点をめぐる井深の思索は、晩年になってもいささかも衰えるところを知らなかったといいます。出井伸之氏が社長のころ、「ソニーのパラダイムシフト」というテーマで、マネジャークラスによる研究会をやったときの話が出てきます。井深はそのテーマがものすごく気に入って、朝から楽しみにして聴きに来たようです。

ところが、サラリーマンが集まってパラダイムシフトの話をしても、現状の改善程度の議論にしかならないのを見て、井深は出井を「ちょっと来い」と呼び出したそうです。それから「お前はパラダイムシフトの意味が分かっているのか。言ってみろ」と、散々に怒られた話が書かれています。それではここで、もうひとつエクササイズを出しましょう。

Exercise

井深が考えるパラダイムシフトとは、どのようなものだったのでしょうか？

井深はソニーの社内報の中で「モノと心が表裏一体であるという自然の姿を考慮に入れることが近代科学のパラダイムを打ち破る一番のキーだと思う」と述べています。つまり、東京通信工業の立ち上げ以来、自分たちが立脚してきた近代科学の根底にある思想そのものを打ち破ることを考えていたことになります。そうした意味でのパラダイムシフトこそが、人間の心を満足させ、21世紀に通用するソニーを創っていくことにつながると考えていたのです。

いま、グーグルの登場などにより、近代科学の知見の多くは、検索可能な公共財になっています。その一方で、検索が容易ではない、人の心の中を目利きする力が、ビジネスにおいて価値を持つようになっています。その結果、ハードウェアをつくる技術の相対的な優位性が低下し、ハードやソフト、コンテンツやデータベースを組み合わせて、人に喜びを与えるサービスの価値が高まってきています。井深の視線は、こうした21世紀に向けられたものであったことが分かります。

21世紀は意識革命の時代

こうした背景から、井深は東洋医学や気功、果てはスプーン曲げや透視などの超能力にも関心を持ち、若手社員の提案を受けて1992年にはESPER研究室を立ち上げました。電気と機械の交点に20世紀のイノベーションの源泉を見出した井深は、今度は科学が語ることのできない領域に、21世紀のイノベーションの源泉を見出そうとしていたのかもしれません。

最後に、1989～91年にかけての井深語録を紹介して、この章を閉じたいと思います。これらの語録から、井深の発想力は、21世紀においてもまだ新しさを失っていないことが分かるでしょう。

――「21世紀は精神が評価される時代だという人もいます。……これからは、人間対人間の問題が今まで以上よりも一層厳しく評価される時代になってくるような気がします」

――「21世紀になったら人間とか愛情とかいうものがますます重要なファクターになってくると思うので、自分自身に磨きをかけ、人との関係を大切にするよう心がけていく必要があるだろうと思いますね」

――「この次はいったい何でしょうか。ソフトウエア、意識、心というものが占める産業が要求される時代が来るといわれています。それは、今すぐ来るか、10年後か、21世紀か分かりませんが、これは意識革命と呼ばれています」

――「日本の教育は、モノの教育だけに集中してきたと言っても過言ではないでしょう。では、いったいいつ心を育てるのか、いつから始めればいいのか、それは私にとっての命題です」

『ざっくばらん』

本田宗一郎著

本田氏がざっくばらんに自分の思うところを書き綴った書。

内容は多岐にわたり、本田の関心の広さがうかがえる。

「技術も哲学の結晶だ」という著者の哲学が詰まった一冊。

PHP研究所から、2008年刊行。

高野研一

（コーン・フェリー・ジャパン前会長）

本田宗一郎（ほんだ・そういちろう）

1906年生まれ。小学校を卒業後、アート商会（東京・自動車修理工場）に入社。

28年にのれん分けをして、浜松アート商会を設立。

46年、本田技術研究所、48年本田技研工業（株）を設立。

オートバイ「スーパーカブ」などを次々に開発。

73年に社長を退任し、取締役最高顧問となる。

89年、日本人として初めてアメリカの自動車殿堂（AHF）入り。91年、84歳で逝去。

本田とジョブズの意外な接点

この本は、本田技研工業（ホンダ）の創業者である本田宗一郎氏が、文字通りざっくばらんに自分の思うところを書き綴った書です。その内容は、「国民性論」「新デザイン学」「美と個性」「島国根性」「文化人論」など多岐にわたり、本田の関心の広さがうかがえます。

その中で、本田が最初のテーマとして挙げたのは、やはり「技術とは」でした。その中には、本田の「技術屋」に関する考え方が鮮明に表れています。

そこに触れる前に、あなたにも「本田にとって技術屋とは何か」について考えてもらいましょう。

Exercise

本田は、技術よりも上に位置づけられるべきものがあると言っています。それは何でしょうか？また、職人と技術屋は違うとも言っています。その違いについて考えてみてください。

考えはまとまったでしょうか。この問いの回答になる本田語録を以下に紹介します。

職人とか技術屋とかいうが、人間に必要だから貴いんで、もし何の役にも立たないものだとしたら何の価値もない。そういうことを考えると、技術のうえに何かありそうな気がする。やはり人間を本当に理解するのが技術の根本原則で、人間を本当に考えない技術は技術でも何でもない。

職人と技術屋の違いはどこにあるのだろうか。それは、学校を出た出ないじゃなくて、一つのものがあると、過去を大事にして、そればっかりにつかまっている人が職人だ。同じ過去でも、それに新しい理論を積み重ねて、日々前進する人が技術屋だ。

つまり、技術屋とは、人間を深く理解するとともに、絶えず新しいモノの見方を見出していく人であると考えていることが分かります。人間というものは、他人よりもモノを知っていたり、学歴が高いと、ついついそれにこだわりすぎるところがあります。その結果、知識を持っていること自体が目的になってしまったり、そこに縛られて、それ以外のモノの見方ができなくなってしまったりすることがあります。

本田は自分が学校に行っていないことを看板にしているとのことで、「技術屋＝知識人」というモノの見方を絶対視していません。むしろ、「人間を本当に理解するのが技術の根本原則」という異なる角度から世界を見ています。新しい技術や理論が人間にどのような意味をもたらすのか、そこにこだわっているのです。

この発言は、スティーブ・ジョブズの次の発言と相通じるところがあります。

「コンピュータに何ができるかではなく、クリエイティブな人はコンピュータを使って何をするかが重要だ」

ジョブズはエンジニアではありません。大学時代はリード・カレッジでリベラルアーツを勉強しています。リベラルアーツとは「人を自由にする学問」という意味を持ち、文法学・修辞学・論理学・算術・幾何学・天文学・音楽より構成されています。それも、最後まで履修したわけではなく、中退しています。それが、本田と同じように「技術屋＝知識人」というモノの見方に縛られなかった理由ではないでしょうか。そして、そのことがパソコンの新しい可能性を誰よりも先に発見することにつながったのです。

本嫌いだった理由

本田は本を読むのが嫌いだといいます。知識人はともすると知らないことに出会うと、知らないこと自体を恥と感じ、まず本を読んで知識を吸収しようとします。しかし、本田はそんな非効率なことをしなくても、その道の専門家に聞いた方が早いと考えます。実際、本田は本書の中で自分の長所を「ざっくばらんに人に聞くことができること」と記しています。

しかし、本田が人から知恵を引き出すことができるのは、単に学歴がないため、知らないことを恥ずかしく感じないというだけに留まりません。本田の書いた本を読めば分かるように、いい論点を選ぶ力がその背景にはあるのです。本田は、人が行動を起こす場合には、いい論点に気づくことが先決条件であるといいます。

一 技術があれば、何でも解決できるわけではない。技術以前に気づくということが必要になる。

いい論点とは、そこで解が見えれば意味のある効果が生まれるもので、かつ多くの人のイマジネーションを喚起するような論点のことを指します。

「コンピュータを感覚的に操作できるようにすれば、クリエイティブな人たちに新たな体験を提供できるのではないか。そのために技術をどう活用すればいいのか?」

これがジョブズが気づいた論点です。そこから、ゼロックスの研究所ですでに開発されていた、グラフィック・ユーザー・インターフェースの発見へとつながっていったのです。

専門家の知恵を引き出すためには、単に分からないことを質問すればいいというものではありません。いい論点を提起してはじめて、相手の好奇心を喚起し、イマジネーションを広げ、インパクトのある解決策をたぐり寄せることが可能になります。本田はこう言っています。


――日本にはいくらも技術屋はいるがなかなか(問題を)解決できない。(それは)気づかないからだ。


本田のこの言葉は、いまの時代にもそのまま当てはまるかもしれません。日本には多くの技術者がいるにもかかわらず、ジョブズやジェフ・ベゾス(アマゾン・ドット・コム創業者で、元金融機関のアナリスト)など、純粋なエンジニアではない人たちに、様々な領域で先行を許してしまっています。本田に言わせれば、「それは気づかないからだ」ということになるでしょう。

いまの時代は1社だけで解決できる問題などなくなってきています。問題の大きさが企業の器を超えてしまったのです。このため、エコシステム（勝ち組企業連合）を形成して問題解決に当たることが世界の常識になってきています。オープンイノベーションです。そこでは、本田の言うように、いい論点を提起し、社外の人たちに聞いて回る能力が求められます。いい論点を示せば、それに関心を持つ人たちはたいてい会ってくれるでしょう。このため、いい論点に気づく人は、人脈と知識が勝手に広がっていくのです。

ところが日本企業を見ていると、頭のいい技術者になればなるほど、社外の人たちに聞くということをしていません。「その前に本を読んで、まず自分が知識を吸収してからでないと恥ずかしい」というモードに入り込んでしまうのです。「技術屋＝知識人」というモノの見方が壁になっていることが分かるでしょう。

失敗のないビジネスはつまらない

それではどうすればいい論点に気づくようになれるのでしょうか。本田の言葉の中にヒントがあります。

人生は見たり、聞いたり、試したりの三つの知恵でまとまっているが、その中でいちばん大切なのは試したりであると僕は思う。

つまり、仮説の検証です。「これが顧客にとっての価値につながるのではないか」「こうすれば生産性が2倍になるのではないか」。こうした仮説を立てて検証することで、顧客の内面や、生産プロセス、原価構造に関する理解が深まっていきます。それを通じて、いい論点を見抜く目利き能力が養われていくのです。実際、本田がトップだったころのホンダは、1社だけでモーターショーが開けるほどの数のオートバイを試作し、検証していたといいます。

その一方で、本田は「世の中の技術屋というものは、見たり聞いたりが多くて、試したりがほとんどない」とも言っています。それでは、ここであなたにもう一問考えてもらいましょう。

Exercise

本田は、「世の中の技術屋は、見たり聞いたりが多くて、試したりがほとんどない」と言っています。なぜ世の中の技術屋は「試したり」を重視しないのか考えてみてください。

これに関して、本田は次のような考え方を述べています。

失敗と成功はうらはらになっている。喜びと悲しみが同居しているように、成功と失敗は同居している。それだけに、失敗の回数に比例して、成功しているということもいえる。みんな失敗を厭《いと》うもんだから成功のチャンスも少ない。

「技術屋＝人間を理解する人」というモノの見方に立てば、喜びと悲しみが同居する人生のように、成功と失敗も同居しているというふうに世界が見えます。もちろん失敗することは楽しいことではありませんが、そこから新しい発見がある。悲しみがない人生がつまらないのと同じです。

これに対して、「技術屋＝知識人」というモノの見方に立つと、失敗は自分が「知らない」ことの証であり、技術屋失格という烙印を押されかねません。このため、検証自体を回避し、失敗のない「見たり聞いたり」に終始することになってしまいます。これでは新しい発見など期待できません。ジョブズが「Stay foolish（愚かであれ）」と言っているのは、ここに理由があるように感じられます。

技術屋にこそ「思想」が必要だ

本田は技術屋にとっての「思想」についても熱く語っています。思想のようなものは文系の学生が語ることであって、技術屋は技術のことだけを考えていればいいと感じる人もいるかもしれませんが、本田はそうしたモノの見方を真っ向から否定しています。

技術屋には思想なんか必要ない、と思う人があるかも知れないが、とんでもないことである。……技術そのものは、テクニックだから、たいしたことはない。技術の前提条件である思想さえちゃんとまとまっていればいい。……技術がすべてを解決するとカン違いしたんじゃ、何でもありで、おっかなくて仕様がない。技術はよくも悪くも使える。

それでは、本田にとっての思想とは何を意味するのでしょうか。ここであなたにも少し時間をとって考えてもらいましょう。

Exercise

本田は、思想は技術の前提条件であり、思想さえまとまっていればそれでいいと述べています。本田のいう思想とは何かについて考えてみてください。

解答に行く前に、少し話が飛ぶことをお許しください。本田は商品開発において、どのくらいの値段で、どういうタイプの製品をつくったらいいか、アンケートを取るといったやり方がまかり通っているのを苦々しく感じていました。

自分の立てた仮説が本当に大衆に受け入れられたのかどうか、アンケートを取って検証するというのなら意味があります。しかし、これから生まれてくる商品に関して、何の仮説もなくアンケートを取って聞くのはおかしいと思っていたのです。

「物をつくることの専門家が、なぜシロウトの大衆に聞かなければならないのだろうか」

シロウトが知っていることは過去のことであって、まだ起こってもいない未来について検証に値する仮説が出てくることを期待することはできません。仮説は自分で立てる必要があるのです。大衆の意表を突く仮説を立てることが、発明や発見につながります。つまり、調査ではなく仮説が大切なのです。

ここでも、本田とジョブズの意見は一致しています。ジョブズは「顧客が何を望むかでなく、何を望むようになるかを考える」ことが重要だと述べています。一方で本田は、「新しいものをつくるときにアンケートを取るから、総花的なものになり、他のメーカーの後追いばかりすることになる」と、ホンダに追随しようとする他社の動きをたしなめています。

よそのメーカーがアンケートを取れば、（ホンダの）ドリームみたいなスタイルがいいと出るに決まっている。案の定、うちとそっくりな角型がふえてきた。パイプフレームでもいいのに、無理にプレスフレームに似せたものまである。僕の場合は、パイプだと細工が多くなって重くなり、性能が悪くなるからパイプフレームにしない（プレスにした）だけのことだ。だからそこだけを真似たんじゃ、生産量が違うんだから償却（固定費）もケタ違いになる。うちの真似をしていたんじゃ、商売にならない。各自コストに見合うところで工夫するのが、本当のメーカーといえる。

市場構造・事業構造・収益構造のリンケージを捉える

本田は、製品のデザインが、性能、顧客の受け止め方、販売量、製造プロセス、原価構造にどのような影響を及ぼすのかを立体的に理解していたことが分かります。プレスフレームにすれば性能は上がり、いまの時期ならカッコよく見え、多少の販売量の増加にはつながるかもしれません。しかし、ホンダのドリームが圧倒的ポジションを奪ってしまった後で真似をしても、大した販売量の増加にはつながらないでしょう。その一方で、製造プロセスは設備が重くなり、固定費はアップします。生産量が少ない中で、赤字になるに決まっているというわけです。

優れた経営者には、このように市場構造・事業構造・収益構造のリンケージを立体的に捉え、シミュレーションする能力があります。それに基づき、自社の身の丈に合ったターゲット顧客、製品デザイン、性能、販売量、製造プロセス、原価構造の最適バランスを選択できるのです。

これが思想を持つということです。思想があってはじめて、永続する事業を生み出し、顧客や社会に貢献することができます。思想なしに技術だけで商品をつくっても、資源を浪費するだけで、社会の役には立たないのです。

つまり、本田にとって技術屋とは、単に設計図面を引く人ではなく、経営者であることが求められているのです。図面の背後に、ターゲット顧客の喜怒哀楽や、市場におけるポジショニング、製造プロセスや収益構造が浮かび上がる人だけが技術屋と呼ぶに値するのです。

一流といわれる自動車メーカーが、向こう（海外のライセンサー）から図面をもらってつくっている。ところがその図面をつくるのには強烈な思想が要るということを置き忘れて、図面通りつくるのが技術屋だと誤解している。

他社の後追いをしているだけでは、「強烈な思想」は持てません。ジョブズが言うように、「顧客が何を望むかでなく、何を望むようになるかを考える」くらいの視座に立つ必要があります。結局、冒頭で紹介した、「人間を本当に理解するのが技術の根本原則」という考え方に帰着することになるわけです。

肝心の人間を忘れては、すべて成り立たない。……人の心に棲むことによって、人もこう思うだろう、そうすればこういうものをつくれば喜んでくれるだろうし、売れるだろうということ（アイデア）が出てくる。……だから人間を知らない技術屋、人間勉強をしない技術屋は危ない。本当の技術屋ではない。

デザインは流行だといったが、流行の心理というものは人真似をする心理、あの人がやったから私もやるという心理である。人間には独創性と模倣性があり、独創性は字の通り新しい

物を創ることであり、模倣性は流行を生むというわけである。そこでわれわれにとって大衆の模倣性はいけないことかといえば、そうではない。模倣性のお蔭で、工場は長い間同じものをつくっていられる。これが独創性だけを要求されたら、採算を無視して、しょっちゅう型を変えなければならなくなる。……商品のデザインは、大衆のもっている模倣性をみきわめながら、独創性を少しずつ押し出す、というキワドイところで進められているわけである。

人間を深く洞察した思想を持つ上で、本田は「観察」が重要であると述べています。

最近、うちの工場をみにくる人が多くなった。ところが大半が見学組で、観学組は案外少ない。人数、組織や機械数などを聞く人はまず見学組とみて間違いない。ところが、そんなことには無関心で、この機械をどうしてここに配置したのか、自社製の機械をなぜつくるのかといった質問を出す人は観学組だ。

単に「見る」のではなく、「観る」ことが大切だというのです。つまり、工場で働く人や機械など、目の前にあるものをただ見ている人と、その背後にある製造プロセスや原価構造をイメージしながら「観ている人」の間には、長い間に雲泥の差が生まれるということです。これが観察の持つ力です。
本田自身、見学に来る人の質問を聞きながら、その人がどのように世界を見ているのかを「観ている」といっていいでしょう。これが本田に、人間を深く洞察した思想を持つことを可能にしたのです。

本田流・生産プロセスの神髄

この本を読んでいて強く感じるのは、本田が自由なモノの見方を持っていたということです。それが様々なところで遺憾なく発揮されています。次のくだりは本田が生産プロセスのあり方について、独自の考え方を述べているものです。いまのセル型生産を先取りしているようで面白い内容です。

現在の日本では、何でもかんでもコンベア化して得意になっているのが多い。人間が手渡しした方が早いものもあるのに、そんなことはお構いなしだ。アメリカで必要に迫られてやったことを、生産量もケタ外れに少ない日本が高い資本を投下し、工場のスペースを狭くしてまで猿まねをしている。そして、ますます儲からなくしている。だから、うちはコンベアを外してしまった。ドリームを一日二百台つくるのに、手で二百回動かすだけで、たいした時間ではない。

動かすということは時間が必要だ。機械の実働時間は実際に粉を出しているときで、そのほかのときは、たとえ機械が動いていても、ただ置いてあるだけだ。機械の目的は削ることにあるのだから、送る時間と動く時間をなくして、四方八方から一ぺんに囲んでやった方がいい。また加工される部品にしても、ラインの中に機械が五十台あれば、最低五十個は載せなければならない。これを方々から一ぺんにやれる機械でやるとすれば、一個ですむことになる。こういう機械が随所にあれば、何億円という部品のための流動資産が浮くことになる。

どこか一カ所故障を起すと全部止まってしまう。調整時間をマイナスして、正味を計算すると、機械が大がかりなうえに能率が悪いということになる。僕はいずれ世界的に、トランスファーマシン（コンベア）の反省期に入るとみている。

また、海外の市場や国民性についても深い洞察を展開しています。ドイツについては、その寒さと国民性を考えると、オートバイの需要は四輪を買えない層に留まり、結果的に所得水準の向上に伴って、オートバイは四輪に置き換えられていくと予想しています。

しかし一方で、米国人は豪華な四輪でも味わえないような感覚をオートバイに求めている。このため、自動車は自動車として乗り、レクリエーション的にオートバイに乗るという使い分けが行われている、ということを理解していたのです。

当時、日本人はオートバイを通勤とか商売にしか使っていなかったので、ドイツ同様に四輪が増えてくればオートバイは減るだろうという考え方に陥りがちでした。しかし、本田はその考え方に左右されず、米国には成長ポテンシャルがあることを見抜いて米国市場をターゲットにしました。いまでいうところのセグメンテーションとポジショニングです。

人の心を捉える仕掛け

こうしたマーケティングの発想は、新しい事業領域への参入においても発揮されます。ホンダが新しい耕運機を商品化したときの話です。オートバイの技術を横展開して新しいものをつくろうとしたわけですが、当時のホンダの技術者たちは、マニア向けのオートバイと同じ発想で、ハンドルの締めを自分で調節できるように設計しようとしていました。

これに対して本田は反対しました。「マニアは、自分でいじくり回してアイデアを入れるようになっていないと承知しないが、農業用の実用機械までそんなだったとしたら、使う方がたまらない。もっと用途を考えろ」とカミナリを落としたわけです。

つまり、顧客の心に入り込むことをせずに、自分にとっていいと思う製品をつくっても、人の役には立てないということです。「哲学のないところに技術屋もなければ企業もない。人間を動かすスパナは哲学である」

「人間を本当に理解するのが技術の根本原則」と述べているだけあって、本田の洞察は人間の生き様にも及びます。オイルショックのころ、巷では日本は人間が多すぎるから失業問題が深刻だといわれていました。しかし、そうした世の中の常識に対して、本田は違った角度から世界を見ていたのです。

「人間がたくさん住んでいれば、それだけ欲望の種類も多いわけで、それに応じた職業が無限にあるということにはならないだろうか」

つまり、同じ現象を見ていても、その解釈の仕方はひとつではありません。モノの見方を変えれば、見えてくる答えも違ってくるのです。本田はこう言います。「僕はどんなに大きな失敗をしても、大地をふんまえてグッと立ち上がるような明るい解釈をするようにしている」

本田は23～24歳のときから長唄を習ったり、小太鼓をたたいたり、さんざん道楽をしてきたようです。親戚や友人たちからは、「儲けたら無駄遣いせずに貯めておけ」と忠告されたのですが、放蕩癖があるために片っ端から使ってしまったそうです。しかし、こうした道楽や遊びをしたからこそ、デザインのセンスが身についたといいます。デザインとは人の心を捉えるものだから、道楽した人でなければ人の心に触れることは難しいということです。

次の記述は、デザインの美しさに共鳴する人の心を、本田がリアルに捉えていたことをうかがわせます。

たとえば、仏像のいわゆる眉から鼻にかける線のすばらしさ。あれだけの線は、僕の知っている範囲では外国にもないようだ。ドリームのタンクにあるエッジは、あの線を頭に描きながらデザインした。ベンリイの方は、一見したところドリームに似たデザインだが、多くの人に親しみやすくするために、六甲山の麓《ふもと》の数寄屋《すきや》造りの民家のような軽い感じにしてある。

自動車のデザインは目で見る交響楽でなければいけない。トロンボーン一つが高い音を出しても、オーケストラのバランスがくずれるのと同じように、タイヤとかハンドルとかそれらの一つ一つを、全体のバランスをくずさずに処理していかなければならない。しかも、バラ

ンスをとりながら、それぞれに主張をしていかなければならない。

ここからは、ジョブズがアルファベットの字体のデザインにこだわったような熱意が伝わってきます。こうでなければ、マニアの心をつかむことは難しかったでしょう。

経営者は「思想」を語れ

「欧州断想」という章には、本田が20日ほどかけて、フランス、ドイツを回ってきた話が出てきます。当時パリで開催された機械工具博覧会を見に行くことが目的でした。機械工具博覧会というと、新しい機械を見に行ったようなイメージを持ってしまいがちですが、本田はそうではないといいます。

機械は単なる1個のモノではなくて、技術屋の思想そのものをズバリ反映している。それをさらに突き詰めていくと、それを生産している会社の生産方式や経営のやり方までが、ハッキリした形で浮かび上がってくる。そうした業界の底流を探る上で、世界一流の機械が一堂に集まる博覧会は、絶好の場なのだ、と考えたのです。

本田はこうした目的で先進国であるヨーロッパや米国を回っては、日本へ帰ってきてから社員に話を聞かせました。しかし、そこでは技術の話をしたことがないといいます。本田が話して聞かせたことは、技術の基礎になっている「思想」だったのです。

――思想さえシッカリしていれば、技術そのものはそう難しいものではない。そのことをつかむのがトップの役目ではないかと思う。

――ホンダには十一年の歴史しかないが、ヨーロッパには長い歴史の積み上げがある。今度の渡欧の目的を手っ取り早くいえば、機械を通しての世界の市場調査に出掛けたということになる。

その一方で、本田が海外に出て行っては新しい機械をたくさん買い入れてくることから、ホンダの財政は逼迫《ひっぱく》していきます。当時ホンダの財務を一手に仕切っていたのは、本田の生涯のパートナーであった藤沢武夫氏です。昭和28～29年ごろは、藤沢が寝汗をかくほど緊迫した状態にあったといいます。

同業者からは「身の程知らずに機械なんか買い込んで」と言われたようですが、本田はこごでも世の中のモノの見方とは違った角度から自分たちの苦境を観ていました。

あのころの、外貨というものは、ウイスキーや高級車の輸入にばかり使われていて、基本産業にはほとんど使われていなかった。ウイスキーは飲んでしまえばなくなるが、機械は飲むわけにはいかない(なくならない)。ホンダがつぶれれば迷惑をかけるが、機械は迷惑をかけない。むしろ国家的にみても利益になる。

つまり、ホンダという一企業の財政ではなく、日本という国の技術発展を支える基盤のあり方を考えていたということなのです。こうした視座から世界を観ているため、本田の発想は世間の常識を超越しています。「専務(藤沢)が寝汗もかかずにノウノウとしておれるぐらいにしか機械を買っていなければ、現在のホンダは存在しなかったともいえる」。ここまで考えるのが、本田のいう「技術屋」の真骨頂なのでしょう。

「真理だけが充満していなければならぬ」

常に新しいモノの見方を試し、真理を探究しながら、人にとって役に立つことを目指した技術屋・本田宗一郎。しかし、われわれはともすると易きに流され、固定観念にとらわれ、真理が見えなくなってしまうことが少なくありません。その結果、自分のための活動に終始してしまいがちになります。そんなわれわれに対する助言として、本田の熱い思いが集約された次の言葉を紹介して、この章を閉じることにしましょう。

科学技術というものは、権力にも経済的な圧力にも屈してはいけないものである。ガリレオが「それでも地球は回っている」とつぶやいたように、権力をもった者が、どんなに真理を否定しても、真理は真理として残る。真理は一見冷たい。しかしその真理を押し通すところに、熱い人間の面目《めんぼく》がある。工場には、その冷たい真理だけがある。真理だけが充満していなければならぬ。

『アメーバ経営』

稲盛和夫著

稲盛氏が、みずから生み出した「アメーバ経営」に関して執筆。
いかにすれば社員一人一人にオーナーシップを持たせることができるのか
経営者が直面する永遠のテーマについて取り組んだ名著。
日本経済新聞出版社から2006年刊行、2010年に文庫化。

高野研一

（コーン・フェリー・ジャパン前会長）

稲盛和夫（いなもり・かずお）
1932年生まれ。59年、京都セラミック株式会社（現京セラ）を設立。
社長、会長を経て、97年より名誉会長を務める。
84年には第二電電（現KDDI）を設立、2001年より最高顧問となる。
2010年、日本航空（JAL）会長に就任、15年4月より名誉顧問に。
1984年には私財を投じ、稲盛財団を設立。
若手経営者のための経営塾「盛和塾」の塾長として、後進の育成にも力を入れる。

単なる経営手法ではない

本書は、京セラの創業者である稲盛和夫氏が、自ら編み出した「アメーバ経営」について記述した本です。「ひとりひとりの社員が主役」という副題がついているとおり、いかにすれば社員にオーナーシップを持たせることができるのか、個人のやりたいことと、組織全体の利益との調和を図ることができるのかといった、経営者が直面する永遠のテーマに取り組んだ名著といえます。

表紙をめくると、稲盛自身の言葉で、「企業経営に心血を注いで五十余年──。人間のあり方、リーダーのあり方、経営のあり方を学び、アメーバ経営を創り出すことができました」と書かれています。ここから分かるのは、稲盛にとってアメーバ経営とは、単なる経営手法ではなく、人や会社をつくるための哲学にまで昇華されたものであるということです。

稲盛は鹿児島大学工学部を卒業した後、京都の碍子メーカー・松風工業に入社しました。そこで当時新しい分野であったニューセラミックスについて研究し、その事業化に成功しました。ところが、上司が代わり、新しく就任した研究部長と意見が合わず、7名の同志とともに現在の京セラ（当時・京都セラミック）を創業する決断をしました。

その当時、稲盛には創業資金を捻出する余裕も、事業経営の経験もありませんでした。しかし、幸いにも稲盛たちの試みに期待を寄せ、資金を支援してくれる人たちに恵まれました。特に、宮木電機の専務であった西枝一江氏は、「あなたは考え方がしっかりしていて、見所があると思ったのでお金を出したのです。あなたの技術を出資とみなして、あなたにも株を持ってもらいます」と、オーナー経営者としての道を歩ませてくれました。

こうして、信頼できる仲間たちと、稲盛に期待を寄せる出資者を得て、京セラはパートナーシップを基礎とした会社として船出したのです。これが後に稲盛がたどり着いた「ひとりひとりの社員が主役」という経営哲学に大きな影響を与えたことは間違いないでしょう。経営者と労働者という関係ではなく、同じ目的のために努力を惜しまない同志が集まり、真の仲間意識が生まれる姿を追求したのです。

稲盛は、人の心というのは非常に移ろいやすいものでありながら、ひとたび結ばれると世の中でこれくらい強固なものはないと言います。アメーバ経営は、こうした人の心がつながりあって、あたかもひとつの意志の下、すべてが調和しているように機能する状態を理想としています。「全従業員の物心両面の幸福を追求すると同時に、人類、社会の進歩発展に貢献すること」という京セラの経営理念の中には、アメーバ経営がゴールとする姿が鮮明に描き出されています。

京セラは当初28名の社員でスタートしましたが、すぐに事業は急成長を始め、5年もしないうちに100名を超え、やがて300名まで増えていきました。そのころから、稲盛ひとりで開発から製造、販売のすべてを切り回していくことが難しくなっていきます。そんなとき、稲盛の頭の中に、会社を20~30名の小集団に分けてみたらどうだろうかというアイデアが湧いてきたのです。

さらに稲盛は、どうせ小集団に分けるのであれば、それぞれの組織を独立採算制にできないだろうかと考えました。各組織にリーダーを置き、小さな町工場として経営していける状態を追求したのです。その際、会計知識を持たない人でも分かるように、損益計算書に工夫を凝らし、「時間当たり採算表」を作成しました。これが後にアメーバ経営の核になっていく京セラ会計の始まりです。

稲盛が捨て去った常識

京セラ会計は、「売上を最大に、経費を最小にすれば、その差である付加価値は最大になる」

という、至極あたりまえの原則に基づいた事業評価の「ものさし」であるわけですが、現実のビジネスでは、このシンプルな原則が往々にして忘れ去られがちになります。

メーカーであれば営業利益率５％、流通業であれば数％もあればいいといった業界の常識に基づき、実績がそれを満たせばそこで満足してしまいます。しかし、「売上を最大に、経費を最小にする」という原則からすれば、利益はいくらでも増やすことができると稲盛は考えます。モノの見方次第で、利益拡大のポテンシャルが見えたり、見えなかったりするということです。

あるいは、収益性だけを問う株主の声に押されて、本来減らしてはいけない研究開発費を削って将来の売上ポテンシャルを失ってしまったり、本来は削らなければいけない無駄な固定費を、過去のしがらみにとらわれて高止まりしたまま放置し、成長投資のための原資となるべき利益を失ったりしてしまうことがよくあります。

経営を預かるリーダーが最も注意しなければならないのは、こうした「業界の常識」「株主のプレッシャー」「過去のしがらみ」といったものに安易に流され、シンプルな経営の原則を忘れて、本末転倒な打ち手に飛びついてしまうことです。そうして、せっかく目の前にある成長のチャンスを見失ってしまうのです。こうした状態を避けるために、経営の原則を分かりやすく伝えるのが京セラ会計なのです。

稲盛は、「私は経営に無知であったがゆえに、いわゆる常識というものを持ち合わせていなかったので、何を判断するにも、物事を本質から考えなければならなかった」と言います。そこから、経営における判断は、世間でいう筋の通ったこと、つまり「人間として何が正しいのか」ということに基づいて行わなければならないという結論にたどり着きます。それは、公平、公正、正義、勇気、誠実、忍耐、努力、親切、思いやり、謙虚、博愛といった言葉で表されるもので、世界に通用する普遍的な価値観であると稲盛は考えます。

そうした物事の本質に沿って考えを進めていった結果として、「この採算表であれば容易に理解できるから、すべての従業員が経営に参加することができる。つまり、リーダーを育てると同時に、経営に関心を持ち、経営者マインドを持った従業員を社内に増やしていくことができる」という考えにたどり着きます。こうして、京セラ会計は、「ひとりひとりの社員が主役」という稲盛の民主的な理念を実現するための手段になっていったのです。

あるアメーバの赤字脱却に関わった若い女性はこう言います。「赤字から立ち直るまで、ずいぶんと苦しい思いをしましたが、みんなで励まし合いながら、改善プロジェクトに取り組んできました。メンバーの知恵を集め、周りの人たちの協力があってはじめて目標は達成されます。その協力関係を支えるのは、互いに信じ合える人間関係です」。これにはさすがの稲盛も、「まるで経営者のような」と舌を巻いています。

誰でも採算が分かる仕組みを用意

アメーバのリーダーには、経営計画、実績管理、労務管理、資材発注まで各アメーバの経営全般が任されます。アメーバという小さな単位であっても、それを経営するとなれば収支計算をしなければならず、最低限の会計知識は必要になります。それが出資者に対して説明責任を果たすということです。ところが、当時の京セラにはそうしたことができる人材が不足していました。そこで、特別な知識を持っていなくても、アメーバの採算が誰にでも分かる仕組みを用意したのです。

アメーバ経営の下では、各アメーバがあたかも個々の企業であるかのように社内売買を行います。そして、収入と経費の差額である付加価値を算出し、それを総労働時間で割って、1時間当たりの付加価値を計算します。これを1時間当たりの平均賃金と比較するのです。付加価値が賃金を上回っていれば、そのアメーバは出資者に対して利益をもたらしていることになります。

市場価格が大幅に下がれば、それがアメーバ間の社内売買の価格にもすぐさま反映されます。

このため、市場に接しているアメーバだけでなく、川上にいるアメーバまでもが、すぐに経費の削減に取り組まなければなりません。市場のダイナミズムが、社内の隅々にまでダイレクトに伝えられ、会社全体が市場の変化に反応することになります。

買い手のアメーバは売買である限り、必要な品質を満たしていなければ、たとえ社内のものであっても買いません。定められた基準を満たさない仕掛品は後工程に流れていかないようになっているのです。それどころか、より低価格で高い品質の部材を提供するサプライヤーがいれば、社外から買うことも認められています。

このため、アメーバ間の値決めは京セラにおいて最も重要なものになります。そこでは公正・公平な判断が求められるのです。通常この役割を担うのは、買い手と売り手のアメーバの上に立つ上級管理職です。彼らには、労働の価値に対する見識が求められます。この電子機器を販売するには粗利が何%必要になるとか、この仕事をするアルバイトの時給はいくらかとか、この作業の外注コストはどのぐらいかといった知見が必要になるのです。そうでなければ売り手と買い手のアメーバを納得させることはできません。

付加価値の高いハイテク製品の場合、そこに関わる工程は高度な技術を必要とするものが多く、時間当たり付加価値は高くなります。しかし、その中に単純作業を行うアメーバが混じっていることもあり、そのアメーバにまで高い売値を認めると、努力をしなくても儲かってしまうことになります。その一方で、高い技術力を擁しながらも、先行投資がかさむために不採算になっているアメーバもあります。

こうした仕事や事業の特性を深く理解した経営者が、世間相場を勘案しながら、アメーバ間の値決めを行っていくのです。市場における神の見えざる手を人間が担おうとするわけですから、そこには高い見識と公正さが求められることになります。アメーバ経営では、こうした公の立場に立って、広い視野からモノの価値を判断する機会が多くのリーダーに与えられます。それが経営者を育成する訓練の場になっているのです。

リーダーは人格者であれ

もちろん、アメーバ経営も万能ではなく、アメーバ同士のエゴが前面に出て、喧嘩になってしまうことも多いことを稲盛は認めています。アメーバのリーダーは自部門の採算に責任を持ちながら売値を調整しているため、採算が悪化するような値下げを容易には受け入れることができないからです。リーダーが部下のためを思って自部門の採算をよくしようとすることが、アメーバ間の火種になるのです。

しかし、稲盛は「個として自部門を守ると同時に、立場の違いを超えて、より高い次元で物事を考え、判断することができる経営哲学、フィロソフィを備える必要がある」と言います。ここでいうフィロソフィとは、「人間として何が正しいのか」を判断する力のことです。アメーバ経営は、こうしたフィロソフィをベースにして、はじめて利害の対立を克服し、正常に機能するといいます。

このため、京セラでは公平、公正、正義、勇気、誠実、忍耐、努力、親切、思いやり、謙虚、博愛といった価値観を大切にしています。そして稲盛は、リーダーはすべてにおいて人格者でなければならないと断言します。しかし、人間は誰しもが完全ではなく、弱い側面を持っています。稲盛はこうした人間の弱さと、アメーバ経営の中でリーダーに求められる優れた人格との折り合いをどうつけているのでしょうか。

Exercise

リーダーも人間であるからには万能ではありません。非現実的なほど高い倫理を求めすぎるのは、かえって問題を生むという意見があります。一方で稲盛は、リーダーはすべてにおいて人格者でなければならないと言い切っています。あなたは両者の立場にどう折り合いをつけますか？

リーダーが利己に走るのは、上司や周囲から責められることを恐れて結果を取り繕おうとするからです。人間は弱い生き物であるがゆえに、真実から目をそらし、自分に都合のいい解釈をしてごまかそうとします。しかし、稲盛は、それではリーダーとしての真の勇気を持っているとはいえないと考えます。

人格者とは、うまくいかなかったとき、正直に認めることができる人のことをいいます。自分の至らないところを認めるのは、精神的に難しいことではありますが、能力的に非現実的なことではありません。むしろ、人間の弱さを隠れ蓑にして、利己を貫こうとするところに、稲盛は危うさを感じています。それが組織の調和を乱す原因になるからです。

公平、公正、正義、勇気、誠実、忍耐、努力、親切、思いやり、謙虚、博愛といった理念は、実は高い技能がなくても、人として正しいことを理解する力さえあれば行動として発揮できます。しかし、人間は知識や能力の不足を隠そうとするあまり、公正さや誠実さを欠いた行動を取ってしまいます。稲盛はそうした人間の弱さを正当化することを許さず、リーダーには自分の弱さを認める勇気を求めているのです。

その一方で、エゴを抑えるということは、単純に相手の言うことを受け入れるということでもありません。たとえ相手のアメーバのことを思いやっていても、自部門の採算を下げることが許されるわけではないのです。それでは出資者の期待に応えることにはなりません。本当に会社のためを思うなら、「普通なら利益が出ないと思われるこの値段でも、何とか採算をあげてみせよう」と、人一倍の努力をする必要があるといいます。いままでにない徹底した原価低減を行う覚悟、自らがすさまじい努力を払う覚悟を持って譲歩するというのが、本当の利他行動であると稲盛は考えているのです。

このため、事業全体に責任を持つリーダーが、顧客から値下げを受け入れるのであれば、交渉の前から、どのようにして原価を下げ、利益を確保するのかについて考えておくことが求められます。そして、絶対にできるという確信を持って注文を受けるとともに、製造に対しても「こうすればいままで以上の採算があげられるはずだ」と訴え、協力を取り付ける必要があるといいます。こうしたリーダーがいることによって、各アメーバが運命共同体として機能するようになり、会社全体があたかもひとつの生命体のような存在になっていくのです。

数字の背後に見える社員のがんばり

本書の中では、稲盛自身が開発した京セラ会計のメカニズムについてくわしく説明が行われています。普通の管理会計システムを用いる企業では、製造部門は目標とする原価を与えられ、その範囲内で生産計画を達成すれば評価されます。このため、原価低減努力はしているものの、自ら利益を生み出すという意識は生まれてきません。その結果、「最大限どこまで利益を増やせるのか」といった問いが立てられることは通常はありません。また、生産計画を達成してさえいれば、仮に市場の需要が急減し、在庫が積み上がっていても、自分の責任とは感じないような仕組みになっています。

これに対してアメーバ経営では、下流工程との間で取引が発生するため、原価を下げた分がそのまま利益として認識されます。このため、どうすればもっと抜本的に利益を増やせるのかが論点になるのです。また、市場での需要が急減すれば、それが川上のアメーバにも瞬時に伝わるため、売れない在庫の生産をすぐにでも止めなければいけないという意識が芽生えます。このため、普通の管理会計システムを採用する企業と比べて、従業員の採算意識に雲泥の差が生じるといいます。

稲盛は出張に行くときには、必ず各部門の時間当たり採算表をカバンに入れて持ち歩き、時間があればそれを眺めていました。すると、経費の動きなどから、その部門の責任者や部下が、何を考えどう動いているのかが手に取るように分かるようになったといいます。稲盛は時間当たり採算表の背後に、各アメーバに属するひとりひとりの社員が、創意工夫によってそれらの数字をいかに伸ばしてきたのかを観ていたのです。これは、本田宗一郎氏がオートバイのデザインの背後に、ユーザーの喜怒哀楽や工場の生産プロセスを観ていたのと似たところがあります。

人件費はコストではない

京セラ会計では、各アメーバがいくらで仕入れていくらで売ったのか、その過程でどれだけの付加価値をつけたのか、そのために、どれだけの経費を使ったのかが細部にわたって日々明らかになっていきます。そして、そこで生まれた付加価値を一時間当たりに引きなおし、時間当たり採算を算出します。

ここで、時間当たり付加価値の計算の中には、人件費は含まれていません。人はコストというよりも、付加価値を生み出す源泉と考えているからです。このため、「利益を出すためにどうやって人件費を削るか」ということは論点にならず、「自分たちがもらっている給与を上回る付加価値を出すには何をすべきか」が議論の対象になります。

仮にある部署の1時間当たり労務費が3600円かかっているとすれば、1分当たり60円、

1秒当たり1円の労務費が発生していることになります。このため、それを上回る時間当たり付加価値、例えば1時間当たり6000円を出すために何をすべきかが問われるのです。それができてはじめて、出資者に対して利益を還元できるのです。

現場の指標に「時間」という概念を持ち込むことによって、社員ひとりひとりに時間の大切さを自覚させ、仕事の生産性を高める効果があります。そして、全社員が各部門や全社の経営状況を正しく理解できるようになることで、経営への参画意識が高まり、「ひとりひとりの社員が主役」という理念を実現できるのです。

京セラ会計の下では、常に無駄な経費をなくすことが論点になります。最新鋭の設備を導入すれば見た目の生産性は向上しますが、売上が追いつかなかった場合、機械の稼働率が下がり、結果的に固定費の上昇や付加価値の低下につながることがあります。一度上がった固定費を下げるのは容易ではないため、社員は常に慎重な投資判断を求められることになります。

また、アメーバ経営では原材料などの購入において、「当座買いの原則」を求められます。これは必要なものを必要なだけ購入するという考え方で、余分な在庫を抱えることが許されていないのです。

こうした環境の中で、市場の需要に応じて、変動費と固定費のあるべき水準を解明しようという発想が生まれてきます。それが電子部品のような需給変動の激しい業界において、無駄を減らし、付加価値を最大化することにつながっているのです。

アメーバ経営が、なぜ経営者を育てるのか

多くの企業では、製造部門が製造原価を算出し、それに一定の利益率を乗せて販売価格を決定します。つまりプッシュ型の行動原理になっています。このため、市場価格が急落したときに、営業部門にはすぐにそれが伝わりますが、製造部門側では原価構造を再構築するのに時間がかかり、その間に大きなロスを生み出してしまうことがあります。

これに対してアメーバ経営では、先に市場価格を設定し、それに合った原価構造を製造部門側が日々検討するプル型の行動原理になります。使用している部材を半値で買えないかなどと、安く調達する方法を常に検討します。それがダメなら、今度は設計や製造方法そのものを見直し、利益が出せる設計や製造プロセスにつくり変えていきます。

こうした行動原理が日々の仕事の中に織り込まれているため、市場価格の急激な変動にも適応しやすくなります。また、将来の価格下落を先取りし、将来の原価構造を下げるために、いまから能力向上に取り組むといった動きも取れるようになります。稲盛はこれを「能力を未来

進行形で捉える」と表現します。京セラのように、需要の読みにくい新製品を絶えず投入し、価格の引き下げを定期的に要求される業界で活動する企業においては、社員ひとりひとりが参加し、最適な原価構造のあり方を日々考えていく経営スタイルの方が適しているということです。

稲盛にとってアメーバ経営とは、経営者を育成するための方法論にもなっています。昨今多くの企業では、次世代の経営人材が不足しているといわれています。各部門の専門家は比較的容易に育てられるのですが、多様な部門の専門家を束ねて企業価値を生み出せる経営者となると、なかなか人材が出てこないのです。

それではここで、アメーバ経営がなぜ経営者の育成につながるのかについて考えてもらいましょう。

Exercise

多くの企業では、各部門の専門家は大勢育っていても、経営者が育たないことが問題になっています。それはなぜでしょうか？
また、アメーバ経営では、なぜ経営者が育つのかについて考えてみてください。

企業社会の中で、経験や人柄よりも専門性が重視されるようになって以来、多くの企業では社内の人材のローテーションが減り、特定の専門分野しか経験したことのない人が増えてきています。その結果、専門家は時間がたてば育ちますが、逆にすべての専門分野を横断的に束ねることが求められる経営者は、育ちにくくなっています。

専門家は自分の担当領域にしか目が向かないため、専門分野内に収まる小さな問題を解いている間は力を発揮しますが、経営全体を視野に入れた問題を解こうとすると、途端に間違ったゴール設定をしてしまうことが多くなります。

例えば製造部門のみに視野が閉ざされている人は、本来顧客はリードタイムの短縮や原価構造の抜本的見直しを求めているにもかかわらず、生産性の向上やカイゼン活動といった、既存の延長線上のゴールを掲げてしまうことがよくあります。専門家には、自分の専門分野の中でコントロールできないことは問題の定義から外してしまい、自分にできることの中から解を探そうとする行動パターンがあるからです。しかし、その結果、努力をしている割には顧客のニーズを満たせず、付加価値の増加につながらないという状況に陥ります。

アメーバ経営の下では、与えられた原価目標や生産計画を達成することではなく、何をすれば付加価値が最大になるのかが問われます。つまり、製造部門だから製造のことだけを考えていればいいということではなく、顧客のニーズや市場における需給、製品設計、事業特有の収益構造にまで視野を広げることが求められるのです。アメーバ経営には、専門家を心地よいホームグラウンドから引っ張り出し、経営者の視座に立って付加価値全体を考えさせる効果があります。だから経営者が育つのです。

強く持続した願望を持つ

もちろん、優れた仕組みがあるだけで、経営者がすぐに育つということではありません。アメーバのリーダーが市場構造・事業構造・収益構造の全体像を視野に入れた上で、「こうありたい」という願望を持つことが重要だといいます。稲盛は「潜在意識にまで透徹する強く持続した願望を持つ」という言葉でそれを表現しています。リーダーが燃えるような強い願望と使命感を持ち、その思いを繰り返しメンバーに訴えることによって、計画が真に共有された目標になるといいます。そして、その実現に向けて自分の持つすべてのエネルギーを注ぎ込むことによって、経営者が育っていくのです。

京セラでは、こうした願望を共有する場として、コンパが活用されています。「今年、私はこういうふうに経営していきたいと思う。売上はこういうふうに伸ばしていきたい。経費や時間はこれぐらいかかるだろうが、時間当たりや利益率はここまで伸ばしていきたい。そのため、これだけ受注を増やさねばならないが、私は営業と一緒に客先を訪れ、受注を増やすようにがんばる。君たちは工場を守ってくれ」。こうした形で、実現すべき状態をイメージだけでなく、具体的な数字や役割分担で表現し、伝えることが求められるのです。理念だけでは実行にはつながらず、実行が伴わなければ採算の改善も経営者の育成もないからです。

また、稲盛自身も経営者の育成には相当な時間を投入しています。経営会議の場では、時間当たり採算表をベースに、前月の実績と当月の予算を各部門のリーダーが発表します。このとき、議論を通じて、そのリーダーの考え方や仕事に対する姿勢を厳しく指導しています。

稲盛は、「リーダーはあらゆる可能性を追求して、詳細なシミュレーションを繰り返し、高い目標の実現に向けて全力を尽くすべきである。あらゆる困難を、何ものにも屈しない強固な意志と誰にも負けない努力により、乗り越えていかねばならない。そうした試練を繰り返すことによって、リーダーは経営者としてふさわしい能力や考え方を自然と身につけていくことになる」と語っています。

「ひとりひとりの社員が主役」

最後にあとがきの中で、稲盛は「このアメーバ経営の管理会計システムが、会計分野での新境地を切り開くものではないかと考えている」と述べています。管理会計は、企業で働く多くの人たちのモノの見方を、知らず知らずのうちに規定しています。しかし、そうした重要なものであるにもかかわらず、管理会計のあるべき姿についての議論はあまりされていないのが現状です。稲盛は、そこに着目し、そこを変えることで、多くの社員の行動や、経営のあり方を、より意味のある方向に変えることができると考えたのです。

各アメーバが採算を考える仕組みに変えることで、社員の経営に対する参画意識が高まり、付加価値を増やすための知恵が生まれるようになります。また、市場のダイナミズムが、社内の隅々にまでダイレクトに伝えられることで、各アメーバが運命共同体として機能するようになり、会社全体が市場の変化に即応できるようになります。そして、アメーバ間の利害対立を克服する中で、「人間として何が正しいのか」、公平、公正、正義、勇気、誠実、忍耐、努力、親切、思いやり、謙虚、博愛といった価値観について理解が深まっていきます。さらに、そうした経験を通じて、リーダーや経営者が育っていきます。こうした一連の活動が結集した結果として、「ひとりひとりの社員が主役」という理念が実現されるのです。

管理会計を変えることで、経営が大きく変わる。こうした着眼点から出発し、稲盛は新しい経営のあり方を創り出した人といえるでしょう。

『道をひらく』

松下幸之助著

松下氏が人の生き方について書いた本。
PHP研究所の機関誌「PHP」の裏表紙に連載してきた
短文の中から121篇を選んでまとめたもの。
知識や理論を教えるのではなく、異なるものの見方の重要性を説く。
PHP研究所から1968年刊行。

高野研一

（コーン・フェリー・ジャパン前会長）

松下幸之助（まつした・こうのすけ）
1894年生まれ。尋常小学校を4年で中退、自転車店などに奉公。
電灯会社に就職するものの、退社。23歳のときに、松下電気器具製作所（現パナソニック）を創業。
1946年には、「繁栄によって平和と幸福を」（Peace and Happiness through Prosperity）の
スローガンを掲げ、PHP研究所を創設。明治、大正、昭和、平成を生きた。
「経営の神様」とも呼ばれる。1989年逝去。

神様の信念

この本は、松下幸之助氏が人の生き方について書いた本です。目次を見ると、「運命を切りひらくために」「ともによりよく生きるために」「困難にぶつかったときに」「事業をよりよく伸ばすために」など、思わず惹きつけられるテーマが並んでいます。「経営の神様」とまで呼ばれた人が書いた本ですから、おそらく多くの人もそう感じることでしょう。

世の中には多くの人生訓がありますが、その中でも松下の本に私が惹きつけられる理由があります。それは、まえがきの中で、松下が「身も心もゆたかな繁栄の社会を実現したいと願う私なりの思いをこめて書いた」と記していることと関係しています。

松下が残した多くの著書を読んでいると、商売には正しい道というものがあって、それを知り、そこに近づくことで、必ず商売は繁盛する。そして、多くの人がそれに取り組むことによって、社会は繁栄するという信念のようなものがあることに気づきます。

ここで、「必ず商売は繁盛する」「社会は繁栄する」と言い切るところに、松下の達観を感じるのです。この本の題名にもなっている「道」とは、宇宙自然の普遍的法則や根源的実在のことを意味し、「柔道」「茶道」などのようにわれわれにとって身近な概念です。しかし、それを知り、体得するのは容易ではありません。武道や芸事の修行のように、日々の鍛錬が求められます。その中で、「努力しても自分には無理なのではないか」という思いを何度となくさせられます。しかし、松下は、努力をすれば必ず繁盛する、そういう人が増えることで世の中は繁栄すると断言するのです。

自作の詩に込めた想い

松下は電気器具から家電まで事業を拡大する中で、多くの代理店の経営者と出会い、彼らの悩みを聞き、励ましながら、巨大なパナソニック・グループと、それを支える代理店網を構築してきました。「必ず繁栄する」という松下の断言なしに、この偉業が成し遂げられたとは私には思えないのです。そこで、この章では、なぜ松下がこうも大胆な断言ができたのかについて迫ってみたいと思います。

松下には詩の素養があったようで、この本の随所に思想を表現した詩が出てきます。次の詩は目次の直後に出てくるもので、松下がこの本に込めた思いが伝わってきます。

雨がふれば　人はなにげなく　傘《かさ》をひらく
この　自然な心の働きに　その素直さに
私たちは日ごろ　あまり気づいてはいない
だが　この素直な心　自然な心のなかにこそ
物事のありのままの姿　真実をつかむ
偉大な力があることを　学びたい
何ものにもとらわれない　伸びやかな心で
この世の姿と　自分の仕事をかえりみるとき
人間としてなすべきこと　国としてとるべき道が
そこに　おのずから明らかになるであろう

道と言ったときに私がまず思い起こすのは、「大道、長安に透《とお》る（すべての道は長安に通ず）」という言葉です。これは唐の時代の禅僧、趙州従諗《ちょうしゅうじゅうしん》の言葉であり、弟子との次のような会話の中で使われました。

弟子「師匠、道とはどのようなものでしょうか」

従諗「道ならそこの垣根の向こうにあるだろう」
弟子「いえ、そんな小道のことではなく、仏法の大道について尋ねているのです」
従諗「すべての道は長安に通じている」

つまり、大きなチャンスを期待するあまり、目の前のチャンスを見逃していないかということです。道をひらこうとすれば、日々の生活の中で出会うことの中に、それを可能にする題材が織り込まれています。それを「そんな小道」と切り捨ててしまい、いつ訪れるとも分からない大きなチャンスばかりを夢見ていても、道はひらけないということです。

人はとかく周りを見回しては、自分の選んだこの道でよかったのか、他の人が選んだ道の方がよかったのではないかと比較しがちです。しかし、松下は「所詮はこの道しかない」と言い切ります。「ともかくもこの道を休まず歩むことである。自分だけしか歩めない大事な道ではないか。自分だけに与えられているかけがえのないこの道ではないか。他人の道に心を奪われ、思案にくれて立ちすくんでいても、道は少しもひらけない」

いくら他人の進む道をうらやんでも、自分にはそれを経験することはできません。他人も自分の道を経験することはできません。ただ、自分だけに与えられた道を最大限に生かすことはできるということです。

与えられた境遇の中で最善の手を探す

それでは、自分に与えられた道を休まず歩み続けて、本当に繁盛や繁栄がその先にあるのでしょうか。逆境に直面したとき、多くの人はこう思い悩みます。もちろん逆境が人を育てるわけですが、それが分かっていても、いざ逆境に直面すると不安になるのが人情です。これに対して、松下はこう言っています。

逆境は尊い。しかしまた順境も尊い。要は逆境であれ、順境であれ、その与えられた境涯に素直に生きることである。謙虚《けんきょ》の心を忘れぬことである。
素直さを失ったとき、逆境は卑屈を生み、順境は自惚《うぬぼれ》を生む。逆境、順境、そのいずれをも問わぬ。それはそのときのその人に与えられた一つの運命である。ただその境涯に素直に生きるがよい。

つまり、逆境と考えるから卑屈になり、順境と考えるから自惚れる。賭け事をやったことの

ある人なら分かるとおり、運不運はどの人にも確率的に等しく訪れます。長い人生をならしてみれば、多くの人はプラスマイナスゼロに収斂するでしょう。しかし、逆境のときにも順境のときにも工夫のしどころはあり、それを見逃さないことで、逆境を怪我なく過ごし、順境で大きくリターンを取りに行くことができます。

自分の置かれた境遇に一喜一憂しているうちに、こうした工夫の機会を見逃すことが、多くの人を不幸にします。それを避けるためには、「素直に生きる」こと、「謙虚の心を忘れぬ」ことだといいます。つまり、自分の境遇を変えられるなどと、おそれ多いことを考えずに、与えられた境遇の中で最善の手を探せということです。

ここで、松下のいうところの「謙虚な心」についてもう少し見てみることにしましょう。松下は「人生は分からないもの」と割り切った上で、心を澄まして世界を見ることが「謙虚さ」であると考えています。先入観なく物事を見ることで、道をひらくためのチャンスが見えてくると言っているのです。それでは、謙虚にモノを見ることで、いったい何が見えてくるのでしょうか。それに関して松下はこう語っています。

——

草も木も野菜も果物も、芽を出すときには芽を出し、実のなるときには実をむすぶ。枯れるべきときには枯れてゆく。自然に従った素直な態度である。

そこには何の私心もなく、何の野心もない。無心である。虚心《きょしん》である。だから自然は美しく、秩序正しい。
困ったことに、人間はこうはいかない。素直になれないし、虚心になれない。ともすれば野心が起こり、私心に走る。だから人びとは落着きを失い、自然の理を見失う。そして出処《しゅっしょ》を誤り、進退を誤る。秩序も乱れる。……人間にとって、出処進退その時を誤らぬことほどむつかしいものはない。

松下は自然の理の中に、繁盛や繁栄につながる力があると考えていることが分かります。暖かい春に芽を出し、太陽のエネルギーが燦燦《さんさん》と注ぐ夏に育ち、気温が下がる秋には実を結び、寒い冬は種の中で過ごすという、自然の輪廻の中に、美しさや秩序を見出しているのです。寒い冬は毎年のように訪れますが、生命はそれを与件として受け入れ、それに逆らわずに生きていきます。そうした環境適応の歴史が生命の進化につながってきました。これが自然の理であり、繁栄をもたらす力です。ところが、人間はその自然の理に従うことをよしとせず、何かを為さんとするがために、かえって落ち着きを失い、出処進退を誤るといいます。その結果、戦場で敵が待ち伏せしているところに自ら出向いて行ったり、引くべきタイミングを誤り泥沼にはまるなどの不幸が起こってきます。

「さまざまの人があってよかった」

さて、運不運は確率的に等しく訪れるとはいうものの、生まれついての資質に、人によればらつきがあるのは事実であり、それは変えようがないという人もいるでしょう。自分がたまたま才能に恵まれていないと思っている人はどうすればいいのでしょうか。これについては、松下はこう言っています。

自分と他人とは、顔もちがえば気性もちがう。好みもちがう。それでよいのである。ちがうことをなげくよりも、そのちがうことのなかに無限の妙味を感じたい。無限のゆたかさを感じたい。そして、人それぞれに力をつくし、人それぞれに助け合いたい。いろいろの人があってよかった。さまざまの人があってよかった——。

松下にこう言われてしまうと、返す言葉もないという感じです。ここで重要なのは、人それぞれに助け合うことで、個々人の差が「ゆたかさ」に変わると考えていることです。つまり、自分の欠点を自分ひとりで解決しようとするから立ち行かなくなるのであって、異なる個性を持った人たちと助け合えれば、「無限の妙味」を醸し出せると言っているのです。いまでいうところのダイバーシティでしょう。

いま、国内の市場が縮小を始め、海外、特に新興国に市場を求める日本企業が増えてきています。しかし、新興国とひと言でいっても、経済の発展段階や文化・宗教、歴史的背景はまったく異なります。そうした環境の中でこそ、松下の言うところの「ゆたかさ」「妙味」が意味を持ってくるのではないかと感じます。つまり、ひとりだけ、あるいは日本人だけで何かを為そうとするのでなく、多様な民族の人たちを巻き込み、助け合い、違いを認め合うことが求められているのです。

逆境を凌いで、運を呼び込む

順境や逆境に一喜一憂せずということは分かってはいても、実践するとなるとなかなか難しいと感じる人もいるでしょう。実際、松下も生まれつき病弱で、何度となく重い病を患っています。

そうした中で、松下はどのような心持ちで逆境に耐えてきたのでしょうか。

人間にとって所詮《しょせん》死は一回。あとにも先にも一回きり。とすれば、何回病気をしようとも、死につながる病というのも一回きり。あとの何回かは、これもまた人生の一つの試練と観《かん》じられようか。

松下は、若いころに船から海に落ちて、助かった経験をしています。このため、どんな危機に直面しても、「最後には何とかなる」という楽観的なモノの見方を持っているのです。松下は自分のことを「運がいい」と言っていますが、逆にこうした逆境の凌ぎ方を知っていたことが、チャンスの発見につながり、運を呼び込んだという面もあるでしょう。もちろん、試練に耐えても、なおその先によい結果が待っているのかどうか自信を持てなくなるときもあるでしょう。しかし、そんなときも、松下はこう考えています。

それは期待どおりのことであるかもしれないし、期待にそむくことであるかもしれない。しかしいずれにしても、それはわが力を越えたものであり、人事をつくしたかぎりにおいては、うろたえず、あわてず、心静かにその事態を迎えねばならない。そのなかからまた次の新し

――い道がひらけてくるであろう。

つまり、仮に運悪く結果が出なかったとしても、その先にさらにチャンスが見えてくるかもしれない。それを心静かに待つことで、道がひらけていくと言っているのです。成果を急いではいけないということです。それは自然の理に従って、来るべきときに来るということなのでしょう。さらに、ダメを押すかのようにこうも言っています。

――道がひらけぬというのは、その志になお弱きものがあったからではなかろうか。つまり、何か事をなしたいというその思いに、いま一つ欠けるところがあったからではなかろうか。

できない部下への対処法

さて、松下は未熟な部下の扱い方についても多くを語っています。いいかえれば、それだけ多くの人が「部下が頼りなくて」という悩みを松下に持ちかけていたということでしょう。このテーマはビジネスリーダーにとって永遠のテーマであり、その対処法にも様々なものがあります。

これまでにもソニーの井深大氏、京セラの稲盛和夫氏の著書の中で、これに関連する話が出てきました。井深は「ソニーは少数精鋭でいい。大企業を目指す必要はない」と、優秀な人材だけを集めればよいと言っています。稲盛は、「どんな人でも収益責任を担うことで経営者としての目線をもつことができる」と言い、人は成長するというスタンスを取っています。それでは、松下はこの問題をどのように捉えているのでしょうか。ここで質問です。

Exercise

松下は、「できない部下」の扱い方について、どのようなアドバイスをしているのか考えてみてください。

これまでの話の中から、あなたもうすうす答えに気づいているかもしれませんが、松下は「あきらめなさい」と教えています。

――

完全無欠をのぞむのは、人間の一つの理想でもあり、またねがいでもある。だからおたがいにそれを求め合うのもやむを得ないけれども、求めてなお求め得られぬままに、知らず知らずのうちに、他をも苦しめ、みずからも悩むことがしばしばある。だがしかし、人間に完全無欠ということが本来あるのであろうか。
――――

まじめで完璧主義の人ほど、部下の未熟さが気になります。また、ビジネスの世界においてスピードが求められるようになるにつれて、「部下に任せるよりも、自分でやった方が早い」とばかりに、すべてを自分で抱え込もうとする人が増えています。しかし、松下は、すべての部下に自分の期待値を満たすことを求める心に無理がある、それが自分を苦しめているのではないかと言っています。

ただ、「そこで妥協していては、商売の繁盛も社会の繁栄もないのではないか」と問いたくもなります。これに対して松下はどのように答えているのでしょうか。

――――
どんな人にでも、探し出してくれれば、その人だけに与えられている尊い天分というものがある。その天分で、世の中にサービスをすればよいのである。サービスのいい社会は、みんなが多く与え合っている社会で、だからみんなが身も心もゆたかになる。
――――

―神さまではないのだから、全知全能を人間に求めるのは愚《ぐ》の限りである。……長所と短所

と――それは人間のいわば一つの宿命である。その宿命を繁栄に結びつけるのも貧困に結びつけるのも、つまりはおたがいの心くばり一つにかかっているのではなかろうか。

ここでもまた、松下の「自然の理を見出す謙虚な心」の話が出てきます。長所と短所は簡単には変えられないものです。しかし、どんな人にも尊い天分というものがあり、要はそれを見出せる柔軟なモノの見方を持っているかどうかによって、繁栄につながるか、貧困に陥るかが分かれていくと言っているのです。

全部自分の思ったとおりにしようとすることを、松下は「辛抱が足りない」「寛容の精神に欠ける」と言っています。自分の思い通りにしようとするのでなく、お互いに助け合う気持ちを持ってはじめて、人の長所や短所が「ゆたかさ」に変わり、「無限の妙味」を感じることができると言っているのです。

自己を捨てることによってまず相手が生きる。その相手が生きて、自己もまたおのずから生きるようになる。これはいわば双方の生かし合いではなかろうか。そこから繁栄が生まれ、ゆたかな平和と幸福が生まれてくる。

おたがいに、ひろく社会の繁栄に寄与するため、おたがいを生かし合う謙虚《けんきょ》なものの考え方

を養いたい。

経営に「唯一の答え」は存在しない

一般に経営書というものは、「こうすれば利益が出せる」という知識や理論を紹介するものが多いです。しかし、松下の『道をひらく』は、それとは大きく趣を異にしていることが分かるでしょう。松下は「これが答えだ」とは言いません。「異なるモノの見方があるのではないか」と問いかけるのです。一般の経営書が西洋科学の体裁を取ろうとするのに対して、松下の著書は東洋思想に近いイメージです。タイトルが「商売繁盛の秘訣」ではなく、『道をひらく』であることからもそれが伝わってきます。つまり、知識や理論を教えようとするのではなく、むしろそれらに盲従することを戒め、そこから自由になること、素直な心で世界を観ることを勧めているのです。

それでは、なぜ知識や理論でなく、異なるものの見方が重要になるのでしょうか。それは、経営者には「唯一の答え」といったものがないからです。われわれはともすると学校教育の延長線上で、100点の答えがどこかにあるという前提でそれを探し求めて思い悩みます。しかし、100点の答えが出せる問題であれば、部下に任せておけばいいでしょう。経営者のところに上がってくる問題は、唯一の解がないからこそ上がってくるのです。

経営上の問題に、なぜ100点の答えがないのかというと、答えはそれを問う人が誰かによって変わるからです。例えば、顧客ごとのカスタマイズにどれだけ応えるべきかという問いに対する答えは、人によって変わってきます。顧客や、そのニーズを満たそうとする営業部門であれば、最大限に応えるべきと答えるでしょう。一方で、標準化によって製造原価を下げなければならない製造部門は、極力カスタマイズを抑えるべきと主張するでしょう。両者の常識が異なるがゆえに、喧嘩になることも珍しくありません。

結局、そのカスタマイズが長期的に企業の利益を伸ばすことにつながるのかどうかを見極める必要がありますが、そこには唯一の答えなどありません。様々な前提条件や、その後の努力によって、答えはいくらでも変わっていくのです。だからこそ、「こうすれば答えが出てくる」という知識や理論に飛びつくことが、実は危険であり、素直な心で世界をきめ細かく観ることが重要になるのです。

何よりもまず、決断せよ

100点の答えがない中で、進むべきか、留まるべきか、判断に迷う場面に直面したとき、松下はどのような心持ちで決断をしていたのでしょうか。

進むもよし、とどまるもよし。要はまず断《だん》を下《くだ》すことである。みずから断を下すことである。それが最善の道であるかどうかは、神ならぬ身、はかり知れないものがあるにしても、断を下さないことが、自他共に好ましくないことだけは明らかである。

六〇パーセントの見通しと確信ができたならば、その判断はおおむね妥当とみるべきであろう。そのあとは、勇気である。実行力である。

つまり、最善かどうか自信が持てなくても、「まず断を下すこと」が重要だと言っています。とすれば、唯一の答えがないということは、どの答えをとっても一長一短あるということです。

悩み続けるよりもいずれかを選んで行動に移り、勇気と実行力で邁進していった方が成功する確率は高まるということです。

なぜ「素直な心」が社会の繁栄につながるのか

さて、ここまで、素直な心で自然の理を見出すことができれば、商売は繁盛するという松下の考えについて述べてきました。ここから先は、個々人がそうした努力を続けることが、どうして社会全体の繁栄につながっていくのかに話を進めましょう。

Exercise

個々人が正しいと思って努力をしていても、考え方や価値観の違いによって争いが起こることがあります。このため、誰も悪意はないのに、非生産的な結果につながっていきます。それを回避し、社会の繁栄につながる「素直な心」とはどのようなものなのか考えてみてください。

この点について、松下はこう述べています。

どんな仕事でも、それが世の中に必要なればこそ成り立つので、世の中の人びとが求めているのでなければ、その仕事は成り立つものではない。……だから、自分の仕事は、自分がやっている自分の仕事だと思うのはとんでもないことで、ほんとうは世の中にやらせてもらっている世の中の仕事なのである。ここに仕事の意義がある。

自分の仕事をああもしたい、こうもしたいと思うのは、その人に熱意があればこそで、まことに結構なことだが、自分の仕事は世の中の仕事であるということを忘れたら、それはとらわれた野心となり小さな自己満足となる。

仕事が伸びるか伸びないかは、世の中がきめてくれる。世の中の求めのままに、自然に自分の仕事を伸ばしてゆけばよい。

つまり、松下の言う素直な心とは、「世の中にやらせてもらっている世の中の仕事」として、自分の仕事を見ることを意味しています。それができてはじめて、助け合いが行われ、個々人の違いが「ゆたかさ」に変わるのです。しかし多くの場合は、世の中の変化を利用して、自分の利益を増やすことを目的にしがちです。それがモノの見方にバイアスをかけ、逆に素直に世の中を見ることができない原因になります。松下は、それを戒めるためにこう言っています。

金は天下のまわりもの。自分の金といっても、たまたまその時、自分が持っているというだけで、所詮《しょせん》は天下国家の金である。その金を値打ちもなしに使うということは、いわば天下国家の財宝を意義なく失ったに等しい。金の値打ちを生かして使うということは、国家社会にたいするおたがい社会人の一つの大きな責任である。

つまり、世の中の富を増やすことに目的意識を持つことが、社会人の責任とまで言っています。それができれば、世の中とともに自分のビジネスも伸びていくでしょう。それができなければ、世の中から必要とされなくなり、自分のビジネスは縮んでいくことになります。だからこそ、ああしたい、こうしたいと考える前に、素直な心で世の中の求めることを察知しなければならないと言っているのです。

国家の繁栄に貢献

経済学の世界では、個々の企業や消費者が、自分にとっての利益を追求していても、市場競争の中で「神の見えざる手」が働いて、全体の資源活用が最適化されると教えます。ダーウィンの進化論の世界では、偶然の突然変異が種の多様性を生み出し、その中から環境に適したものが自然に選別され、繁栄していくと教えます。このように、自然の中には調和を実現する理があるのです。

人間のああしたい、こうしたいという思いは、それが正しい方向に働けば、自然の理を後押しする形で繁栄を加速しますが、調和を阻害する方向に向かえば、いくら自然の理が働いても、繁栄を妨げることになります。その結果、自分自身が淘汰されてしまいます。それが野心であり、自己満足です。松下は、人間がそうした不安定さを持っていることに気づいています。このため、世の中の求めのままに、自然に物事を考えることをよしとしているのです。

こうした松下の思いは、自然に国家のあり方へと行き着いていきます。自著の最後の章では、「国の道をひらくために」というテーマを立て、自らの考え方を述べています。

いかにわが道をひらく精進《しょうじん》を重ねても、国としての道がひらけていなければ、所詮《しょせん》はそれは砂上の楼閣《ろうかく》。誰かが何とかしてくれるだろうでは、誰も何ともしてくれない。
……つまりは、われ他人《ひと》とともに懸命《けんめい》に考えて、わが道をひらく如くに、国の道をひらかねばなるまい。そうしなければならないのが民主主義で、またそれができるのも民主主義なのである。

一つの仕事は他の仕事につながり、それがつながって世の中が動いている。だから自分一人の都合だけで、その仕事を勝手に左右することは、みんなに迷惑をかけ、道義的にもゆるされるわけがない。自分の仕事は自分のものであって、同時に自分のものではないのである。
中でも政治という仕事は、一億国民に、直接のつながりを持っていて、その良否は、たちまち国民の幸不幸を左右する。それだけに、政治という仕事はもっと尊ばれ、政治家はもっと優遇《ゆうぐう》されてよいと思うのである。

皆が助け合い、そこから「ゆたかさ」が生まれ、社会が繁栄する。そうした状態を実現することが政治の役割であり、そこに自らが参画することが民主主義であると述べています。こう

した考え方が、70億円の私費を投じた松下政経塾の創設へとつながっていきました。

素直な心で自然の理を見抜くことが商売の繁盛につながるという原理を突き詰めるうちに、松下の思想は社会や国家の繁栄へと広がっていきました。そして、個々人ではどうにもならないと思われがちな国家の繁栄に、直接貢献できる道筋を見出したのです。こうした自在なモノの見方が、松下に「必ず商売は繁盛し、社会は繁栄する」と言わしめたのでしょう。

「経営の神様」と呼ばれるゆえん

世の中に正しい道（真理）があるのかどうかは、実は人類が2000年以上も議論してきて、いまだに結論が出ていない永遠のテーマです。しかし、松下は「正しい道はある」と言い切るところから出発します。それが、多くの経営者をどれだけ励ましたことでしょう。松下が「経営の神様」と呼ばれるゆえんは、誰にも証明できないこと、しかし、人の生き方に大きな方向性を与える命題に関して、自ら結論を下し、責任を持ったことにあるのではないかと思います。

最後に、松下の思いを最もよく表している一節を紹介して、この章を終わりにしたいと思います。

何ごともゆきづまれば、まず自分のものの見方を変えることである。案外、人は無意識の中にも一つの見方に執して、他の見方のあることを忘れがちである。そしてゆきづまったと言う。ゆきづまらないまでもムリをしている。……われわれはもっと自在でありたい。自在にものの見方を変える心の広さを持ちたい。何ごとも一つに執すれば言行公正を欠く。深刻な顔をする前に、ちょっと視野を変えてみるがよい。それで悪ければ、また見方を変えればよい。そのうちに、本当に正しい道がわかってくる。模索《もさく》の本当の意味はここにある。そしてこれができる人には、ゆきづまりはない。

『経営者になるためのノート』

柳井正著

社内で経営ができる人材を増やし、
飛躍的な成長を遂げたいという柳井氏の構想が形になったもの。
社外秘として使用していたノートを公開。
経営者になるための原理原則が書き綴られる。
PHP研究所から2015年刊行。

高野研一

（コーン・フェリー・ジャパン前会長）

柳井 正（やない・ただし）
1949年生まれ。71年に早稲田大学政治経済学部を卒業後、
株式会社ジャスコ（現イオン株式会社）の勤務を経て、
25歳のときに父から小郡商事株式会社（現株式会社ファーストリテイリング）を任される。
84年には広島でユニクロ1号店をオープンし、
以降日本最大規模のカジュアルウエアチェーンへと発展させる。

実行が伴っていなければ意味がない

本書は、現役のカリスマ経営者である柳井正氏が、ファーストリテイリングの経営者育成のために書き記した「ノート」です。柳井は、ファーストリテイリングが「革新的なグローバル企業で、世界一のアパレル製造小売業グループ」になるためには、少なくとも200名の経営者をつくる必要があると考えています。このため、本書の中には柳井の自伝や随想ではなく、経営者になるための原理原則が書き綴られています。

柳井は、経営者に必要な能力として、「変革する力」「儲ける力」「チームを作る力」「理想を追求する力」の4つを挙げています。そして、この4つの力のそれぞれに、ひとつの章を割り当て、その内容について自説を展開しています。特にユニークなのは、各章の最後に出てくる「セルフワーク」です。そこでは、半年に1回、自分の仕事ぶりを振り返り、自分にできていることと、できていないことを自問自答することが求められています。そして、それを3年分繰り返す欄があるのです。

ここから分かることは、柳井が経営とは頭で理解するだけでは不十分で、実行が伴っていなければ意味がないと考えていることです。実際、本書の中で柳井は「経営は実行である」と、何度も繰り返しています。ゴルフの練習をイメージすれば分かるように、正しいスイングを頭で理解するだけではボールはまっすぐ飛んでくれません。実際にコースに出て、繰り返しボールを打ち、その軌跡を自分の目と体で確認することが必要になります。経営もそれと同じだということです。

しかし、だからといって、原理原則の学習が不要かというと、そうでもありません。それを知らずにいくら実行してみても、間違った努力を積み重ねてしまうことになります。経営の世界では、この「間違った努力を積み重ねる」という現象がよく見られます。それによって、多くの人の努力と資源が無駄にされてしまうことが少なくありません。

そこで、柳井はノートの形で経営の原理原則をまとめ、それを半年ごとに繰り返し読み、気づいたことを脇にメモ書きし、自分の進歩の過程を振り返ることができるツールとして本書を編集しています。体育会系の柳井の思想がよく表れた書といえるでしょう。

ところで、ここまで紹介してきたカリスマ経営者たちが、近代科学を活用して事業を成長させてきたにもかかわらず、なぜか東洋思想のような、近代科学では説明しきれない領域に関心を寄せてきたことに、あなたもすでにお気づきのことでしょう。近代科学は、真理はわれわれの外に客観的事実として存在し、人間は努力することでそれを知ることができるというスタンスを取ります。多くの経営書はこうした立場に立って、経営の理論を教えようとします。

これに対して東洋思想は、何が真理なのかはわれわれ個々人のモノの見方によって変わるという考え方を取ります。われわれのモノの認識の仕方は、過去の経験によって知らず知らずのうちに規定されています。いわば、誰もが気づかないうちに色眼鏡をかけさせられている状態にあります。しかも、この色眼鏡が歪んでいることが結構あります。しかし、われわれにとっては、この色眼鏡を通じて認識される世界こそが真実なのです。このため、自分では理論を理解し、正しいスイングをしているつもりでも、ボールが曲がってしまうということが起こるのです。

これを乗り越えるためには、達人の教えに従ってまず実行してみて、ボールが曲がったのを見て、自分の色眼鏡が歪んでいることを実感するしかないのです。これが、多くのカリスマ経営者が実行や実践を重視する理由です。

成果は、社会的使命の実現に寄与すべき

柳井は、経営者とは「成果をあげる人」だと言い切ります。つまり、顧客、社会、株主、社

員に対して、「これをやります」と宣言して、それを実現するのが経営者の役目だということです。また、経営者になるための4つの力のひとつに「理想を追求する力」を挙げているとおり、経営者があげるべき成果は、社会的使命の実現に寄与するものでなければならないと考えています。それが、会社が永く社会から必要とされるための条件だといいます。

これを柳井自身に置き換えてみると、「服を変え、常識を変え、世界を変えていく」というファーストリテイリングの使命を実現することが、自分の役割であるということになります。

柳井は、先ほど紹介した本田宗一郎氏と松下幸之助氏を例として挙げ、2人がなぜ、いつまでも経営者として、多くの人から尊敬され続けるのか。それはやはり彼らが使命感を持ち、その使命の実現に近づく道程として、そのときそのときの目指すべき姿、やるべきことを宣言し、それを実現させてきたからだと語っています。

つまり、社会にインパクトをもたらしたカリスマ経営者に近づくことを、自らに義務づけているということを意味します。いえ、それに留まらず、そうした経営者をファーストリテイリングの中に200名つくろうとしているのです。その構想の大きさが分かります。

目標を高く掲げる

柳井は、経営者が実践しなくてはならないことのひとつ目として、「目標を高く持つ」ことを挙げています。実際、ファーストリテイリングの売上高がまだ80億円程度のときに、柳井はGAPを超えて、世界一のアパレル製造小売業になることを大目標に掲げました。

そして、売上高が100億円のときは300億円を目指し、300億円のときは1000億円を、1000億円のときは3000億円を、3000億円のときは1兆円をといった感じで、常に目標を高く引き上げていきました。

なぜ売上高1000億円のときに、10％アップや20％アップの目標ではいけないのでしょうか。ここであなたにもその答えについて考えてもらいましょう。

Exercise

柳井は売上高1000億円のときに、1200億円ではなく、3000億円を目標に掲げました。なぜ高い目標を設定することが経営者にとって重要なのでしょうか？

10%や20%アップでいいと考えたとしたら、そこから出てくるアイデアは1000億円企業の域を超えられなくなってしまうからです。3倍の3000億円に目標を設定した途端、はじめて従来の延長線上からの発想の転換が必要であることに気づきます。その結果、頭に湧き上がってくるアイデア自体が変わっていくのです。

3000億円の売上高となると、全国的に認知されるブランドになっている必要があります。そのためには、原宿のような目立つところに旗艦店を構えている必要があるでしょう。また、輸入商品に依存するのでなく、自社商品を中心に編集が行われていることでしょう。3000億円となると、いくつも売れ筋商品をつくって回転させる必要がありますが、輸入では思うように品数を確保できないからです。その際、品質にうるさい日本人が相手ですから、中国の協力工場のレベルを世界最高基準にまで引き上げなければならないでしょう。

こうしたイマジネーションが次々と湧き上がってくるようでなければ、3000億円企業にはなれません。つまり、新しいビジョンを持つためには、自分自身の目線を大きく引き上げる必要があるということです。

無意識の世界を変える

この、高い目標を掲げることでイマジネーションを広げるという発想法は、実は人間の脳のメカニズムとも合致しています。人間の脳の活動のうち、われわれが自分で意識できる部分は2割もなく、8割以上の脳の活動は、われわれが意識できない無意識の世界で行われていることが分かってきています。そして、この無意識の世界が、われわれのイマジネーションと深く関連しているのです。

この無意識の世界は、われわれの頭の中に思い浮かぶ選択肢や着眼点をつくる働きをしているといわれます。例えば、2人の課長が上司の部長から企画書の作成を宿題として与えられたとしましょう。A課長は、その瞬間、「いつやろうか」「何から手をつけようか」といった切り口の選択肢が意識の世界に浮かび上がってきます。これに対して、B課長は、「この企画書を誰に任せようか」「その人のモチベーションをどうやって引き出そうか」という角度の選択肢が頭の中に湧き上がってきます。

これを見ると、A課長が自分で企画書を片付けようとしているのに対して、B課長は部下に任せようとしていることが分かります。よくA課長のような人に、「君ももう課長なんだから、全部自分で抱え込まずに、もっと仕事を部下に任せないといけないよ」といったことが言われます。その場ではA課長も、「確かにそうですね。これからは部下を信頼して任せることにします」と誓うのですが、その後も行動は一向に変わらないということがよくあります。それはなぜでしょうか。

それは、A課長の頭の中に、「誰に任せようか」という選択肢が浮かび上がってこないからです。選択肢が思い浮かばないことには、選択することすらできません。このため、A課長のような人が行動パターンを変えるためには、意識の世界で決心をしてもあまり意味はなく、むしろ無意識の世界の行動パターンを変える必要があるということになります。

ところで、この無意識の世界は、グーグルの検索エンジンのような働きを持っていて、自分が経験したことにタグをつけて記憶しておく機能があります。そして、外から刺激を受けたときに、無意識のうちにそれと関連したタグを持った過去の記憶を検索し、そこに引っかかってきた記憶を組み合わせて、選択肢や着眼点をつくっているといわれます。A課長のような人は、過去に自分ひとりで仕事を仕上げて褒められた経験が多いということを意味します。逆にB課長の場合は、部下と一緒に仕事を仕上げて達成感を共有した経験が多いことを意味しているのです。

「石のかけら」と「木の棒」をつなぐもの

新しい選択肢が意識の世界に湧き上がってくるようにするためには、無意識の世界の検索パターンを変えることが求められることになります。そこで、「目標を高く持つ」ことが意味を持つのです。従来の選択肢では解決できない課題を自らに与えることで、無意識の世界が活性化し、新たな解を求めて様々な検索パターンを試すようになるからです。

われわれ自身はその過程を意識することはできません。しかし、答えがない状態に置かれることで、漠とした不安を感じるようになります。この漠とした不安こそが、無意識の世界が様々な検索パターンを試している状態を意味します。私が柳井の「目標を高く持つ」という発想法に関心を持つのは、それが無意識の世界の働きを揺るがす訓練法になっているからです。

柳井はフリースが100万枚売れたことに満足せず、600万枚、1200万枚と目標を次々と引き上げていきました。その結果、ついに2600万枚まで到達したのです。日本人の5人に1人に当たる規模です。これが高い目標を設定することがもたらす効果といえるでしょう。

もちろん、目標を高く持つことで湧き上がってくる選択肢は、いずれも難易度が高いものばかりになるでしょう。しかし、柳井はそれに挑戦するところから、イノベーションが生まれると言います。

イノベーションとは、一見関係のない概念が同時に検索に引っかかり、まったく新しい概念に発展していく現象をいいます。イノベーションは人間だけが起こしますが、その理由も、脳の構造と関連しています。人間の脳は動物に比べて圧倒的に脳細胞の数が多いため、経験したことにつけておけるタグの数が多くなります。その結果、検索したときに一見関係のない概念が複数引っかかってくることがあります。人間が駄ジャレを言ったり、比喩を使うのはここに原因があります。

ところが、この機能がイノベーションとも関連しているのです。その昔、石のかけらと木の棒を見て、「ヤリ」という新しい概念を発明した人類がいました。無意識の世界の検索活動に偶然「石のかけら」と「木の棒」が引っかかり、そこから新しい概念を思いついたのです。

高い目標を掲げ、新しい環境に対峙することは、こうしたイノベーションをも触発する効果があるのです。ファーストリテイリングが高い目標に挑戦してきたことと、ヒートテックのようなイノベーションを起こしたことは、決して無関係ではないのです。

「常識を疑う」理由

目標を高く持つことに加えて、柳井が発想を広げるために勧めていることが、常識を疑うことです。ファーストリテイリングの使命にも「服を変え、常識を変え、世界を変えていく」とあるように、柳井は「経営者は常日頃から常識と言われているものを疑い、常識にとらわれないで物事を考える思考習慣を持つようにしなければいけない」と語っています。

その背景には、会社の成長や社会の発展を妨げるものが「常識」であるという考えがあります。柳井自身、常識的な意見に幾度となく進路を妨げられてきたようです。

「フリースは、登山やアウトドアメーカーがやるものだ」
「ヒートテックのような商品はスポーツ店で売るものだ」
「ブラトップのような商品はインナーだ」

こうして勝手に線引きをして、自分たちのポテンシャルを自分たちで封じ込めてしまうことに警鐘を鳴らしています。柳井はこうした常識を打ち破ることで、新たな顧客を創出してきました。「業界は過去、顧客は未来、ライバルではなく顧客に集中する」と語るように、業界の常識は未来の顧客の創出を妨げるだけと考えています。

柳井はセブン－イレブンを例に挙げ、常識を疑うことで、「夏におでん」「冬にアイスクリーム」を食べるという新たな顧客層を創造したことを絶賛しています。セブン＆アイ・ホールディングス会長だった鈴木敏文氏は、「明日のお客様が何を求めているかについて仮説を立てる」ことを重視していますが、柳井と同じ思想を共有していることが分かります。

顧客の期待を超えた先にあるもの

もうひとつ、柳井が発想を広げるために実践していることとして、顧客の期待を超えることが挙げられます。顧客の要求水準が絶えず進歩していくことを踏まえ、それを上回る基準を設定せよと説いています。組織の中で行われるすべての仕事の基準をそのラインに設定し、絶対に妥協してはいけないと言っているのです。

――お客様というのは、一度あるものを手にしたり、体験をしたら、そこが基準になります。そして次からは、その基準でものを見ていきます。

その結果、１００円ショップであれ、回転寿司であれ、以前は考えもつかなかったぐらいに質が改善してきています。このため、自己満足に陥っていると、気がついたときには破壊的なイノベーションに巻き込まれ、自社の商品やサービスが顧客にとって存在感を失ってしまうという危機感を持っているのです。

そうならないためには、「世界で一番」の質の高さを自ら目指し、他社が追いつけないところまで到達すべきと言います。そうした挑戦的なプロセスから、新たな収穫や学びが生まれると考えているのです。そして、自分たちがつくった基準がお客様の常識になることによって、その基準に達しないライバル企業を淘汰していくことを追求しています。これが圧倒的なポジションを獲得するということです。柳井はそれに成功した企業の例として、グーグルやアップル、ザ・ウォルト・ディズニー・カンパニーを挙げています。

顧客の期待を超えようと努力した結果として、ファーストリテイリングは新しい価値を次々と創出してきました。その代表例としてヒートテックが挙げられます。２００３年にはじめて商品化したときは、保温性・発熱性を売りにし、１５０万枚を売り上げました。その翌年には、抗菌機能とドライ機能が加わっています。さらに、2005年には、保湿機能を加え、肌の乾燥を防ぎたい女性から圧倒的支持を受け、450万枚を売り上げました。

その後もさらに機能性、バリエーション、ファッション性を進化させるに至っています。いまや「冬といえばヒートテック」が新しい常識になり、男性・女性にかかわらず、あらゆる年代の人が買う市場を創造するに至っています。まさに社会的イノベーションといえるでしょう。

人気輸入商品の扱いをやめる

さらに、柳井はリスクを取ることも、発想を広げる上で必要だと考えています。「安定志向は経営をダメにする」と公言し、「会社を危険にさらしたくない」という思いが、実は逆に会社を危険にさらすと警告しています。会社を経営したことのない人は、追い風を受けて前に進んでいる状態が「正常な経営」だと勘違いしてしまうとまで述べています。

リスクがあるところには、圧倒的に一番になれる可能性があります。それは、多くの人がそれを恐れて、最初からあきらめてしまうからです。柳井は人が手をつけないからこそ、自分たちで商売を全部コントロールし、利益を独占できると考えます。

ファーストリテイリングは1998年にユニクロ原宿店をオープンするときに、販売するすべての商品を自社商品にすることを決断しました。ナイキやアディダスなどの輸入商品の扱いをやめたのです。当時のユニクロにおける人気商品の売上を返上するというリスクをあえて取ったのです。

リスクを避けようとすれば、売れる可能性のある商品は幅広く取り扱うという判断になるでしょう。しかし、その結果どれも中途半端な売上にしかならず、10%、20%増ならまだしも、売上を3倍増にすることなど遠い夢となってしまいます。実際、こうした状態に陥っている企業は少なくありません。

「早い」ことが可能にしたリスクテイク

柳井は、「最高の商売というのは、ひとつの完成された商品だけで大量に売れるような商売をすること」だと言います。アップルをイメージしてみれば、その言わんとするところは明らかでしょう。そのためには、捨てる勇気、集中するための自信が必要になります。売れるという自信の持てる商品を絞り込み、徹底的に回転させることで、売上を2倍、3倍にできるのです。柳井にとってリスク分散とは、自信がないことの表れなのです。それは、顧客から必ず見透かされるといいます。

リスク分散は資源とエネルギーの分散につながります。結果的に無駄が多く効率の悪い経営になります。それが、企業の体力を削ぎ落としていくのです。だからこそ、自信の持てる最高基準のものづくりに集中し、それ以外のことを中途半端に手がけるのをやめることが重要だと説いています。

もちろん、柳井もむやみにリスクを取ったわけではなく、リスクを取るための成功要因を発見しています。それがファーストリテイリングという社名につながっています。それではここでもうひとつエクササイズを出しましょう。

Exercise

ファーストリテイリングは直訳すると「早い小売業」となります。柳井はファストフードからその名前を取っていますが、早いことがなぜリスクテイクを可能にしたのかについて考えてみてください。

アパレルメーカーが洋服を企画してから生地を調達し、生産して店頭の棚に並べるまでの間に、従来は半年ぐらいの時間を要していました。半年前に企画した服が売れるかどうかは、博打のようなものです。そこで、リスクを回避するために、多品種少量生産が行われていました。

このため、たまたま流行った服は一瞬で蒸発し、そこから先は欠品状態になっていました。売れることは分かっていても、生産が間に合わないために機会を逸失していたのです。逆に売れない服はいつまでも店の棚を占領し続け、「買いたい服のないお店」ができる構造が生まれていたのです。

柳井はそこに問題意識を感じ、協力工場を通じて自前の製造能力を駆使することで、従来半年かけていたリードタイムを数週間まで短縮したのです。数週間で洋服を生産できれば、売れ筋商品だけを量産し、徹底的に回転させることで売上を何倍にも伸ばすことができます。これが「ファーストリテイリング」というコンセプトです。こうした組織能力があってはじめて、フリースやヒートテックのブームを引き起こすことができたのです。

柳井は、「時間というものは、生まれたときこそタダでもらっているが、その先はいくらお金を出しても手に入れることができない。そんな貴重な時間をうまく利用した人だけがこの世の成功者になれる」と語っています。

時間をうまく活用することで、お客様の欲しいタイミングに、欲しいものが、欲しい量揃っていて、そして最後にそれがちょうどよく売り切れる。そうした状態を実現することが可能になるのです。

せっかく顧客が店頭に来てくれているのに、自分が買いたい色やサイズがない。それを、「アパレル業界とはそういうものだから仕方がない」と割り切るのか、「それは、単にその商品の販売機会をロスしたに留まらず、ファーストリテイリングに対するお客様の信頼をロスしたことになる」と考えるのかによって、そこから先の発想が違ってくるのです。

プロの仕事は矛盾と戦うこと

柳井は「できない」と言ってあきらめてしまうのは素人だと言います。プロの仕事は、あえて矛盾と戦って、そこに解決策を見出すことであると述べています。無意識の世界を活性化し、イノベーションを起こすことで、新たな顧客が創造できると考えているのです。

柳井が最初の都心店として始めた原宿店では、来店顧客の2割ぐらいしか購買につながらないことが次第に明らかになりました。しかも、顧客が隅から隅まで見て回り、いろいろな商品を手に取っては棚に戻すため、大量の商品整理業務が発生することになりました。その一方で、郊外店に比べて賃料が高いので、採算を取ることが非常に難しい状況に直面したのです。

しかし、試行錯誤を通じて、この矛盾を解決する方法を見出していったといいます。そのおかげで、都心部での商売のやり方は徐々に進歩し、銀座店やソーホーニューヨーク店の成功につながっていったといいます。

ここで、どのような工夫によってそれが可能になったのかは、残念ながら書かれていません。それは柳井が引退した後に出版する本を待つしかありません。あるいは、ユニクロの銀座店に通って定点観測せよということなのかもしれません。

最後に、柳井は「もの分かりのいい上司からイノベーションは生まれない」とも述べています。われわれは往々にして、社員に嫌われたくないという思いから、もの分かりがいい上司を装いがちなところがありますが、柳井はもの分かりがいい上司が、部下の成長機会を奪っていると言います。

それは、部下に対して要求や質問をしないと、現場の仕事が「作業」になってしまうからです。普通に働いている人は、企業の目的が顧客の創造だとは考えていません。このため、経営者が具体的な状況に即してその思いを伝えていかなければ、社員は顧客の創造を意識しなくなってしまうのです。

「お客様は、どう思っていると思う?」「次に何をしたらいいと思う?」といった問いを投げかけることで、新しい刺激を部下の無意識の世界に投げ込み、検索パターンを揺さぶる必要があるということです。それが、顧客に関心を持ち、想像力を働かせて仕事に取り組む人を育てることにつながるということです。

柳井は「人生と対決するようにして生きる」ことを次世代の経営者に求めています。自分および周囲の発想を広げるために、絶えず視座を引き上げ、視野を広げ、新しい刺激を無意識の世界に送り込みます。それが既成のモノの見方を揺さぶり、新しい選択肢やイノベーションを生み出していきます。そうやって社会的な使命や理想の実現を追求することが、経営者としての生き方と考えているのです。

『ダントツ経営』

坂根正弘著

「若いころから、なぜか平均点主義になじめず
『ダントツ的発想』を実行してきた」と語る坂根氏が、
中国での事業拡大から経営再建に至るまで、
自ら考え行動する中から学んだ「生きた知識」を克明に語る。
日本経済新聞出版から2011年刊行。

高野研一

（コーン・フェリー・ジャパン前会長）

坂根正弘（さかね・まさひろ）
1941年生まれ。63年に大阪市立大学工学部を卒業後、
コマツ（株式会社小松製作所）に入社し、ブルドーザーの設計を行う。
89年取締役、91年小松ドレッサーカンパニー（現コマツアメリカ）社長、
94年常務取締役、97年専務取締役、99年代表取締役副社長、
2001年代表取締役社長就任。就任直後に創業以来初の赤字に直面するが、
構造改革を断行し翌年にはV字回復を達成。

行動しないのは、知らないのと同じ

本書の冒頭には、「本当の知識は行動のなかにある」という見出しに続いて、坂根正弘氏自身のまえがきが載せられています。その中で坂根は、自分の好きな言葉として「知行合一」を挙げるとともに、この言葉の意味するところとして、「知ること」と「行うこと」は同じこと、行動や実践を通じてこそ真の知識が身につくと説明しています。そして、その後に、おもむろに坂根の考え方と行動の核心に迫る次の言葉を書き綴っています。

アタマに知識だけ蓄えても、それを行為や行動に活かさないのであれば、真に知っているとはいえない。

本書『ダントツ経営』では、コマツのトップとして坂根が考え行動し、そこから生きた知識として学んだことが克明に語られています。その背後には、この「行動に活かさないのであれば、真に知っているとはいえない」という思想が一貫して脈打っています。まだ多くの日本企

業が躊躇する時期に中国に進出し、そこから中国での成功要因をつかんだり、周囲の反対を押し切って収益性の低い事業や、特徴のない商品を切り捨てたりする中から、「ダントツ経営」の本質を見出した坂根の姿が、生き生きと伝わってきます。

国内市場が縮小に転じ、過去の成功パターンが通用しなくなった昨今、坂根は「日本人の誰もが傍観者になってしまっている」ことを憂えています。そして、それを「リーダーシップの不在」と断じています。坂根の言葉からは、目の前の危機に本質的なメスを入れず、リスクを回避して行動に移らずにいながら、現状が分かっている、やるべきことを知っているとは言わせないという厳しさが感じられます。

坂根にとって経営とは、本質的な問題を解決するために、明確なゴールを示し、全員の汗と知恵のベクトルを結集して新しいうねりをつくり上げていくことを意味します。そして、問題に対峙し、それを何とかしようと努力する過程を通じて、いままで気づいていなかった真理を発見し、知恵や力として身につけていくのです。

実践して、うまくいかないときは臨機応変に軌道修正していく。そうした試行錯誤の繰り返しの中で、自分ならではのオリジナリティのある知識ができ上がっていき、マネジメントの技も磨かれていくといいます。それが経営における「知行合一」ということでしょう。本書の中には、そうした考え方が具体的な行動として結実した姿が、繰り返し登場します。

中国建機メーカーの台頭も視野に

本書では、まず坂根が社長就任前後に見ていた中国の姿から話が始まります。中国というと最近でこそバブル崩壊が声高に叫ばれていますが、2014年ごろまでは世界経済を牽引する存在でした。坂根は、まだ多くの日本企業が中国参入をためらっていた2000年以前から、すでに中国市場に成長ポテンシャルを見出し、経営基盤の整備に取り組んできました。

坂根は、「建設機械は時代を先取りする先行指標」と言います。つまり、コマツという企業の目には、インフラ整備が進む新興国の実態や、そこに流れ込む資源のグローバルな商流が映っていたのです。

2001年6月に坂根がコマツの社長に就任したとき、これからは「アジアを中心とした新興国の時代が来る」と社内外に宣言しています。当時坂根は、「アジアの成長」という追い風を受けてコマツが飛躍する一大チャンスを感じ取っていたと同時に、中国の建機メーカーが台頭し、やがてはコマツやキャタピラーと肩を並べる日が来ることも視野に入れて動き始めたのです。

国内ではバブル崩壊後、建設機械の安値販売が相次ぎ、日本の国内建機市場は国際水準よりも価格が安いという状況が続いていました。ところが、2001年ごろから異変が見られるようになりました。香港などからバイヤーが大挙して日本にやってきて、中古の建機を次々と高値で落札していったのです。坂根は、ここに世界の建設機械市場が急速にグローバル化していく姿を見たのです。

中国でトップシェアを獲得できた理由

多くの日本企業が、中国で様々な壁に直面し、苦戦を強いられる中で、コマツの中国ビジネスは、代表的な成功例として挙げられるようになっています。コマツは外資メーカーの中でもトップクラスのシェアを確保し、中国現地メーカーを含めても優位な戦いを展開してきました。

1995年には直接投資に踏み切り、済寧と常州に相次いで工場を開設しました。しかし、コマツが中国で成果をあげられた理由は、早くから製造拠点を中国に移したことだけではありません。何がコマツの中国における成功要因になったのか、ここであなたにも考えてもらいましょう。

Exercise

コマツが中国市場で高いシェアを獲得できた成功要因について考えてください。

建設機械というのは、「売れば、それでおしまい」という売り切り型の商品ではなく、購入した後も常に部品の交換や修理が必要になります。このため、強力なサービスネットワークを有していることがこの事業における成功要因のひとつになります。そこでコマツは1995年ごろから、販売網とサービス拠点の整備に着手します。その際、資金力はなくても、意欲と能力のある現地の人たちに任せるという方針を取りました。

他メーカーは、華僑系の企業を総代理店にし、大きなテリトリーを与えるやり方で販売網を築きました。しかしコマツは、一から現地の中国人に販売網づくりを委ねたのです。彼らは以前は国営の建設機械メーカーに勤めたりしていたので、商習慣や顧客情報、商品についてはそれなりの知識や経験がありました。しかし、彼らには製品在庫を持つための資金がありませんでした。そこで、コマツが製品在庫をすべて負担することで、代理店業への参入のチャンスを与えたのです。

坂根は、「現地の人に任せるという方針は正しかった」と述べています。現地に密着した人が代理店を経営することで、その土地その土地の情報が集まってきます。「次に、ここでダム建設が始まる」という情報があれば、その地域で建設機械の需要が盛り上がります。

中国では建設機械の買い手の9割は個人だといいます。自分で買った建設機械を自ら運転して、建設現場や工事現場で働き、成功を夢見る人たちです。こうした個人の顧客の動向をキャッチし、彼らのハートをつかむには、やはり現地の事情に精通した、現地の人材が欠かせなかったのです。

コマツの代理店の中国人経営者が、代理店は「ハンター」ではなく、「ファーマー」であるべきだと話す場面が出てきます。「過去のお客さんにも情報を提供したり、よいサービスを提供したりすることで、定期的に『収穫』(買い替え需要)が得られる。地道な取り組みでコマツや代理店の評判が上がれば、新たな顧客も自然に獲得できるようになる」

こう語る代理店の社長の言葉を聞いて、坂根は感激したといいます。彼らがまさに「コマツウェイ」を体現してくれているからです。坂根は時間をかけて、思想を共有した販売・サービス網を構築してきました。こうした代理店との信頼関係が、ライバル企業が真似をしようとしても簡単にはできない「競争優位性」になっているといいます。

「われわれはすでに知っている」のワナ

「中国は一筋縄ではいかない」といいますが、坂根はむしろ日本や先進国のやり方をそのまま持ち込もうとするからうまくいかないと考えています。現地で工夫を積み重ねなければ見えてこないものがあり、それを知ることではじめて成功できるのだといいます。ともすると、われわれは「すでに知っている」という前提に立ちがちですが、前提条件の違う国では、そうした甘い認識が実行や成功を妨げることになります。むしろ、心を澄まして現地の事情を観察し、現地に合った解決策を見出すことが、真の実行につながります。これが坂根のいうところの「知行合一」です。

例えば、コマツは日本でも米国でもできなかった「流通在庫ゼロ」の体制を中国で実現しました。もちろん、中国で建設機械を買う人は、必ず一度は試乗した上で「これを買う」と決めるのが普通なので、実機なしの商売は成り立ちません。しかし、代理店のヤードに置かれる実機が、その店の所有物である必要はありません。実機はメーカーが保有し、代理店は販売業務に徹すればいいのです。

代理店が在庫投資をする資金力がなかったというのが当初のきっかけでしたが、メーカーにとっても、直接コントロールできない流通在庫はやっかいな存在です。むしろ、資金負担をしてもメーカーが直接コントロールした方がいいという逆転の発想が、中国では成功要因になったのです。

さらに、これを逆手にとって、代理店の情報システムとコマツのそれを一体のものとして設計し、販売の前線の動向をコマツ側で瞬時に把握できるようにしました。それによって、例えば「30トン級の大型油圧ショベル市場の動きがいい」ということが分かれば、すぐに工場で増産対応し、流通在庫なしでも極力「欠品」や「売り逃し」を防ぐ仕組みをつくり上げました。コマツは中国で生まれた「流通在庫ゼロ」の仕組みを、いま米国など世界の他の地域にも広げようとしています。

市場そのものを「見える化」

コマツというと、誰もが思い浮かべるのが「KOMTRAX（コムトラックス）」でしょう。これは建機に搭載されたGPS付きのICTシステムで、いまでいうIoTの走りです。コムトラックスを装備することで、建機を顧客に納品した後も、それがいまどこにあり、何時間ぐらい稼働しているか、燃料の残りはどのくらいかといった情報を把握し、顧客や代理店と共有することができます。

これをコマツの側から見ると、稼働状況に関する情報を生産計画や需要予測に反映させることが可能になります。一方、コムトラックス経由でその機械のエンジンをかからなくしてしまうこともできるため、代理店にとっては債権管理に、ユーザーにとっては盗難防止に役立っています。こうした仕組みによって、コマツの貸し倒れ率は非常に低く抑えられています。

コムトラックスの利点は、これだけではありません。むしろ最大のメリットは、中国全土に分布する数万台のコマツの建機の稼働状況をリアルタイムで集めることで、中国建設機械市場そのものを見える化できたことにあります。つまり、坂根は建機を工事のための機械と見るのではなく、中国の市場をモニタリングするセンサーとして見る、新しいモノの見方を発見したといえます。

このことは、2004年春の中国政府による経済引き締めの際に効果を発揮しました。コムトラックスのおかげで、コマツはライバルメーカーよりもかなり早く、事態の深刻さを察知することができたのです。このときは、早い時期に工場を止めることができたおかげで、傷が浅く済んだといいます。

逆に2004年の調整が終わった後は、中国の建設機械市場はリーマンショック後のわずかな期間を除いて、最近まで一貫して右肩上がりで成長していきました。懐疑論、弱気論がつきまとっていた中で、コマツは市場の先行きについて基本的には楽観的な見方をとり続けることができたといいます。広大な中国市場でいま何が起こっているかを、地域ごと、機種ごとに把握できたことが、コマツにとってもうひとつの成功要因となったのです。

中国では、建設機械のオーナーが、携帯電話で自分が所有する車両の稼働状況や燃料の残量などの情報を見ることができます。こうした利便性に慣れた顧客は、いずれ他社製の建機もコマツ製に乗り換えるようになるといいます。

また、コムトラックスを通じて貴重な洞察を得ることも可能になりました。例えば、ブルドーザーの補修コストは思ったより高く、1万時間稼働させるためには、新車価格の80％相当の修理費が必要だという事実が明らかになってきました。その結果、足回りの部品の耐久性を引き上げることで、修理コストを大幅に引き下げられることも分かってきたのです。

坂根は、「長年建設機械で商売をしていながら、当時のコマツは、こんな基本的なこともデータとしてきっちり把握していなかった」と振り返っています。逆に、データさえしっかりしていれば、顧客価値を高めるために何をすべきかが自ずから浮かび上がるということです。こうしたデータ収集を通じて、コマツは商品力を高めていきました。

GPSを使ってダンプトラックの無人走行を可能にしたこともそのひとつです。24時間体制でダンプトラックを動かそうとすると、以前は1台当たり4～5人が必要でした。しかし、コマツの無人運行システムを使えば、こうした人件費をゼロにできるのです。

生え抜きの現地人材を登用

また、坂根は中国において権限委譲も積極的に進めています。元々海外事業は極力現地の人に舵取りを委ねるという方針を取り、海外11カ国の生産拠点のうち、7カ国で現地の人に経営トップを任せてきたといいます。しかも、社外からスカウトしてきた人材ではなく、10年、20年とコマツに勤め、コマツウェイをよく理解し体験してきた生え抜きの人材を登用しているのです。特に中国については、変化が激しいだけに、現地でスピーディに意思決定できる体制が重要だといいます。

2010年には、本社の役員3人を中国に駐在させ、現地で意思決定できる体制を整えました。欧米企業ではフォルクスワーゲンやゼネラル・エレクトリック（GE）などが早くからそうした体制を取ることで成功しましたが、日本の大企業でそれに着手したのはコマツが最初ではないかと思います。

さらに、マネジメントの現地化も進め、中国の販売会社など16子会社の社長すべてを中国人にしています。こうして、現場のリーダー層に現地人を登用し、日々のオペレーションや意思決定を現地化しています。こうした姿勢が、中国で優秀な人材を確保することにつながるとともに、中国ビジネスにおけるもうひとつの成功要因になったといえるでしょう。

一回限りの「大手術」

本書には、坂根が過去にトップとして多くの危機を乗り切ってきた姿も描かれています。坂根は、「会社が凡庸な企業で終わるか、偉大な存在に飛躍できるか、その分かれ目は、危機に臨んで、経営陣がどんな対応をするかに左右される」と言います。危機を逆手にとって思い切った改革に踏み込む企業と、その場凌ぎに終始している企業とでは、そこから学ぶことや、危機をくぐり抜けた後の勢いが違うのです。

２００２年３月期にコマツは１３０億円の営業赤字、８００億円の純損失を計上しました。それまでは、バブル崩壊後に国内市場が縮小していても、どこか会社全体に余裕があり、危機感が浸透しきらないところがあったといいます。ところが、坂根はこの赤字転落を機に、コマツの「構造改革」を進めると宣言しました。「これまでのやり方や常識にとらわれない、相当思い切ったことをやる」という決意を社内外に示したのです。キャタピラーと並んでトップの座にある企業が、自ら身を切る決断をするのは、並大抵のことではなかったと思われます。

坂根はまず「成長とコストの分離」という考え方を打ち出します。よく、コストを切りたくないがゆえに、売上が「右肩上がり」になるという経営計画を逆算して作成しがちですが、坂根はそれを許しませんでした。コストはコストとして、必要な水準について考え方を持つことを求めたのです。

坂根は、コマツの社員は一生懸命やっているのに、なぜ欧米のライバル、特にキャタピラーと比べて低い利益率しか出ないのかという点に大きな問題意識を感じていました。そこで、赤字の原因を探ることに取り組みました。コマツの全世界の工場の実力比較を実施したのです。そうすると、「変動費」に絞って比較すれば、最も生産コストが低いのは、意外にも日本であることが分かってきました。そこから、根本的な原因は「固定費」にあるという結論にたどり着きます。

事業の多角化を進め、たくさんの子会社をつくってきた結果、慢性的に赤字を計上する子会社群や、それを許す体質が生まれていました。それが、高い固定費として全体の収益性を引き下げていたのです。そこで、坂根はすぐに固定費の削減に着手し、不採算事業や本社の業務を徹底して見直していきました。それが本当に必要な固定費なのかどうかを問い直したのです。

赤字転落がはっきりしてきた段階で、これまでタブー視してきた雇用にも手をつける決意を固めました。ただし、「大手術は1回限り」という条件を自らに課しました。退職した社員は1100人、転籍者は1700人に達し、15%近い人たちが何らかの痛みを被ったといいます。ただ、そのかいあって毎年400億円近い赤字を出していた不採算事業を整理し、300社あった子会社を1年半で110社減らすことに成功しました。

痛みを伴う改革の実行こそ、リーダーの役割

坂根はコマツ電子金属を例に挙げ、「エレクトロニクスのことはエレクトロニクスのプロに任せるべき」「自社か他社のいずれがオーナーになった方が、その事業がより発展していけるかの一点で判断されるべき」という考え方を示しています。他の人たちが経営するよりも、自分たちが経営した方が絶対に企業価値が高くなると自信を持って言えるような状況でなければ、コストをかけるべきではないということです。

このため、GEと同様に世界で1、2位のポジションに立てる事業に集中する選択を行っています。結果として、コマツの売上の約50%は、世界1位の商品で構成されるようになり、世界2位の商品まで含めると、全売上高の約85%に達するといいます。

坂根はこうした痛みを伴う改革を実行するのが、リーダーの役目だと言います。その結果、2001年の営業赤字から、2002年には300億円の黒字に転換することに成功しています。

ここで坂根は、収益を改善しようとして、手っ取り早く切りやすいコストの削減に手をつけるのは、現場やサプライヤーを疲弊させるだけと言います。例えば、研究開発費を削ったり、部品メーカーに値下げをさせたりしても、将来の利益を犠牲にしているか、部品メーカーの利益を吸い上げているだけで、利益の付け替えにしかならないといっているのです。

そうではなく、組織に覆いかぶさり、活力を損ねている「固定費」にこそメスを入れるべきだと言います。もちろん固定費の改革は痛みを伴いますが、そこから逃げずに、関係者を説得しながら改革を実行するのがリーダーの役目なのです。

「ダントツ」とは捨てること

坂根のもうひとつのこだわりとして、「ダントツ・プロジェクト」と呼ぶ新商品開発の話が出てきます。坂根は、「商品開発は平均点主義ではうまくいきません。自らの得意分野を徹底的に伸ばすことで、商品としての独自性が生まれ、ブランドの認知も進みます」と語っています。むやみに多くの機種を市場に投入し続けるのは経営にとって効率が悪く、機種を絞り込み、売上寄与度の大きい重点機種に資源を重点配分することをよしとしています。

ファーストリテイリングの柳井正氏が、「最高の商売というのは、ひとつの完成された商品だけで大量に売れるような商売をすること」と述べていたことと相通じるところがあります。坂根にとっても、リスク分散とは自信がないことの表れなのです。それは必ず顧客から見透かされます。

ダントツ・プロジェクトを導入する以前、坂根はコマツの商品開発のあり方に大きな疑問を感じていたといいます。つまり、何事も競争相手と比べた上で、それより「少し上」を目指そうとするのです。多くの関係者が合意できるものをつくろうとするあまり、とりたてて特徴のない、いわばカドの取れたものになってしまっていたといいます。

そこで、坂根は新商品の開発にあたって、「営業と開発は、まず何を犠牲にするかで合意しろ」と指示しました。つまり、他社に負けてもいいところをあらかじめ決めておき、その分、強みに磨きをかけろというわけです。

優れた経営者は一様にスクラップ&ビルドがうまいのですが、どこかを犠牲にしなければ、投入資源を生み出せないという発想を持っています。こうして捻出した資源を使って、「ダントツ商品」を生み出すのがダントツ・プロジェクトなのです。「いくつかの重要な性能やスペックで、競合メーカーが数年かかっても追いつけないような圧倒的な特徴をつくる」。こうした意図を持って、捨てるべきところを捨てられる会社が、競合から見ると本当に怖い会社といえるでしょう。リスクを回避し、平均的な商品を出してくる会社は恐れるに足らずということなのです。

また、ダントツ・プロジェクトは、「これまでの製品に比べて、原価を10％以上引き下げ、そのコスト余力をダントツの実現に振り向ける」という側面も持っています。原価の10％削減を実現しようとすると、開発部門と生産部門が早い段階からコラボレーションする必要があります。そこから「コストを切り下げたいなら、こんな設計ではダメで、こういうふうに改めるべきだ」といった具体的な知恵が出てくるようになったといいます。そして、それが実行へとつながっていったのです。まさに知行合一といえるでしょう。

販売やサービスでも「ダントツ」を追求

坂根は、商品だけでなく、販売やサービスについてもダントツを追求します。企業は「セリング」から出発し、やがて「マーケティング」の段階に進み、最後は「ブランディング」へと進化していくといいます。ピーター・ドラッカーの「究極のマーケティングは、セリングを不要にする」という言葉を念頭に置いていると思われますが、坂根はさらにその先に目標を置いているということです。それでは、ブランディングとはいったい何か、あなたにも考えてもらいましょう。

Exercise

ブランディングとは何か、坂根の言わんとするところを考えてみてください。

坂根は、コマツが目指しているのは、マーケティングのさらに先にあるブランディングであると言います。そして、ブランディングに関して、「お客様から選ばれ続けるための仕組みをつくる」と表現しています。

ブランドとは元々家畜に目印として押した焼き印のことを意味しました。つまり、ブランドの本質は記号です。記号というのは面白いもので、人間から認識されるための形を持つとともに、人間の頭の中に意味を生じさせます。前章の「柳井正『経営者になるためのノート』」の中で、人の無意識の世界のメカニズムについて紹介しましたが、人が印を見て、無意識のうちに検索を行ったときに、意味が引っかかってくるのが記号でありブランドです。そして、人の頭の中に無意識のうちに浮かび上がる意味のことを「ブランド・エクイティ」といいます。

建機を必要とした顧客が、半ば無意識のうちにコマツを選ぶこと。逆にいえば、顧客の無意識の世界の検索活動に、「コマツ」を刷り込むこと。それが坂根の目指している「お客様から選ばれ続ける」状態といえます。こうした状態をつくるため、コマツは顧客との関係性を7段階に分類し、それをレベルアップさせる活動としてブランドマネジメントを展開しています。そして、「レベル7」を「コマツ以外の製品は使わない状態」と定義しているのです。ブランドマネジメントというと、「それはB to C（企業対消費者）の話だろう」と言う人もいますが、坂根はB to B（企業対企業）の企業であるコマツにとっても、それが重要であると考えているのです。

無意識のうちに選んでもらえる存在になるにはどうすればいいのか。例えばコマツは、コムトラックスを使ったコンサルティングを提供しています。「お客様の油圧ショベルはエンジンをかけているのに、特に作業していない時間が月30時間もあります。こまめにエンジンを切る操作を繰り返せば、燃料費はこれだけ節約できますよ」といった情報を具体的に、実額で提案するのです。こうした相手の心にインパクトを与える活動が、無意識の世界に「コマツ」という意味を刷り込むのです。

「コマツウェイ」の5つの軸

最後に、坂根はコマツウェイについても、その背景にある考え方について述べています。坂根がコマツウェイの編纂を思い立ったのは、社長の座を後進に譲ろうと考え始めた2005年のことです。最初は社長業務の引き継ぎメモとして書き始めたそうですが、「コマツウェイ」として冊子にまとめて全社員に公表し、会社の軸をはっきりさせておこうと考えるに至ったようです。

コマツウェイは社長に向けた「マネジメント編」と、全社員に向けた「全社共通編」から構成されています。マネジメント編には、下記の5つが挙げられています。

取締役会を活性化すること
社員とのコミュニケーションを率先垂範すること
ビジネス社会のルールを遵守すること
決してリスクの処理を先送りしないこと
常に後継者育成を考えること

特に坂根は、取締役会などでトップの提案に対する異論が容認され、場合によってはストップをかけることができる状態にあることを重視しています。いわゆるコーポレート・ガバナンスが効いた状態です。

坂根自身、コマツの取締役会が買収案件に際して「買収金額が4億2000万ドルまでなら、社長以下執行部は買収を実行してもよい」という条件をつけ、それが理由で買収を断念した経験があるといいます。「悔しい気持ちはなかったといえば嘘になりますが、それでも、活発な取締役会は、会社の長期的な利益にかなうと考え、納得しました」と述べています。

経営者が自らを律する仕組みをつくることは容易なことではありませんが、リスクを先送りせず、知行合一を実行するために、そこまでの厳しさを自らに求めた経営者としての坂根の姿が伝わってきます。

『HPウェイ』

デービッド・パッカード著

HPの成功要因として挙げられる「HPウェイ」に関して、
デービッド氏が書いた物語。
ガレージから出発し、世界的大企業になるまでの道のりを
「HPウェイ」に込めた思いと共に描き出す。
1995年刊行。増補版は海と月社から2011年刊行。

高野研一

（コーン・フェリー・ジャパン前会長）

デービッド・パッカード（David Packard）
1912年生まれ。スタンフォード大学卒業。
GEに就職のあと、39年大学時代の友人ビル・ヒューレットと共に
「ガレージ」でヒューレット・パッカード社を創設する。
今なお世界中の企業に注目される独自の経営理念「HPウェイ」を掲げ、
時代を代表するビジネスリーダーになった。
93年に取締役会長職を退き、名誉会長に。96年に逝去。

シリコンバレーのパイオニア

本書は、ヒューレット・パッカード（以下ＨＰ）の創業者のひとりであるデービッド・パッカード氏が書いた、ＨＰウェイに関する物語です。

ＨＰはウィリアム・ヒューレット氏とデービッド・パッカードが、米国カリフォルニア州パロアルトで１９３９年に設立した会社です。当初は計測器メーカーとして出発しましたが、その後コンピュータやプリンターを主力製品とする企業へと発展していきました。ヒューレットとパッカードの２人が事業を始めたときに事務所代わりに使ったガレージは、現在カリフォルニア州によって「シリコンバレー発祥の地」と認定されています。

ＨＰの成功要因としてよく挙げられるのが、２人の価値観を反映した「ＨＰウェイ」です。ピーター・ドラッカーは、「企業が経営戦略を実行する上で必要な要素は、『資源』『プロセス』『価値基準』である」と述べています。つまり、ＧＥのように多様で強大な経営資源を持つ企業、トヨタ自動車のジャスト・イン・タイム・システムのように優れたプロセスを持つ企業は、卓越した実行力を発揮します。それと同様に、ＨＰは優れた価値基準を持つがゆえに、シリコンバレーの発展をリードしてきた企業といえるのです。

そのＨＰが、21世紀に入ってマスコミなどで苦戦を伝えられる場面が多くなっています。１９９９年のカーリー・フィオリーナ氏のＣＥＯ登用が注目を集めましたが、２００２年のコンパック買収は失敗に終わり、フィオリーナは解任されます。その後２００５年にＣＥＯに起用されたマーク・ハード氏もセクハラ疑惑で辞任。さらに、その後任としてＣＥＯに就いたレオ・アポテカー氏も、わずか1年で解任されています。こうした経緯を経て、ついにコンシューマー事業と企業向け事業に会社が分割されるに至りました。

本章では、優れた価値基準を持っていたはずのＨＰが、なぜこうなってしまったのかに迫ることとします。本書の中には、こうした結末に至る予兆のようなものが記されています。ただ、そこに入っていく前に、ＨＰウェイとは何か、それがなぜＨＰを成長させる原動力になったのかについて考えてみることにしましょう。

ＨＰウェイの5つの教え

ＨＰウェイには次のように５つの基本的な教えが記されています。

① ヒューレット・パッカード社は、技術的な貢献をするために存在し、この目的にかなう機会のみを追求すべきである。
② ヒューレット・パッカード社は、組織と社員にすぐれた業績を求める。利益ある成長こそ、継続的な成功の手段であり、判断基準である。
③ ヒューレット・パッカード社は、適切な人材を獲得し、社員を信頼して、目標を達成するいちばんの方法を自由に探してもらい、その仕事で得られた報酬を分配するときに、最高の結果が出ると考える。
④ ヒューレット・パッカード社は、業務をおこなう地域社会のために、直接貢献する責任を負う。
⑤ 誠実であれ。

特に、ヒューレットとパッカードは、企業には株主のために利益をあげることよりも大きな責任があると考えていました。それは、社員ひとりひとりの尊厳を認め、顧客を幸せにし、広く地域社会に貢献することであるといいます。たいていの起業家が追い求める問題は、「どうすれば成功できるか」でしょう。ところが、ヒューレットとパッカードの2人は、最初からそれとは次元の違う問いに対して答えを出そうとしていたのです。

――金を稼ぐことは重要な結果ではあるけれども、もっと深いところに、会社の本当の存在意義を見つけなければならない。……それは『貢献』である。

企業が貢献できているかどうかを知るには、次のような問いを立ててみることが役に立ちます。自分たちの製品は、技術面であれ、品質水準であれ、問題の解決法であれ、他社にはないユニークなものを顧客に提供しているか。活動拠点を置く地域社会は、自分たちが存在することでより強くなっているか。社員の生活はより豊かになっているか。自分たちの仕事は人々の暮らしを改善しているか――ＨＰはこうした問いに対して、正面から向き合おうとしてきた企業であるといえるでしょう。

飛躍的な成長を遂げた背景

ＨＰの起業ストーリーは、ヒューレットとパッカードが学んだスタンフォード大学と、恩師のフレッド・ターマン教授と深く結びついています。ターマン教授は無線工学の分野で幅広い人脈を持っていました。そうした人脈を活用し、最先端の製品を世の中に送り出すことで、これまでできなかったことを実現し、社会に貢献したのがＨＰでした。

例えば、ベル研究所のハロルド・ブラック氏という科学者が「負帰還」という新しいアイデアを論文に書きました。これは電話の中継器（増幅器）に応用可能な技術でした。この技術を使えば、真空管の特性が変化しても増幅器の増幅率をコントロールできたのです。

ＨＰはこれをいち早く応用し、通信、地球物理学、医学、国防の分野で要求される良質な可聴周波数を発生させるとともに、低コストで実用的なオーディオ発振器を開発しました。これが、ヒューレット・パッカードの製品第１号になりました。

この製品をお披露目したときに関心を示した人の中に、ウォルト・ディズニー・スタジオの主任音響エンジニアのバド・ホーキンス氏がいました。それがディズニーの革新的映画『ファンタジア』で使う音響機器の開発につながっていったといいます。

１９５０年代に入ってＨＰは飛躍的に成長しました。通信関連の機器を製造していたことから、朝鮮戦争の影響などで軍需が拡大したのです。しかし、それだけに留まらず、ＨＰの製品は様々な分野で用いられるようになっていきました。このあたりまでの話はソニーの成長ストーリーと似ています。それまでに生産プロセスや販売代理店ネットワークを確立していたことが功を奏し、1950～52年までの間、毎年倍々ゲームで売上は増加していきました。

ベンチャー企業は往々にしてスケーラブルな物流・製造・販売プロセスの確立を軽視し、事業が成長を始めたときに仕事がオーバーフローする、「成長の痛み」といわれる現象に直面することがよくあります。これに対して、ヒューレットとパッカードの2人は、顧客に貢献するために、あらゆるプロセスの細部に注意を払うことを怠りませんでした。それがHPの飛躍を可能にしたのです。

また、恩師のターマン教授とのつながりを生かし、スタンフォード大学の大学院生が研究の一環としてHPの製品を設計、製作するという、共同の特別研究員プログラムに取り組みました。いまでいうオープンイノベーションです。また、その逆に優秀なHPのエンジニアが、スタンフォード大学で修士や博士課程を履修できる制度も導入し、それによって、全米から優秀な人材を雇うことができました。

HPウェイの第一条で、「ヒューレット・パッカード社は、技術的な貢献をするために存在し」と掲げたことから、HPは新製品の設計やエンジニアリング、顧客サービス、新しい設備などへの継続的な投資を重視しました。これらのレベルを下げれば、一時的に利益を増やすことは可能です。しかし長い目で見れば、どこで手を抜いても、必ず後で大きなつけが回ってきます。HPウェイはそれを許しませんでした。

その一方で、HPウェイの第二条では「利益ある成長こそ、継続的な成功の手段であり」とも語っており、利益を成長のための原資と考え、決しておろそかにしてはいけないと戒めています。HPウェイの存在が、HPの役職員に、短期的な利益と、成長のための投資とのバランスを取ることの重要性を教えたといえるでしょう。

退社する社員にも敬意を表する

HPウェイの第三条では、社員の尊厳を認め、持てる力を引き出すことが求められています。パッカードは、「社員は皆いい仕事をしたいと思っている」と述べているとおり、基本的に社員を信頼していました。このため、マネジャーは社員ひとりひとりに配慮と敬意をもって接し、彼らの功績を認めなければならないと説いています。それによって社員が自分の潜在能力に気づき、最高の働きができると考えたのです。

HPが扱う先端技術の領域では、些細なことが良質な製品とそうでない製品の分かれ目になります。だから、すべての社員がそれぞれの業務でベストを尽くすことが、顧客にとっての価値につながるということです。パッカードは、「目標がいちばんうまく達成されるのは、社員ひとりひとりがそれを理解し、支持しているとき」であると言います。そのために、個人の自由や自発性を促しつつ、目的の共有やチームワークを尊重する、参加型マネジメントを追求したのです。

ただ、会社の成長に伴って、チームワークは当然のものではなくなっていきました。パッカードは、チームワークを絶えず強調し、強化しなければならなかったといいます。好業績の部門を特別扱いせず、利益分配についても、一部の選ばれた個人やグループにではなく、すべての有資格者に支払っています。また、パロアルトから車で1時間ほどのところにセコイアの森を1区画購入し、多くの社員やその家族がピクニックできる広大なレクリエーション・エリアを設けました。

不況のときには他の米国企業がとりがちなレイオフという手段を選ばず、皆が労働日数を10%短縮して賃金を10%減らす方法を取りました。まるで日本企業のような感じを受けますが、これによって優れた人材を失わずに済んだのでした。また、HPは社員の教育にも多くの投資をしています。

こうした人事施策の中で、HPの社員に対する信頼を最も世に知らしめたのは、フレックスタイム制度でした。パッカードは、社員に多忙な私生活があることを認めるとともに、各人が上司や同僚と相談して、周囲の都合を考えたスケジュールを組んでくれると信じていたのです。

時代は大きく違いますが、米国ヤフーのＣＥＯに就任したマリッサ・メイヤー氏が、社員の在宅勤務制を廃止して物議を醸したのと対照的に映ります。

パッカードはＨＰを去る社員にまで敬意を払っていたといいます。彼らと働けたこと、彼らが社外で成功を収めたことに誇りを感じていたのです。起業の難しさを知るパッカードは、社外に出た人たちが様々な形でＨＰウェイを生かしてくれていることに喜びさえ感じていたのでしょう。

アメーバ経営に通じる分権化の思想

こうした社員への信頼は、製品開発の可否を判断する場面でも発揮されます。米国コロラド州コロラドスプリングスにあるオシロスコープ技術の研究所で、チャック・ハウス氏というエンジニアが、ディスプレイモニターの開発を手がけていたときの話です。そのプロジェクトは経営陣によって中止を言い渡されてしまいます。

ところが、彼は休暇を取ってカリフォルニアに出かけ、道々、見込みのありそうな顧客にディスプレイの試作品を見せて回りました。そして、その製品に何を求めるか、どんなところが気に入らないかについて聞いて回ったのです。顧客の評判はなかなかよく、意を強くしたチャックはプロジェクトを続行しようと決意しました。

その話を聞いたパッカードは、自分が打ち切りを要求したのを忘れたかのように研究開発部門のマネジャーを説得して生産を急がせました。結果的に、このディスプレイは1万7000台売れ、HPに3500万ドルの収入をもたらしました。数年後、HPのエンジニアの集いで、チャックは「エンジニアの領分を超えたケタはずれの反逆」を讃えるメダルを授与されました。HPウェイが、社員の熱意やそれを応援する雰囲気を醸成したひとつの好事例といえるでしょう。

また、HPは目標管理制度（MBO）をことさらに重視しました。この「目標による管理」を、「支配による管理」の対極にあるものと位置づけ、社員の主体性を引き出す手段と考えたのです。そこでは全体の目標が合意された後、社員はみな各自の責任の範囲内でベストと思われる方法で目標に向かい、柔軟に仕事をこなすことが認められました。

あらゆるレベルのマネジャーは、MBOと分権化の構造の下、計画策定、決定と評価、部下に対するリーダーシップなど、ひとつの製品群について、すべての面で説明責任を負います。つまり、それぞれが小さな会社を経営しているようなもので、それに伴うすべての権限と責任を引き受けることになります。それがマネジメントにおける分権化の哲学であり、自由な経営の神髄だというのです。京セラのアメーバ経営の考え方と相通じるものがあります。

パッカードは、これが相互理解と責任感を生み出すと考えました。そのために、マネジャーには細部に注意を払うことを求めています。マネジャーは部下ひとりひとりがやるべきことを理解していなければいけません。そして、自分たちは価値ある仕事をしているのだということを部下に実感させる必要があるといいます。

自分が知らない分野の仕事であっても、マネジメントの手法をマスターしていれば、マネジャーは務まるという人もいるでしょう。しかし、パッカードはそれでは満足しません。なぜなら、相互理解と責任感を醸成するためには、マネジャーが担当部門の仕事を本当に理解している必要があると考えているからです。

パッカードにとってのマネジャーは、サッカーの優れたコーチのように、サッカーのことを知り尽くし、手本を示すことができ、相互理解と責任感を醸成できる人のことをいいます。それができてはじめて、部下が価値ある仕事をして、顧客によりよいものを提供することができると考えているのです。

「社会に貢献する」ことの意味

HPウェイの第四条には、「地域社会への貢献」も明確に謳《うた》われています。パッカードがそれにこだわったのには、彼の生い立ちが関連しています。彼は子供のころ、コロラド州で、1930年代に起こった米国の大恐慌を経験しています。収入がなくなって困窮していた家が多い中で、運よく家族を養える収入があった人たちが、食べ物や服を進んで分け与えていたのを見ていたのです。その経験を通じて、パッカードは他者を思いやり、手を差し伸べることの大切さを学んだのでした。

このため、パッカードの考える貢献は、顧客や社員に留まらず、社会一般にも及びます。HPウェイは、よき市民としての責任を自覚することを役職員に求めます。現在でこそCSR(Corporate Social Responsibility)という旗印の下、社会に対して価値を生み出すことも経営者の責任という考え方が主流になってきましたが、当時はHPウェイのような考え方は少数派でした。企業の所有者は株主なのだから、経営者は株主のために利益を出すことだけを考えていればいいという発想です。恵まれない子供たちに寄付をするのは、経営者ではなく、株主の役割という考え方です。それでは、ここであなたにもこの問題について考えてみてもらいましょう。

Exercise

社会一般に対して貢献することは、経営者の責任範囲の中に含まれるべきでしょうか？　また、その理由についても考えてみてください。

この問題は、経営者にとってのステークホルダー（利害関係者）に、社会一般を含めるべきかどうかという論点に行き着きます。経営者が責任を果たすべき利害関係者として、株主、顧客、社員が含まれることについては、多くの人は異論がないでしょう。ところが、社会一般を含めるべきかどうかについては人によって考え方が異なります。ここでは、パッカードのように社会貢献も経営者の役割であるとする考え方について解説しておきましょう。

企業は、固有の技術やノウハウ、人材や設備を持っています。それを活用して、顧客にとって価値を生み出すのが事業活動ですが、企業が生み出せる価値はそれだけに留まりません。例えば製薬会社が感染症の薬を未開発国に寄付するのは、創薬という技術を持った企業でなければできないことだからです。保険制度が整備され、事業として成り立つ時代が来るまで待っていたのでは、いま困っている多くの患者の命を救うことはできません。こうした事業として成り立たない領域において、その企業でなければできない価値を提供することがＣＳＲの意義です。

ＩＢＭが未開発国の教育や医療に情報通信技術を駆使してサービスを提供したり、住友化学が殺虫成分が少しずつ流れ出す新技術を使った蚊帳「オリセット・ネット」を、マラリヤの被害に遭っている途上国に提供するなどの例が示すように、その企業でなければできない固有の社会的価値が存在します。それを発見して実行することも、経営者の役割であるというのがＣＳＲの考え方です。

ＨＰはこうした考え方に基づき、社員が社会に利益をもたらす活動に貢献することを積極的に奨励してきました。ＨＰの社員は様々な地域社会で、計画委員会、教育委員会、交通局、市議会など、地域運営組織に加わって貢献しています。１９７３年に導入されたばかりのサンフランシスコのベイエリア高速鉄道で、列車位置検知警報装置に問題が発生した際も、ＨＰの有志チームが解決に手を貸しました。

パッカード自身、ニクソン政権下の国防総省で次官として働き、自衛力を落とさずに防衛費をどこまで削れるかを検討する委員会を主導しています。その際、武官である統合参謀本部の部長たちを検討に巻き込み、彼らの協力を引き出すことに成功しました。ＨＰウェイを国防総省の中でも実践したわけです。こうした政策的判断の中に武官を巻き込む参加型のアプローチは、その後国防総省の中で受け継がれていきました。それが、第一次湾岸戦争の際に、ブッシュ大統領からコリン・パウエル統合参謀本部議長、ノーマン・シュワルツコフ中央軍司令官、さらにその部下の司令官という一本筋の通った連携プレーにつながったといいます。

1990年代からすでに見えていた「綻び」

ここまで、HPの生い立ちと、HPウェイの思想について紹介してきました。その中で、HPウェイがHPの成長にとって重要な役割を果たしてきたことについても述べました。ここから先は、1990年代以降、HPに生じた変化について話を進めていきます。その中で、なぜ2000年代に入ってHPが迷走しているのかについて、ひとつの仮説を示すことにします。

HPは1990年代にすでに変調を来していました。『ビジョナリー・カンパニー』の著者のジム・コリンズによれば、HPウェイの基本精神が正しく受け止められなくなってしまったからだといいます。「全員一致」に基づく意思決定スタイル、「終身雇用」「エンジニアリング主導」「歩き回る経営（Management By Walking Around）」などは、HPが確立してきた重要なマネジメントスタイルであり、文化です。しかし、HPウェイの基本精神が目指したのは、顧客や社員、社会に対して貢献することであって、これらのマネジメントスタイルや文化に執着することではありませんでした。

ところが、HPの役職員は、こうした社内の文化や伝統を神聖化するようになっていきました。それが結果的に、「貢献」というHPウェイの基本精神をあいまいにしていったのだといいます。

やがて1990年代の終わりから2000年代初めにかけて、HPは針路をそれ、そもそもHPを偉大な企業たらしめた基本原則と相容れない決定を下すようになっていきました。その結果、カリスマ性のあるCEOを外部から招き、「技術的な貢献」よりも、市場シェア拡大とコスト削減を目指す、高額の買収戦略に乗り出していったのです。

こうした状況にフラストレーションを感じたのはコリンズだけではありませんでした。パッカードの息子は、ウォールストリート・ジャーナル紙に全面広告を打ち、かつてパッカードがHPのマネジャーに向けて話したスピーチを掲載するという行動に出ました。以下はそこからの抜粋ですが、パッカードがHPウェイに込めた基本思想がよく伝わってきます。

さて、そもそも会社はなぜ存在するのか。それについて話し合いたい。……金を稼ぐことは重要な結果ではあるけれども、もっと深いところに、会社の本当の存在意義を見つけなければならない。……人が集まり、会社と呼ばれる組織を作るのは、ばらばらではできないこと

も団結すればできるからです。人が集まれば、価値のあることができる。つまり、社会貢献ができる。……人を心の底から動かすのは、たいてい金儲け以外の欲求です。ものを作りたい、サービスを提供したい、あるいは何かやりがいのあることをしたい、などです。

そのことを念頭に置いて、なぜヒューレット・パッカード社が存在するのか、考えてみましょう。

パッカードの息子は、2000年以降のHP迷走の中で、現経営陣たちが、「パッカードが生きていたら、やはりこうしていただろう」と公言するのに憤り、このようなアクションに出たのです。コリンズ同様、「彼らはHPウェイを理解していない」と言いたかったのでしょう。

「HPウェイ」そのものにも低迷の原因があった！

しかし、私はHP迷走の原因は、外部から来たCEOたちがHPウェイの基本思想を理解しなかったことに留まらないように感じています。ここではあなたにもその原因について考えてもらうことにしましょう。

Exercise

HPが1990年代以降、迷走し続けている本質的な原因について考えてください。ジム・コリンズとは別のモノの見方を探してみましょう。

（ヒント）HPは計測器メーカーとして出発し、その後電卓、コンピュータやプリンターなどに製品を多角化していきました。BtoBビジネスではシステム開発やアウトソーシング事業も展開しています。

さて、あなたの答えはどうなったでしょうか。私は、HPウェイの基本思想が正しく理解されなかっただけではなく、HPウェイの理念そのものにも、HPの事業との不適合が生じていたのではないかと考えています。だから、HPウェイを正しく理解して行動していても、間違って理解しているように見えてしまったのではないかということです。

1994年、HPのコンピュータ事業の売上は約200億ドル、総売上の78％を占めるようになっていました。HPは元々計測器を開発販売していたのですが、計測システムに使用する自動制御装置の開発に着手したことがきっかけとなり、HP初のミニコンピュータである、モデル2116へとつながっていきます。このモデル2116は、次第に自動計測システムの制御装置としてではなく、単体のミニコンピュータとして売れるようになっていきました。

コンピュータが機器の分野で主要な役割を担うようになることは、1960年代の初めには明らかになっていました。そのため、HPも早くからコンピュータの研究に着手してきました。しかし、その実現性が高まるにつれて、次第にHPはコンピュータに対して慎重なスタンスを取るようになっていきました。巨額の投資を伴うコンピュータ事業が、HPの基本理念から大きく離れてしまうことを経営陣が懸念したからです。

コンピュータ事業には大企業向け業務アプリケーション、データ処理センター、24時間体制のカスタマーサービス、リースやセールス業務など、当時のHPが持っていないノウハウや能力を必要としました。そこではHPの強みが生かせないのではないかと考えたのです。ヒューレットは常日頃から「要塞のある山を攻めるな。頂きにいる軍隊が自軍より大きければなおさらだ」と戒めていたといいます。コンピュータはまさにこのケースでした。

しかし、1966年にトム・オズボーン氏という若いエンジニアが電子式計算機の試作品を携えて売り込みに来たことで、事態は一変します。彼の小型計算機のアイデアを使えば、三角関数、双曲線関数、対数関数の計算を素早く行えるだけでなく、プログラミングもできる卓上計算機を開発できることに気づいたからです。それによって機械式計算機や関数表を代替できると考えたのです。

ＨＰの開発チームは、オズボーンと協力して、モデル９１００という電子式卓上計算機を開発しました。９１００は市場で大成功を収め、真に革新的な製品の見本となりました。さらに、大容量で消費電力の少ないＩＣメモリやＩＣプロセッサが使えるようになると、９１００を開発したエンジニアたちは、「シャツのポケットに収まる計算機をつくる」という、ヒューレットが掲げた課題にチャレンジします。そして、１９７２年、ＨＰ３５と名づけられた計算機が発売され、大ヒット商品となったのです。

ところが、パーソナルコンピュータ（ＰＣ）事業においてはＨＰは成功しませんでした。特定の用途に特化したアルゴリズムの最適化と、それに応じたハードウェアの改良という範囲に技術要素が限定されている間は、ＨＰが貢献できる余地がありました。しかし、汎用（オールラウンド）のＰＣとなると、もはや単一の技術革新が新しい製品を生むという構図ではなくなりました。ソフトウェア、ＣＰＵ、記憶装置など、様々な領域での技術革新があってはじめて製品化が可能な構造へと変質していったのです。

その結果、ソフトウェア、ＣＰＵ、記憶装置など、それぞれのパーツだけを扱う専業の会社が台頭し、分業化が進んでいきました。汎用のＰＣは、もはや製品というよりも、数多くの製品を組み合わせてつくるメタ製品（メタとは「上位」のこと）といっていいでしょう。そこでは業界構造の水平化が進み、各パーツの勝ち組企業が連合軍を組んで業界を支配する構造へ変わっていきました。いまでいうエコシステムです。HPのように全社員が力を合わせて新製品を丸ごとつくるというスタイルは、こうしたメタ製品には通用しにくくなっていったのです。

垂直型の組織が生んだ「官僚体質」

『HPウェイ』の巻末に出ている「ビンテージ・チャート」という図を見ると、HPの製品群のライフサイクルが1980年代から90年代へ移る過程で大きく変化したことが分かります。80年代前半のころは、まだ製品寿命が長く、70年代に開発された製品（計測器が中心）が安定的に売上をあげ続けていました。ところが、90年代に入ると、製品売上の半減期は1～2年ぐらいに短縮しています。つまり、計測器からコンピュータへ事業ポートフォリオがシフトしていったことが分かります。

それにつれて、HPの組織戦略にもゆらぎが生じています。パッカードは、大企業へと成長しても、ベンチャー企業のような創造性を失わないためには、大きくなった組織を分割することが必要だと考えました。量産体制に入った製品を切り出し、オフィスも違う場所に移すことで、ベンチャースピリットを呼び覚まそうとしたのです。3Mの組織戦略に近いものがあります。

ところが、コンピュータ事業ではこうした組織戦略が通じないことを思い知らされます。コンピュータ・ビジネスは先にも述べたとおり、「製品を組み合わせたメタ製品」という色彩を持っています。このため、アプリケーション、OS、CPU、記憶装置、周辺機器といった多くの要素間でうまく調整することが必須でした。計測器のように、それぞれの製品を独立のものとして扱うことができなかったのです。

このため、HPには様々なプロジェクトチームや評議会、委員会が生まれていきました。それが結果として、官僚制につながったのです。本来エコシステムを活用して、業界内の水平分業体制で取り組むべきメタ製品を、自社単独で垂直型のビジネスとして扱おうとしたことに限界があったといえるでしょう。このように、水平型の事業が垂直型に見えてしまった理由のひとつに、社員全員を生かすというHPウェイの存在があったことが推察できます。

カリスマ経営者たる証

ドラッカーの言うように、「資源」「プロセス」「価値基準」は、経営戦略を実行するために必要な要素であると同時に、自社のモノの見方を縛る要因にもなります。それらの要素がビジネスの性質・構造にマッチしていれば、戦略の実行面において力を発揮します。しかし、それが成功をもたらすほど、環境が変化したときに、そのことを認識するのが遅れるのです。『ＨＰウェイ』を読んでいて気づくのは、パッカードがＨＰウェイの素晴らしさを語りながらも、コンピュータ事業については、なぜかそれがしっくり合わないと感じていることです。オープンで水平型の業界構造が生まれ、エコシステムが大企業に取って代わるという時代を見てしまったわれわれには、その違和感が何なのかが分かります。しかし、ＨＰウェイの素晴らしさを知るがゆえに、パッカードにはＰＣ事業の特殊性や、自前主義の限界が見えにくくなっていたのかもしれません。いま、産業革命から情報革命への時代の転換とともに、多くの日本企業が感じている違和感とも相通じるものがあるように思えます。

とはいっても、パッカードに時代の変化が見えていなかったのかというと、そうではありません。それは本書のエピローグを読めば明らかです。そこには次のようなことが記されています。

二〇世紀に、私たちはめくるめく進歩を経験したが、その大半は過去長い時間をかけて確立した科学原理にもとづいている。それは主として、一九世紀末までに発展した科学である。つまり、宇宙の最小構成単位は原子で、原子は陽子と中性子の核と、そのまわりをまわる電子からなるという考えを基礎とする。そこから元素周期表が作られ、やがて原子爆弾が発明

された。

第二次世界大戦が終わると、アメリカとその同盟国、そしてソビエト連邦は、軍事的に優位に立とうと、高エネルギー物理学の大規模なプロジェクトに着手した。誰もゴールには到達しなかったが、研究の過程で、宇宙の最小単位が原子ではないことが判明した。原子のなかにさらに小さな10の素粒子が存在し、ニュートンの万有引力の法則に影響されない弱い力と強い力で結びついていたのだ。原子の古い概念を利用して、人間は自然界で発生するダイヤモンドに似た物質を作り出した。しかし、原子の新しい解釈を用いれば、自然界には存在しない物質、たとえば、ダイヤモンドより硬い物質や、しなやかなガラスのような物質を作ることができる。

この発見によって、遺伝子工学の新たな扉が開かれ、まったく新しい科学の世界が広がった。未来に目を向ければ、そこには二〇世紀に目にしたどんなものより、はるかに偉大な成長と発見の可能性があるはずだ。


パッカードは原子の下部構造の解明が、新しい物質を生み出し、遺伝子工学にも新たな時代がひらかれること、それによって21世紀には20世紀以上の成長ポテンシャルがあることを正しく理解しています。それこそ、彼がカリスマ経営者であったことの証といえるでしょう。

『私のウォルマート商法』

サム・ウォルトン著

田舎町の商店から、世界最大の売り上げを誇る巨大企業へと
ウォルマートを導いたウォルトン氏の自伝。
自分の理想を信じ続けて屈服しない人々の物語を、
商いのコツと共に創業者が描く。
講談社から2002年発刊。

高野研一

（コーン・フェリー・ジャパン前会長）

サム・ウォルトン（Sam Walton）
1918年、米国オクラホマ州生まれ。ミズーリ大学を卒業後、27歳で小売業界に入り、
62年にディスカウントストアのウォルマート・ストアを創業する。
根っからの「商人」で、自社および他社の店を見て回ることに人生を捧げ、
確固たる信念に基づく経営姿勢を確立させる。92年に逝去するものの、
ウォルトン家は米フォーブス誌の世界長者番付の常連に位置する。

「私の自慢できるただ一つのことは、アメリカ中のどのチェーンのトップよりも、私のほうがより多くの店の実例を見学（ストア・コンパリゾン）していることだ」

ウォルマートの創業者であるサム・ウォルトン氏は、根っからの「商人」で、自社および他社の店を見て回ることに人生を捧げた人です。「技術屋」本田宗一郎氏が世界中の機械を見て回ったのとよく似ています。時には自家用機で遠隔地まで赴き、時には家族とのキャンプを抜け出しては、マニアのように店を見て回りました。ミネソタ州の2つの町で、はじめて「セルフサービス」が開始されたという新聞記事を見ると、一晩バスに揺られてこれらの店を見に行きました。そして、自分の店にも早速このシステムを採用します。

ウォルトンの行動範囲は店舗だけに留まりません。他のディスカウントストア・チェーンの本部にも単身乗り込んでいって、おもむろにこう切り出すのです。

「こんにちは。サム・ウォルトンといいます。アーカンソーのベントンビルでいくつか店をやっています。こちらの社長さんにお会いして、ビジネスのお話をうかがいたいのですが」

多くの場合、相手は好奇心から会ってくれたそうです。そこでウォルトンは価格や物流など、あらゆることについて質問を浴びせかけ、多くのことを学んでいきました。本田が、オートバイのデザインの背後に顧客の喜怒哀楽や製造プロセス、原価構造を「観た」のと同じように、ウォルトンも店頭の棚の背後に、顧客の生活スタイルや仕入れ政策、物流システムをイメージできていたということが分かります。

ウォルトンには、「自分はまったくの素人で無知である」という自覚がありました。そして、ソクラテスではありませんが、それがかえってその後のウォルトンにとって幸運となったのです。なぜなら、当時米国の小売業は、パパママ・ストアから近代的チェーンストアへと大きく構造が変化していく過程にあり、様々な店舗形態がテストされ、新しい技術が導入されていたからです。ウォルトンはその中から多くのことを学び、世界一の小売企業を育てることに成功しました。

マニュアルよりも、自分の目と手で確かめる

ウォルトンが最初に事業を始めたのは、ベン・フランクリンというフランチャイザーの傘下にあった小売店を買ったときに遡《さかのぼ》ります。小売業大手のJCペニーで1年半働いた後に、自分

で小売業を始めようとしていた矢先に、その小売店の身売り話が持ち込まれたのです。そこでは、店を経営するためのノウハウがきわめて効率的に組み立てられていて、ウォルトンはそこから多くのことを学びました。独自の会計システムやマニュアルがあり、商品一覧表、支払勘定書、損益計算書などがありました。前年と今年の営業利益や売上高を日々比較できる台帳もありました。自営業者が店を経営し管理するのに必要な道具一式が揃っていたのです。

ただ、ウォルトンは最初こそマニュアル通りにやっていましたが、すぐに自分で実験を始めるようになりました。独自の販売計画を立て、メーカーから直接商品を仕入れ始めたのです。メーカーに足を運んで交渉することもやりました。「フランチャイザーを通すと25％も余分に払わなければならないから、直接売ってほしい」と掛け合ったのです。

また、商品を安く卸してくれる業者を求めて、隣の州まで足を延ばすようになりました。その結果、3足1ドルで売っていたソックスを、4足1ドルで売ることができるようになり、店の宣伝に大いに役立ちました。1足当たりの利益は半分になりましたが、販売数量が3倍になったことで総利益がはるかに大きくなることを学びました。こうした経験を通じて、ウォルトンは薄利多売の原理を知ったのです。

さらに、ウォルトンは集客のために様々な実験を行いました。ポップコーンの機械を歩道に出してみたところ、爆発的な売れ行きになりました。次の手としてソフトクリームの機械を導入すると、これも大繁盛になりました。もちろん、成功ばかりではありません。ある日、そのアイスクリーム機を掃除し忘れたことがあり、翌日ウォルトンが得意満面で顧客をお店に案内した際、ショーウィンドーにハエがびっしりたかっていたこともあったといいます。

ウォルトンは、集客につながるアイデアや商品を常に探し求めました。フラフープがブームになると、フラフープと同じサイズの管をつくる業者と資金を出し合い、いまでいうプライベート・ブランドのフラフープを製造して店頭に並べました。こうした特売品をトラックいっぱいに積み込み、自ら運転して店を回ったのです。

出店戦略を決めた「妻のひと言」

やがてウォルトンは、フランチャイザーの傘下で店を展開することに見切りをつけ、自分のバラエティストア（食品以外の購入頻度の高い家庭用雑貨を幅広く揃えた小売業態）をチェーン展開するようになります。１９６０年には15店舗で１４０万ドルの年商になっていました。

しかし、この時代になると、巨大な店舗を擁したディスカウントストア（日用品・衣料品・食品・家電製品・玩具などを大型店舗で販売し、効率化によって低価格を実現した小売業態）があちらこちらに現れるようになります。バラエティストアは45％の粗利益率を追求します。ところがディスカウントストアは粗利率を30％に下げることで回転を利かせ、売上を圧倒的に引き上げていきます。ウォルトンは、近い将来ディスカウントストアの波が押し寄せてきて、大打撃を受けると分かっていながらバラエティストアに留まるか、それとも、自らディスカウントストアを始めるのかという選択を迫られました。ここで、ウォルトンはディスカウントストアに参入することを決意します。もちろん多額の借金を抱えるリスクを冒してです。

ウォルトンはディスカウントストア1号店に「ウォルマート」という名前をつけました。ただ、このリスクの高い出店に対して、出資したがる人はいませんでした。そこで、95％をウォルトン自身が負担することになります。そのために、家も土地も一切合財を抵当に入れました。

ウォルマートには十分な資金がなかったため、比較的小規模の店舗でも優位性が出せる小さな町に出店しました。ただ、それだけではなく、意外にもウォルトンの妻ヘレンの次のひと言がその後の出店政策を決める上で重要な役割を果たしたといいます。

「サム、私たちは結婚してから二年間に一六回も引っ越したわ。私はあなたの行くところならどこでもついて行くつもりよ、大都市以外ならね。人口一万人以上の町は駄目よ」

自然環境豊かなところで子供を育てたいという、当時の多くの米国人の母親の心がその背景にありました。こうした経緯から、ウォルマートは家庭的で、地元に密着した店舗運営を追求する会社になっていきました。そして、小さな町を知れば知るほど、ウォルトンはその可能性に気づいたのでした。

――アメリカの小さな町には、誰も思いもよらないほど多くのビジネス・チャンスが転がっている。

なぜ大都市を避けたのか

さて、ここであなたに質問を出しましょう。

Exercise

普通の小売企業は人口の多い大都市に出店する傾向があります。しかし、ウォルマートは地方の小さな町に出店しました。ビジネスの観点から、小さな町の魅力について考えてください。

さて、あなたの答えはどうなったでしょうか。

まず挙げられることは、小さな町には競合が入ってこないということです。同業大手のKマートは人口5万人以下、中堅のギブソンズですら人口1万人以下の町には出店しませんでした。ウォルマートは人口5千人以下の町を狙っていたので、競争がないばかりか、進出できる町は無数にありました。もちろん、小さなパイの中で利益をあげようとすると、圧倒的な集客力が求められます。そのために、エリアの市場構造を熟知する必要があります。また、徹底したコストダウンを可能にする事業構造の確立が重要になります。しかし、そこで利益をあげられる収益構造を確立できれば、大都市で楽なビジネスをしてきた競合企業を打ち負かすことも可能です。

この「小さな町に出店する」というポジショニングは、その後のウォルマートの成功要因のひとつになりました。以下では、ウォルマートが小さな町で利益をあげるために、①いかにして市場構造を熟知して集客力を高めたか、②どのような事業構造によってローコストオペレーションを可能にしたかについて見ていくことにしましょう。

「飛ぶように売れる」人気商品に仕立てる秘訣

ウォルトンは、まず集客力を高めるために、衛生・美容商品を低価格で買い取り、在庫リスクを取りました。これが初期のディスカウントストアの商品戦略です。ディスカウントストアの基本商品戦略は、歯磨き剤、マウスウォッシュ、頭痛薬、石鹸、シャンプーなどの必需品に仕入れ値ギリギリの安値をつけ、お客を集めることでした。こうした商品をお買い得品として新聞で広告し、店内に高く積み上げれば「本当に安い」と評判になります。その上で、他の商品で30％の利益を取るのです。

このため、その時々の集客に役立つ売れ筋商品選びに頭を使うことになります。ある店長は当時をこう振り返っています。

「サムは私たちに、毎週レポートを提出させたが、それには必ず『一番の売れ筋』を書かなくてはならなかった。そうやって、売れる商品に注目することを教えた」

ウォルトンは特定の商品を大量に仕入れて、人目を引くように演出するのが得意であり、楽しみにもしていました。普段の売り場に置いていてはあまり売れない商品が、見せ方を変えるだけで飛ぶように売れたのです。

例えば、ある日オハイオ州のマレーという会社から、シーズンの終わりに芝刈り機を1台175ドルで売るつもりだが買わないか、という問い合わせがありました。ウォルマートで447ドルで売っていた商品です。そこで、ウォルトンは200台を買い取ることを即決しました。相手はびっくり仰天していたようですが、その芝刈り機を1列25台、8列にして店の前に並べると、一台残らず売り切れたそうです。

また、大量のムーンパイ（チョコレート菓子）を、バニラ、チョコレート、キャラメル味などに分けて陳列すると、それがまた飛ぶように売れました。

これこそ創業時からのウォルトンのやり方であり、集客のための成功要因でした。ジャパネットたかたの高田明前社長のようなマーケティング・センスを持っていたのでしょう。「自分の店には、よく目を見開いて観察し、重点販売の工夫さえすれば、爆発的に売れて大きな収益につながる商品がいっぱいある」ということをウォルトンは店長たちに教えました。

こうした努力が、床面積当たりの売上高を劇的に伸ばしていったのです。

「常識」より「ワクワク感」に従う

当時の地方の町では、ウォルマートへ行く以外にあまり娯楽がありませんでした。屋外に商品を山積みにして大売り出しをしたり、客寄せに駐車場でバンド演奏やミニ・サーカスをやったりすることが、カーニバル的な雰囲気をつくり出し、多くの人々を集めたのです。「月夜の狂乱大セール」は、閉店時間後に始まり、夜中の12時まで続きました。その間、数分ごとに新しい特売品がアナウンスされたのです。

娯楽が多くなった現在では、こうしたやり方はもはや過去のものとなりましたが、地方都市で育ったウォルマートは、地域の住人にワクワク感を提供することに何よりもエネルギーを注いだのです。

ウォルトンの息子のロブは当時を思い起こしてこう語っています。

「土曜日のベントンビル中心街は、特別楽しい場所でした。父はいつも歩道に立ったり、時には道路に出て何かをやっており、いつも人だかりができていました。サンタクロースが来たり、パレードを見たのもその場所です。子供の私には、週末はサーカスの日かお祭りのようなもので、土曜日が大好きでした。私は歩道でポップコーンの係をしました。こうして商売に参加していたわけです」

ウォルマートの集客に寄与したもうひとつの仕組みとして、全店長を集めて実施する、土曜日の早朝の「反省会」があります。この反省会が、実質的な仕入れ会議でもあり、営業企画会議にもなりました。反省会の目的は、全員に現状を知ってもらい、どこが間違っているかを認識してもらうことです。ウォルトン自身を含めて、大きなミスを犯した場合は、原因について全員で話し合い、どうやってミスを正すかを考えました。そうやって翌日にはまた前進していったのです。セブン–イレブンが毎週実施しているオペレーション・フィールド・カウンセラーの会議と似ています。ウォルトンは業界の「常識」にとらわれず、ソクラテスのように「何が正しいか」に徹底してこだわったのです。

当初は土曜朝の時間を仕事に取られることに関して、ウォルトンの妻のヘレンはじめ、多くの人が反対したといいます。しかし、ウォルトンは小売業を職業として選んだからには、土曜日に働くのは当然であると考えました。多くの人が反対することが、実は成功要因になるということがビジネスの世界ではよくあります。これもそのひとつでしょう。

時代を10年先取りする事業モデルづくり

次に、ローコストの事業構造を確立しようとしたときに、まず考えるのがスケールメリットの活用です。ところが、企業が成長するためには、様々な壁を乗り越えなければなりません。ウォルトンは、ウォルマートの店舗数が拡大していく過程で、それを管理するための技術を学ぶ必要があることに思い至りました。各店舗における商品回転率をリアルタイムに把握することができれば、資本を効果的にお金に換えることが可能になります。いつどんな商品を仕入れるか、売価はいくらにするか、どのくらい値引きするかなどをタイムリーに判断し実行できるからです。

そこで、ウォルトンはＩＢＭの学校に行き、ロジスティックのためのシステムについて学びました。１９６０年代半ばのことです。このタイミングが絶妙でした。ウォルトンはコンピュータ時代の到来を10年先取りすることができたのです。もしウォルトンの動きが遅ければ、他社がチェーンストアの世界において帝国を築いていたかもしれません。

また、ウォルトンはローコスト・オペレーションを確立する上で、物流センターと物流システムの統合が必要であると考え、幹部を連れて、先進的な物流センターを導入した企業の見学に出かけました。その一方で、200万ドルも個人で借金を抱えていたウォルトンは、実際に投資するとなると急に慎重になりました。10万平方フィートの物流センターが必要だという現場に対して、ウォルトンは6万平方フィートに値切ろうとしたこともありました。こんなところでもディスカウント魂が発揮されたわけです。

こうした資金制約の壁を克服するため、ウォルトンはウォルマートの株式を公開する可能性について真剣に考えるようになりました。そして、コロンビア大学のロー・スクールを卒業し、法律事務所で働いていた息子のロブを弁護士として雇うことにしました。

また、投資家を集めては、競争のない小さな町に進出するウォルマートの出店戦略について話し、そこにどれほど大きなビジネス・チャンスがあるかを熱心に語りかけました。

こうして上場を成功させ、資金制約から解放されると、ウォルマートはいよいよ積極的な出店戦略を推し進めるようになりました。多くのチェーンストアが年間5～6店出店する程度だったのに対し、ウォルマートは年間50店も出店していったのです。

大手の同業他社が、大都市のメトロポリタンエリアから他のメトロポリタンエリアへとジャンプしていくのに対して、ウォルマートはターゲットとしたエリアに集中出店し、飽和状態になるまでひとつの商圏を攻略してから、次のターゲットへカバーを広げるという戦略をとりました。そして、州から州へと地図を1枚ずつ塗り潰すように全国へ拡大していったのです。

こうした出店戦略は、管理や物流の面でコストメリットがあっただけでなく、ウォルマートの認知度を高め、広告費を節約することにもつながりました。大規模なディスカウントストア出店のニュースは、田舎では口コミですぐに伝わったのです。それどころか、人々は自分の町にもウォルマートが来るのを待ち望むようになったといいます。

ウォルトンは自ら小型飛行機を操縦して、店舗間を往復したり、空から出店に適した立地を探したりしました。まだグーグルアースなどない時代です。ここでもウォルマートは他社に10年先行していました。上空からは交通の流れ、町や市街の発展状況、競合店の場所まで確かめられるからです。そうやって、その市場に見合った出店候補地を買収していったのです。

全員に、商売の面白さを伝えたい!

一方で、急速な出店攻勢により、ウォルマートは絶えず人材不足に悩まされました。当時、新人が見習い店長と呼べるまでには10年かかるといわれていました。ところがウォルトンは、ほとんど経験のない者を半年間、店長と一緒に働かせてみて、商品管理や労務管理の能力を少しでも示せば、彼らを副店長に抜擢しました。周囲の人たちは、店舗運営の質の低下を怖れて反対しました。しかし、ウォルトンは「とにかくやらせてみるんだ。どうやるか、見てみようじゃないか」といって実行に移し、周囲の懸念が間違っていたことを証明したのです。経験がなくノウハウを知らない者でも、学ぶ意欲と熱意さえあれば、店長が務まることを知らしめたのです。

ウォルトンは店長だけではなく、一般の店員にも学ぶことを求めました。店舗視察の際、主任が誇らしげに近づいてきて、営業状況を数字で説明し、いまは社内で第5位だが来年は1位になるだろうなどと話すのを聞くと、最高に幸せな気分になったそうです。ウォルトンはこうした「商人たち」に会うのが好きだったといいます。

彼らがベビーオイルやランチボックスなどを積んだ平台のディスプレーを指して、この商品は粗利《あらり》が多いので特売品に選んだなどと説明し、どれほど売れたかを自慢する時、私は彼らを誇らしく思うあまり、じっとしていられないほどになる。……経営者が従業員の一人ひとりに、商売のおもしろさを教えることができるなら、これほど力強い武器はないだろう。

こうした努力を重ねながら、１９７０年代には強固な事業構造を確立することに成功します。それが80年代の未曾有の成長へとつながっていったのです。90年代初頭には、ウォルマートは全米に20の物流センターを持ち、そこから１日のトラック走行距離内に大半の店舗を配置しました。

当時ウォルマートが取り扱っていた商品８万品目のうち、85％が自社の物流センターから直接補充されていました。競合他社の補充率は50～60％であったといいますから、ウォルマートは商品物流にかかるトータルコストのかなりの部分を、自社でコントロールできていたことになります。実際、ウォルマートの出荷コストは３％以下で、他社より１・５～２％も低かったといいます。

このことは、地方都市で利益をあげられる低コスト構造をつくる上で大きな役割を果たしました。

「顧客の代理」となって、メーカーとも闘う

ウォルトンは、自分たちは顧客の代理であると考えていました。このため時間をかけてよい商品を安く仕入れることを使命として追求していました。その結果、代理店やメーカーと揉めることも珍しくありませんでした。あるときは、プロクター＆ギャンブル（P＆G）の商品を店に置かないといって脅したこともあったといいます。ところが、その後、P＆Gはウォルマートの力を認め、戦略的なパートナーへと関係を発展させていきました。いまではそれは、業界のモデルと呼ばれるまでになっています。単なる値段交渉だけであればこうはいかなかったでしょう。ここであなたに、その理由について考えてみてもらいましょう。

Exercise

P＆Gがウォルマートを戦略的パートナーとして認めた理由について考えてください。ウォルマートがP＆Gに提供した価値とは何だったのでしょうか？

また、戦略的パートナーシップとは何か、それがどのように顧客に価値を提供したのかについ

ても考えてみましょう。

Ｐ＆Ｇがウォルマートを認めたということは、「わが社は顧客の代理だ」というウォルマートの主張を、掛け値なく受け取ったということを意味します。ウォルマートの店舗は地域の中に溶け込み、住民の生活を知り尽くしていました。その地域の人たちがいま何を求めているのか、どうすれば彼らが喜びを感じるのか、どんな商品がいくらでどのぐらい売れそうなのか、そんなことを肌感覚で理解している店長や店員、スタッフたちがいたのです。それに加えて、蓄積された地域のデータベースがありました。

これらを情報ソースとして活用することで、ウォルマートが売れる商品のスペックやターゲット価格、各地域の需要量を予測し、メーカーがそれをゴールに商品を開発するという役割分担が成り立つようになります。Ｐ＆Ｇの側から見れば、新たなミクロレベルの情報を踏まえた商品企画・生産物流計画が立てられるようになり、資源を最適活用できるわけです。ウォルマートの側から見れば、メーカーの原価構造を知り、低価格と高品質とを同時に実現する道筋が開けたのです。ここに至って、ウォルマートは仕入れ・物流・小売りに加えて、商品企画という重要な機能を取り込むことになりました。これがプライベート・ブランドへの道をひらいたのです。

業界最大手にも屈しない競争力

1970年代半ばには、業界最大手のKマートが、ウォルマートに戦いを挑んできたこともありました。ファイエットビルやロジャーズなど、ウォルマートの本拠地にある4つの町に出店してきたのです。「まるで、わが家の裏庭に弾丸を撃ち込まれたようなものだった」。当時Kマートは、ディスカウントストア業界のチンギス・ハンとみなされ、中小のディスカウントストアはどこも戦々恐々としていました。当時ウォルマートの売上高は、Kマートの5%しかありませんでした。しかし、ウォルトンは「正面から立ち向かえ。競争はわが社を鍛えてくれる」と怯《ひる》むところがなかったといいます。

ウォルマートはKマートに対して応戦し、値下げ競争が展開されましたが、最後は規模の大きいKマートの方が引き下がったといいます。20倍のスケールメリットを持つKマートよりも、地方の小都市で利益をあげる体力を磨いてきたウォルマートの方に分があったということになります。これによって「ウォルマートは簡単には屈しない」という印象を与えることになりました。また、ウォルトンたちは「お客がウォルマートを見捨てなかった」と自信を深めることにつながりました。ピンチの後にチャンスありといいますが、この後、ウォルマートおよび小売業の歴史において、最も急速な成長の時期が到来することになります。

ウォルトンはディスカウントストアのウォルマートの他にも、メンバーシップ・ホールセール・クラブ（会員制の大型店で、食品や日用品を卸売価格で販売する業態。コストコがその一例）のサムズクラブを成功させています。サムズクラブは、小規模の小売業者やまとめ買いする一般消費者を対象とした、倉庫型の大型店です。会費を払えば、ネクタイや、カメラ、事務機器から、おつまみ用ソーセージやソフトドリンクまで、ナショナル・ブランド商品や高級品も卸値で買えました。

80年代初頭、ディスカウントストア・ビジネスが始まっておよそ20年たっていましたが、この間に、売価も粗利益率もどんどん下がって、効率の上昇に努めた者だけが業界で生き残っていました。そんなとき、ディスカウントストアの22％の粗利率よりさらに低い、5～7％の粗利益率で売っている新しいタイプのビジネスが存在することにウォルトンは気づきました。「エブリデイ・ロープライス」を掲げて邁進してきたウォルトンにとって、ここでチャレンジ・スピリットに火がつきます。

ウォルトンはオクラホマシティーへ行き、そこで古い建物を借りると、その店の営業クルーとして、ウォルマートであまり評価されていない一匹狼的な連中を選び出しました。そして、

1983年には最初のサムズクラブを開店したのです。ウォルトンは最初から、サムズクラブの企業文化をウォルマートのそれとは切り離しておきました。このクルーに選抜されたひとりが、ロブ・ボス氏ですが、彼はウォルマートでは役員になれる人材とはみなされていませんでした。いつも大勢に逆らっていたからだといいます。どこか『イノベーションのジレンマ』に出てくるような話です。

この事業を始めてみて、ウォルトンはその面白さと妙味に気づきました。それではここで、あなたにもその妙味について考えてもらいましょう。

Exercise

メンバーシップ・ホールセール・クラブ事業のサムズクラブと、ディスカウントストア事業のウォルマートの間のシナジーについて考えてみてください。

この事業は、小規模の小売業者に対して、年間25ドルで倉庫を貸すという効果があります。しかも、彼らは大手企業が仕入れているのと同じ商品を同じ価格で入手できます。仕入れ・物流・小売りというウォルマートの持つ機能のうち、仕入れと物流機能だけを外販する形です。

こうすることによって、仕入れと物流機能においてさらにスケールメリットを享受し、コストダウンを追求できたのです。

日本企業から学んだ戦略

こうして事業を拡大し、大企業へと成長しながらも、ウォルトンは「小さく考えることは一種の生き方である」と主張し続けました。大企業になると、中央集権的チェーン企業らしく運営しろという圧力が方々からかかってきます。しかし、そうした組織には、創造性や、かつてのウォルトンのような一匹狼的商人が入る余地がなくなります。ウォルトンはウォルマートがそうなることを心配していたのです。

ウォルトンが求めたのは、顧客との触れ合いを大事にしながら、効率的で庶民感覚を持った会社をつくることでした。

ウォルトンは、ウォルマートが成長できたのは、自分たちが賢いからでも、大企業だからでもなく、顧客が支持してくれたからだと考えています。お客がそっぽを向いたら、たちまち会社は立ち行かなくなります。そこで、「1店ごとに考える」というウォルマートの考え方が重要になるのです。

たとえば、フロリダ州のパナマシティ店とパナマシティ・ビーチ店のケースを見てみよう。この二つの店は、わずか五マイルしか離れていないが、品揃えや客層は完全に異なっている。一方はビーチの観光客のための店であり、もう一方は町の住民のための店だ。……

品揃えを最適にしようとするなら、現場の商人、つまり、四季を通じて日々、お客と接触している人たちが得る情報が必要である。……そうでない場合、個々の店と接触のない本部主導の体制になり、水中銃や釣り竿《ざお》、バケツやシャベルの需要が多いパナマシティ・ビーチ店で、作業靴や作業服、猟銃が売れ残り、一方、パナマシティ店では海水浴用品が大量に埃《ほこり》をかぶる羽目になる。

また、1店ごとに考えるために、ウォルトンは現場に責任と権限を持たせることを重視しました。ウォルトンはそれを日本から学んだといいます。1970年代中ごろ、日本人に生産性と競争について教えたW・エドワーズ・デミングの著作などを読み、経営哲学を熱心に学びました。また、妻のヘレンと一緒に日本を旅行して実際に視察もしました。そこで、ウォルマートのチームワークを見直し、現場にもっと権限を持たせる実際的方法を考え始めたそうです。

デミング→日本企業→ウォルマートという学びの系譜が見えてきます。

難しいからこそ、実行する

ウォルトンは「逆流に向かって進みなさい」と教えます。つまり困難を恐れるなということです。業界の常識と違うことをしようとすると、「それは間違っている」と言って足を引っ張る人たちが現れます。しかし、それを覚悟することが経営者には必要だと言っているのです。ウォルトンは「人口5万人以下の町でディスカウントストアをやっても難しい」と何度となく聞かされてきました。

難しいことは改めて言われなくても分かっている。しかし、経営者とは楽をするためにいるわけではない。難しいからやめるのではなく、難しいことを実行する手段を絶えず考え出すことが重要だ――ウォルトンはそう言いたかったのでしょう。ウォルトンは間違いを犯すことを決して恐れなかったといいます。実験をしてみて間違っていたと分かると、それをあっさり捨てて、すぐに軌道を修正する柔軟性と大胆さがありました。

そう考えてくると、今度は日本企業の側がウォルトンから学べることも多いように思えます。

環境が変化していく中で、いつまでも「業界の常識」に頼ることは危険です。成功するためには、逆流を恐れずチャレンジし、そこから多くを学び、自ら変化し続けなければなりません。

本田も述べていたように、ともするとわれわれは知っていることに固執してしまうところがありますが、「無知の知」というウォルトンの姿勢がもたらした成功から、多くのことを学ぶことができるように感じます。

『ヴァージン』

リチャード・ブランソン著

経営者としてだけではなく、冒険家としても名をはせているブランソン氏。
遺書から始まり、熱気球による大西洋・太平洋横断に挑むなど、
数々の「チャレンジ」を盛り込んだ経営書。
阪急コミュニケーションズから1998年刊行、2003年増補版刊行。

高野研一
（コーン・フェリー・ジャパン前会長）

リチャード・ブランソン（Richard Branson）

1950年、英国ロンドン郊外に生まれる。67年、ストウ校（パブリック・スクール）を中退。

学生のためのオピニオン雑誌「スチューデント」を創刊。

70年、20歳のときにレコード通販事業に着手し、73年にヴァージン・レコードを設立。

その後、航空会社、コーラ、携帯電話に至るまで、様々な事業に進出。

ヴァージングループの創設者で会長。2000年にはナイトの称号を授与される。

この自伝は遺書から始まります。

「親愛なるホリー（娘）とサム（息子）へ……パパは人生を力いっぱい生きようという衝動にいつも駆られていた。そのおかげで過去四六年間、幸運にも何人分もの人生を生きることができた。……この冒険を強行するにあたって、私たちチームのことを気が狂っているのではないかと、多くの人が思ったこともよく知っている。でも彼らは間違っていると、私は確信していた。大西洋と太平洋という二度の（熱気球）横断飛行の経験からして、今回は安全な飛行になるだろうと感じていた。……でも明らかに私は間違っていたのだ。しかし私は、自分の人生に対して悔いることは何もない。……」

これは1997年1月7日、リチャード・ブランソン氏がモロッコから熱気球で世界一周飛行に飛び立つ際に、ポケットに忍ばせた家族への遺書です。

この後、この本では、熱気球が舞い上がって早々に数々のトラブルに見舞われ、アルジェリアの砂漠に不時着した話が続きます。

――お昼ごろ、最初のファックスを受け取った。……

〈燃料タンクのコネクターが、ロックしたままになっていることに留意されたし！〉

これがわれわれの犯した最初のミスだった。……

「まあ、この程度のミスだったら仕方ないな」パルを元気づけようとした。

「一六〇〇メートルまで下降して、僕がよじのぼってロックをはずすよ」と、アレックスがいった。

……

あたりはますます暗くなってきた。鉛の重りをはずしたのでしばらくは安定していたが、気球は再度下降しはじめた。今回の下降は以前より速かった。一分のうちに七〇〇メートル落ち、また次の一分間で七〇〇メートル高度を失った。耳はふさがり、ポンといった。胃が上に上がり、横隔膜にくっつくような気がした。……とうとう燃料タンクを捨てなければならなくなった。……われわれは暗黒の中でアトラス山脈に降下し、考えてみても恐ろしい激突着陸をする運命にあった。誰もしゃべらなかった。私はすばやく計算をした。

「この調子で下降していくと七分しかもたない」

……

パルは燃料タンクを切り離すためにレバーを引いた。もしもボルトがうまくはずれなければ一分以内に死ぬことになるだろう。タンクがはずれて落ちた。そして気球は急に降下しなく

――なった。

……

――着陸の準備をはじめた。眼下にはアルジェリアの砂漠が広がっていた。砂漠はただでさえ厳しい場所なのに、内乱の真っ只中にある国なのだからなおさらだ。

……

――アレックスと私はカプセルの上に座って、砂漠の上に夜明けが訪れるのをうっとりと眺めていた。この陽の出を見られなかったのではないかと思うと、感慨もひとしおだった。昇り行く太陽とその暖かさが、限りなく貴重なものに思えた。

……

――地上攻撃用のヘリコプターのパタパタという音が聞こえてきた。……二機のヘリコプターが近くに着陸し、もうもうと土煙を巻き上げた。そして、マシンガンを抱え、どこに銃口を向けたらいいか戸惑っている兵士たちに囲まれてしまった。

「アラー!」と私は元気な口調で言った。一瞬彼らは立ち尽くしたが、好奇心に駆られてこちらに近づいてきた。

こんなストーリーから始まる経営書は、他になかなかないでしょう。当然のことながら、ブランソンはよく「どうしてこんな危険なことをするのか?」と聞かれるそうです。しかし、それは彼にとって「抵抗することのできないチャレンジ」なのだといいます。

こういう経験をしていれば、100年に1度の不況といわれたリーマンショックでさえも、「そうら、おいでなすった」といった感じで対処できたのではないでしょうか。

学生たちをネットワーク化

ブランソンのビジネスマンとしてのサクセスストーリーは16歳のころに遡ります。当時英国バッキンガム州のパブリック・スクール、ストウ校で、複数の学校をカバーする学生誌「スチューデント」の創刊に着手したのです。各学校に3人の代表を置いてもらい、多くの国会議員や有名な作家に寄稿してもらう。芸能人や芸術家のインタビューを載せる。そして企業からは広告を募る。こうしたビジネスプランを、ブランソンははじめて描いたのです。

当時、多くの大学で学生が政治に関心を持ち、座り込みやデモなどが盛んに行われていました。「スチューデント・パワー」が社会的に話題になり、若いということがワクワクする時代でした。

そこでブランソンは、いまでいうソーシャル・ネットワークのように、若者同士を横につなぐことを思いついたのです。ミック・ジャガーやジョン・レノンなど、学生から神様と呼ばれる人たちにもインタビューを行いました。これがその後、ヴァージン・ミュージックにつながっていくなど、ブランソンの路線に大きな方向性を与えることになったのです。

「スチューデント」は学生たちの注目を集めはしましたが、利益をあげてはいませんでした。ドラッグやフリーラブに明け暮れる学生仲間たちとたむろしながらも、ブランソンはそこに問題意識を持ち、何とか利益をあげられる事業体にしようと考えていました。

そこで、「スチューデント」の名称を使って、旅行代理店やイベント企画会社など、学生向けの事業に多角化することを思いつきます。学生向け銀行、ナイトクラブ、ホテルチェーン、スチューデント鉄道、スチューデント航空などなど。これらはいずれも、所得のない学生向けに低価格サービスを提供しようという、顧客の視点に立脚したアイデアです。

実際にはブランソンは「スチューデント」を売却する方向に傾き、新たに「ヴァージン」というブランドを立ち上げます。当時、誰もビジネスの経験者がいなかったことから、そう名づけたということです。「スチューデント」で暖められた構想は、「ヴァージン」へと引き継がれていきました。

客層の異なる2つのビジネスモデル

そのころ、ブランソンは音楽に着目します。音楽は政治的で、アナーキーで、世界を変革しようという若者の声を代弁していました。そして、ブランソンは食事に40シリングも使うことなど思いもよらない若者が、ボブ・ディランのアルバムには喜んで40シリング支払うのを注意深く見ていました。

また、政府が小売価格維持契約を廃止したにもかかわらず、どの店もディスカウント・レコードを販売していないことを聞きつけ、「これは面白いビジネスのチャンスになるな」とひらめきを得ました。そこから、格安レコードのメール・オーダービジネス「ヴァージン・レコード」を立ち上げたのです。いまのアマゾン・ドット・コムといえるでしょう。

ブランソンの読みは当たり、ヴァージン・レコードに注文が集まりだします。また、メール・オーダーの利点として、客が先に小切手で代金を前払いし、会社はその金でレコードを仕入れるため、現金が貯まるビジネスであることにも気づきました。

ところがその後、ヴァージン・メール・オーダーは、自分たちでまったくコントロールできないもののために突如として倒産の危機に直面することになります。郵便局員のストライキです。

そこでブランソンは、資金がなくなる前に、小売店に進出すべきという結論に至りました。当時のレコード店は寡占状態で、退屈で冴えない店が多く、店員は愛嬌も音楽への興味も持ち合わせていませんでした。これはブランソンにとって大きなビジネスチャンスに見えたのです。そこでブランソンは、エキサイティングで、客が長く滞在し、買おうと思うレコードについて店員と熱心に語り合うような店をつくろうとしました。その週の音楽雑誌が取り上げたレコードには特別の注文を入れることも考えました。そのかいあって、開店日には100メートルを超える行列ができたといいます。いまでいうアップルストアです。

それではここで問いをひとつ出しましょう。

Exercise

ヴァージン・レコードは、メール・オーダーとレコード・ショップの2種類のビジネスを持つことになりましたが、この先ブランソンが成長のエンジンとして位置づけたのはどちらでしょうか？

また、その理由を挙げてください。

（ヒント）2つのビジネスモデルの客層の違いを考えてみましょう。

ブランソンは、早くからこれら2つのビジネスモデルの客層には違いがあることに気づいていました。メール・オーダーは希少なレコードを探すマニアが顧客の中心で、一般の客層はレコード・ショップの方に惹きつけられました。このため、ブランソンは成長のためにはレコード・ショップをチェーン展開することが必要だと考えたのです。アマゾン・ドット・コムやネットフリックスをイメージして、メール・オーダーの方を選んだ人もいるかもしれませんが、このときは時期尚早でした。

ブランソンは毎月1店の出店計画を立て、仕入れやトレーニングの体制、経理システムなどを整備していきます。その中で、出店交渉がこのビジネスの成功要因のひとつであることに気づきました。賃料をぎりぎりまで引き下げるとともに、最初の3カ月間の家賃免除を獲得することで、その店がその後利益を稼げる立地なのかどうか、最少の初期投資で実験できたのです。

こうした試行錯誤の結果、繁華街の真ん中ではなく、人通りの激しい通りを少し外れたところに、ティーンエイジャーがたむろするスイートスポットがあることを発見したのです。

また、レコードの売上の7割は発売後2週間であがることに着目し、最新レコードの回転率を時間単位で把握し、店頭ディスプレイに反映させるチェーン・オペレーションを確立しました。

途中、ディスカウント販売に抵抗感を覚えたレコード会社から、商品の供給を止められるなどの困難にも直面しましたが、次第にレコード会社にとって無視できない存在になっていきました。

「音楽は政治的で、アナーキーで、世界を変革しようという若者の声を代弁している」という当初のコンセプトにこだわり、10代の少女がキャーキャーいうようなレコードを排除し続けたことが功を奏し、市場でのポジションを確立していったのです。その結果、音楽雑誌やレコード会社の方からコンタクトしてくるようになり、新しいレコードのプロモーションに深く関わるようになっていきました。

ヴァージン・ミュージックの立ち上げ

ブランソンはヴァージン・レコードを経営しながら、音楽産業全体の可能性を発見します。ベイ・シティ・ローラーズやカルチャー・クラブなどの新しいバンドが突然国中を席巻し、大ヒットにつながりました。音楽が有形資産と無形資産が奇妙に絡み合った、無限の成長の可能性を持つ産業であることに気づいたのです。

そこで、まずレコーディング・スタジオに進出します。当時、レコーディング・スタジオは非常に窮屈で、時間的制約もきつく、有名なバンドであっても環境には恵まれているとはいえませんでした。ブランソンは郊外にスタジオを開き、バンドが来て何週間も泊まり込み、いつでも好きなときにレコーディングできる環境を用意したのです。

ブランソンはこうした潜在的なニーズを発見するのが上手です。そして、これも後に大成功したヴァージン・ミュージックへの布石となっていくのです。

ブランソンは自分に欠けている能力を持った身近な人材を生かすことにも優れています。幼馴染のニック・パウエル氏は、ビスケットの缶から現金を出し入れしているような状態を改め、まっとうな現金管理法を導入することに貢献しました。従兄弟のサイモン・ドレイパー氏は、バンドの市場価値を目利きする重要な役割を果たしました。ドレイパーはヴァージン・レコードの成功要因である仕入れの要になるとともに、ヴァージン・ミュージックというコンテンツビジネスに進出する際の水先案内人となりました。

彼はマイク・オールドフィールドを発掘し、最初のアルバム「チューブラー・ベルズ」は1973年のベストアルバムに輝きました。その後、オールドフィールドはヴァージン・ミュージックの収益の柱になっていきます。

「チューブラー・ベルズ」が売れ始めたころ、ブランソンはひとつの選択を迫られます。当時のヴァージンのような小さなレコード会社は、大手にライセンシング・アウト（著作権を第三者に使用させて対価を受け取ること）し、製造・物流機能に投資することなく、20％のライセンス収入を受け取る方を選ぶことが常識でした。60万枚以上売れれば、初期投資なく十分な利益があげられたからです。

ところが、ブランソンは即金で収入を得られるオファーを拒絶し、自らリスクを取って製造・物流機能を抱える選択を行います。その賭けは実を結び、「チューブラー・ベルズ」は1300万枚売り上げるアルバムとなり、ヴァージン・ミュージックは莫大な資金を手にし、一気にメジャー・ブランドに駆け上がることに成功したのです。

音楽ビジネスは一見リスクの大きいビジネスに感じられますが、あるバンドが一定の名声を確立すれば、固定客が生まれ、逆に本や映画よりも売上が読みやすくなるといいます。

価値の源泉になるのは著作権です。このため、ブランソンたちは、これと見込んだバンドには、初めにどこよりも大きな金額を提示して、8枚のアルバムを制作することを約束させました。アルバムが2～3枚成功した後で、バンドを他のレコード会社に奪われることを最大のリスクと考えたのです。実際、うまくプロモートすれば、3枚目か4枚目のアルバムが最も価値あるものになる傾向があるといいます。

また、当初からグローバル展開を考え、著作権に関しては全世界の権利を契約の中でカバーするようにしました。バンドそのものでなく、個々のメンバーの著作権を押さえることも忘れませんでした。メンバーが絶えず入れ替わったり、バンド自体が分裂したりするからです。

こうした音楽ビジネスに固有の成功パターンを発見し、ブランソンは「チューブラー・ベルズ」が稼ぎ出したお金を、大胆に新しいバンドに投資していきました。その結果、勢いのある会社というイメージを創り上げ、多くのバンドが契約したがる会社に成り上がっていったのです。

他人の真似では成功できない

ブランソンは様々なビジネスをゼロから立ち上げ、コングロマリットを形成していきましたが、本書で紹介する他のカリスマ経営者と同様に、ビジネス固有の構造や、成功を測るためのパラメーターを的確に理解していたことが分かります。しかも、それは誰かから教わったわけではなく、ゼロからの試行錯誤を通じて自ら発見していったのです。

ブランソンはよくビジネスの成功の秘訣について尋ねられるようですが、そんなときは、「成功するためには、自分自身でやってみて、実戦で身につけなければならない。他人の真似をするだけでは、成功はまったく保証できない」と答えています。

1984年、ブランソンのもとに、突然降って湧いたような提案が持ち込まれます。「航空会社の経営に興味はないか」というものです。そこで、当時大西洋横断路線で格安運賃を提供していたピープル・エクスプレスの予約電話にかけてみると、いつも通話中でつながらないことが分かりました。ブランソンはこれをチャンスと捉えたのです。

そして、航空会社の収益構造を調べた上で、1年間やってみてうまくいかなければ飛行機のリース契約を中途解約できる条件をつけることで、実施に移せるという結論にたどり着きました。ここでも、ヴァージン・ミュージックでレコーディング契約をいくつも結ぶ中で磨かれた交渉力が役に立ちました。

その後、飛行免許を取るためのテスト飛行で、エンジンのひとつが鳥を吸い込み爆発するといったアクシデントを乗り越えながら、ヴァージン・アトランティック航空は離陸に成功します。また、このころからブランソンはモーターボートでの大西洋横断や、冒頭に挙げたような熱気球旅行にチャレンジするようになっていきました。自分自身がヴァージン・グループの広告塔になっていったのです。

しかし、航空会社は莫大な資本を必要とするビジネスで、ブランソンはこれ以降、常に金策に悩まされるようになっていきます。メインバンクのクーツ銀行は、300万ポンド以上のリスクを取りたがっていませんでした。一方で、当時ロンドン・シティの株式市場は活況を呈していました。そこで、ブランソンはヴァージン・ミュージックの上場を考えるようになっていきます。

ブランソンは、金融街の投資家に顔の利くドン・クルーイックシャンク氏というビジネスマンを社長にヘッドハントし、ヴァージン・グループの組織改革に着手します。投資家にとって魅力のある、ヴァージン・ミュージックをはじめとする音楽・小売り・映像部門をひとつにまとめて上場させ、ヴァージン・アトランティック航空やナイトクラブは非上場企業として切り分けたのです。

これによってヴァージン・グループの時価総額は2億4000万ポンドに達しました。このとき、ブランソンの頭の中には、ヴァージンの株を担保に、英国最大のレコード会社であるソーン・EMIを買収するアイデアがひらめいたといいます。

ふたたび非上場企業に戻した理由

一方、資金調達の見返りとして、ガバナンス強化の一環から、社外取締役を2名受け入れました。しかし、バンドとの契約交渉を展開する中で、月に1回の取締役会に縛られることがブランソンにとって次第に重荷になっていきます。

私たちが上場会社になった一九八七年は、いろいろな意味でヴァージンが最も創造的でなかった年だった。実際に自分たちの仕事をやる代わりに、四〇パーセントの時間を割いてシティにいき、ファンド・マネジャーや、フィナンシャル・アドバイザーや、シティのPR会社に自分たちの活動状況を説明しなくてはならなかった。

私たちが何度説明しても、シティの連中はヴァージンの仕事の内容を単純化しすぎていたということだ。私たちは収入の三〇パーセント以上がバック・カタログ（過去にレコーディングした作品）からの著作権料であり、新譜を出さなくても多くの収入があることとか、我が社のフランスでのビジネスは、著作権料の四〇パーセントがボーイ・ジョージとかフィル・コリンズではなく、フランスのシンガーたちのもので、それがフランスでの安定的な収入につながっている、などと説明した。それでもアナリストたちは、ヴァージンのすべてが私とボーイ・ジョージにかかっていると決めつけた。

そうした中で、ブラックマンデーが起こり、ヴァージンの株価は160ペンスから90ペンスまで値下がりしました。ブランソンはこのときを、ソーン・EMI買収の最大のチャンスと考えたのです。しかし、2人の社外取締役は猛然と反対しました。それがきっかけとなり、ブランソンはヴァージンをふたたび非上場企業に戻す選択を行います。

その際、株価は70ペンスまで値下がりしていましたが、投資家が損をしないよう、上場売出し時の140ペンスで買い戻しています。これによってブランソンはふたたび金策に窮するようになりました。

日本企業は「200年計画」を立てる？

ブランソンは日本とも深い縁があります。

フィル・コリンズやボーイ・ジョージが日本で大成功を収め、1988年ごろにはヴァージンは日本でも有名なブランドになっていました。また、長期的観点から経営を行う日本企業は、ブランソンにとってヴァージン・グループと経営哲学を共有しているように見えたようです。

そこで、資金調達の一環として、ヴァージン・アトランティック航空の株式の10％を西武セゾン・グループに譲渡しました。また、ヴァージン・ミュージックの株式の25％をフジサンケイグループに売却しています。マルイともジョイント・ベンチャーを立ち上げ、日本国内でレコード・ショップを展開していきました。

ブランソンの日本に関する記述が面白いので、ここで引用しておきます。

日本の投資家たちは配当が欲しくて株を買うのではない。……例外なく株価の上昇を期待している。投資の元を取るのに長期間かかるというので、日本の株価は企業の収益に比べて非常に高いのだろう。したがって、日本の株価収益率はイギリスの三倍に達することがある。ある日本の会社では、二〇〇年先の経営計画を作っているということを、以前聞いたことがある。一九八〇年代に鄧小平がいったことを思い出した。一七八九年のフランス革命の歴史的意義についてどう思うか、と聞かれた時、「それをいうのはまだ早すぎる」というのが彼の答えだった。

当時、欧米人は日本の成功を魔法のように感じていましたが、その雰囲気が伝わってきます。200年計画というのはおそらく誰かのジョークでしょうが、そこから中国4000年の歴史に連想が広がるほど、当時の日本は神がかっていたのかもしれません。

ダーティ・トリックス(汚い陰謀)

1990年になると、第一次湾岸戦争が勃発します。これは航空機燃料の値段を倍増させ、多くの航空会社の経営を圧迫しました。燃料は総経費の20％を占めます。しかも、国際線においてはキャンセルが続出し、収入も激減しました。

その中で、イラクからヨルダンに難民が流入し、水も毛布もない中で多くの人たちが困っているという話が聞こえてきました。そこでブランソンはヨルダンのフセイン国王とノア女王に連絡を取り、支援を申し出ました。ブランソンは過去にノア女王の要望で、国王夫妻を熱気球に乗せたことがあり、それ以来親交があったといいます。

ここでブランソンは毛布や食糧を届けることをノア女王に請け負います。赤十字や外務省、ユニセフなどに連絡し、毛布4万枚を調達し、ヴァージン・アトランティック航空の飛行機に積んでヨルダンに届けたのです。

このとき、英国最大の航空会社ブリティッシュ・エアウェイズ（以下BA）の会長、ロード・キング氏は、ニュースを見て「わが社がやるべきことだった」とつぶやいたといいます。

さらにサダム・フセインが多くの外国人を人質としてとった画像がテレビのニュースで報じられると、ブランソンは人質救出のために何かできないかと考えました。イラクでは医療品が不足しているという話を聞き、フセインに自ら手紙をしたため、医療品と引き換えに人質解放の意図があるかどうかを問うたのです。

その2日後に回答があり、女性と子供と病人を解放する用意があることを確認します。そこでふたたび医療品を積んでヴァージン機を飛ばし、今度はイラクに向かいました。そして多くの人質を連れて脱出に成功したのです。

ところが、これが先ほどのキングBA会長の怒りに火をつけることになりました。

「リチャード・ブランソンはいったい何様だと思っているんだ。外務省の一部だとでも思っているのか」

さらに、ヴァージンが、従来営業を認められていたガトウィック空港から、ヒースロー空港に発着枠を拡大するに及んで、ロード・キングの怒りに油が注がれました。そして、後にダーティ・トリックス（汚い陰謀）と呼ばれるようになる、ヴァージン・アトランティック航空を破滅させるためのBAの組織的工作活動につながっていったのです。

ヴァージン・アトランティック航空の信用不安の噂がまことしやかに流され、予約を入れたはずの顧客が当日姿を現さない件数が急増します。BAがヴァージン・アトランティック航空に提供している機体補修サービスは遅れ、その費用も3倍になりました。

それに留まらず、ＢＡの社員がヴァージンの顧客情報にアクセスし、ヴァージンの職員を名乗って顧客に電話し、ＢＡに切り替えさせるなどに及びました。また、姉妹会社のゲイ向けナイトクラブでの麻薬取り扱いに関する噂までありました。この陰謀はその後延々と続いていくことになるのですが、経営の本質からは少しずれるため、ここでは割愛します。その結末が気になる人はぜひ『ヴァージン』を読んでみてください。

経営悪化で迫られた究極の選択

一方で、湾岸戦争はヴァージン・アトランティック航空の経営を悪化させ、メインバンクのロイズ銀行から借入金の返済を迫られます。他の借り手企業がいくつか倒産していく中で、銀行も背に腹は替えられなくなっていたのです。

このため、ブランソンは虎の子のヴァージン・ミュージックを売却するか、ヴァージン・アトランティック航空を縮小・閉鎖するかの選択を迫られることになりました。さすがのブランソンも「生まれて初めて、私は何をすべきか分からなかった」と記述しています。それではここで、もうひとつ問いを出しましょう。

Exercise

このときブランソンは、①ヴァージン・ミュージックを売却するか、②ヴァージン・アトランティック航空を縮小・閉鎖するか、いずれを選択したのでしょうか？ また、その理由を挙げてください。

ここでブランソンは次のように考えました。ヴァージン・ミュージックを売却すれば、自分のコントロールは及ばなくなるが、航空会社を救済でき、2つの強い会社を残すことができます。一方、ヴァージン・アトランティック航空を縮小ないし閉鎖するということは、ひとつの強い会社を残すことはできますが、2500人の失業者を出すことになり、ヴァージン・グループのブランドは大きく傷つくことになります。

こう考えた結果、ブランソンはヴァージン・ミュージックの売却を決断します。しかも、以前買収しようとしていたソーン・EMIへ。しかし、ここに至ってもブランソンはまだあきらめてはいませんでした。「（株式交換で得た）ソーン・EMIの株を持っていれば、それをベースに将来買収を仕掛けられるかもしれない」

ヴァージン・ミュージックの売却は本人にとって苦渋の決断でしたが、企業価値を守ることで結果的に多くの人の雇用を維持しています。後にブランソンは女王エリザベス2世からナイトの称号を授与されていますが、その理由は、熱気球による世界一周でも、イラクからの人質救出でもなく、雇用創出による英国経済への貢献でした。

このようにブランソンは、ヴァージンの企業価値を極限まで高めることを何よりも重視していました。ブランソンは既存事業を担保に調達できる限りの資金を集めると、それを新たな機会に投資し、次々と価値を生み出していきました。そして、そこで生まれた事業価値を担保にさらに資金を調達したのです。

ヴァージン・ミュージックの売却後も、それによって得た資金を投資して、ブランソンはコーラ、シネマ、保険、鉄道、フィットネスクラブ、携帯電話などに事業を拡大していきました。ソフトバンクの孫正義氏の事業スタイルに近いといえるでしょう。

「できない」と思った瞬間、可能性は消えてなくなる

ブランソンのように、資金的バックを持たずにビジネスを始めた人にとって、当然のことな

がら成功と失敗の差は紙一重です。このため、絶えずサバイバルの連続になります。ヴァージンはいくつものビジネスを成功させましたが、資金難に陥る危険はいつもあったのです。そうした中で、ブランソンは心の中を次のように語っています。

――ヴァージンは常にそれ自体の生命を持っていて、私はいつもその将来を考えるようにしてきた。

――われわれの変身を止めるものは何もなかった。私たちの前に広がっているのは、ヴァージン・テリトリー（処女地）だった。

熱気球による冒険と同じように、傍から見ると一見無謀なリスクを取っているように見えます。しかし、それがブランソンが他の人には到達できない世界に行くことを可能にしました。ソフトバンクの孫を見ていてもそう思うのですが、ジェット気流に乗ることで、止まっている人に比べて、はるかに多くのチャンスが見えてきます。「できない」と思った瞬間、そこから先の可能性は消えてなくなるのです。

次々と形を変えながら企業価値を生み出していくヴァージン・グループ。環境の変化に適応しながら進化していく生命体のような企業は、ブランソンの世界観と冒険心の賜物といえるでしょう。

❖『リーダーシップ アメリカ海軍士官候補生読本』
『エクセレントカンパニー』
『井深大 自由闊達にして愉快なる』
『ざっくばらん』『アメーバ経営』
『道をひらく』
『経営者になるためのノート』
『ダントツ経営』『HPウェイ』
『私のウォルマート商法』
『ヴァージン』

高野研一 たかの・けんいち

コーン・フェリー・ジャパン前会長
日本の大手銀行でファンドマネジャー、組合書記長などを経験した後にコンサルタントに転進。現マーサー・ジャパン取締役などを経て、2006年10月よりヘイ コンサルティング グループ日本代表に就任。2016年5月、ヘイグループとコーン・フェリーの統合にともない、コーン・フェリー日本共同代表に就任。2019年5月から2021年5月まで同社会長を務める。
日本企業の経営人材育成と経営改革を支援。特に、コーポレートガバナンス、ビジネスリーダーの育成とアセスメント、グループ経営、組織・人材マネジメントに関する戦略・実行支援などに豊富な経験を持つ。
神戸大学経済学部卒。ロンドン・スクール・オブ・エコノミクス(MSc)修了。シカゴ大学ビジネススクール(MBA)修了。

❖『チーズはどこへ消えた?』
『マネー・ボール』

森健太郎 もり・けんたろう

ボストン コンサルティング グループ(BCG) シニア・アドバイザー
ケンブリッジ大学物理学部卒業。外資系コンサルティングファームを経てBCGに入社。2021年末までマネージング・ディレクター&シニア・パートナーを務めた後、現職。流通、消費財、サービス業界などの企業に対し長期ビジョン・中期経営計画、デジタルトランスフォーメーション、新規事業立ち上げ、オペレーション改革などの支援を行う。共著書に『BCGが読む経営の論点2018』(日本経済新聞出版)。

❖『リーダーシップ論』
『EQ こころの知能指数』
『組織文化とリーダーシップ』

永田稔　ながた・みのる

株式会社ヒトラボジェイピー代表取締役社長
立命館大学大学院経営管理研究科教授。パナソニック、マッキンゼーアンドカンパニー、タワーズワトソンを経て現職。20年近くの組織・人事コンサルティング経験を経て、現在は日本初の人材評価AI「マシンアセスメント」を開発しサービスを提供。「不機嫌な職場」（共著）など著書多数。

❖『人を動かす』
『なぜ、わかっていても実行できないのか』

森下幸典　もりした・ゆきのり

PwC Japan合同会社 執行役常務
PwC Japanグループ全体の顧客対応・マーケティング活動を統括。アジア・パシフィック・米州のクライアント・マーケットリーダーを兼任。国内外大手企業に対するグローバルプロジェクトの支援実績多数。2012年より3年間ロンドンに駐在し、日系企業支援サービスを統括。慶應義塾大学法科大学院非常勤講師。

❖『自助論』『7つの習慣』

奥野慎太郎　おくの・しんたろう

ベイン・アンド・カンパニー・ジャパン　日本法人会長
テクノロジー、産業財・自動車、消費財、流通等の業界において、M&Aや企業統合、構造改革などを中心に、幅広い分野のプロジェクトを手がけている。ベイン東京オフィスにおけるM&Aプラクティスのリーダーを務めている。京都大学経済学部卒業、マサチューセッツ工科大学スローン経営大学院経営学修士課程（MBA）修了。東海旅客鉄道株式会社（JR東海）を経て、ベインに入社。

ビジネスの名著を読む[リーダーシップ編]

2022年4月22日　1版1刷

著者　高野研一　©Kenichi Takano, 2022
編者　日本経済新聞社　©Nikkei inc.,2022
発行者　國分正哉
発行　株式会社日経BP
日本経済新聞出版
発売　株式会社日経BPマーケティング
〒105-8308　東京都港区虎ノ門4-3-12
ブックデザイン　竹内雄二
印刷・製本　シナノ印刷

Printed in Japan ISBN978-4-296-11324-8

本書籍に関するお問い合わせ、ご連絡は左記にて承ります。
https://nkbp.jp/booksQA